U0128628

北京老画报

BEIJING LAOHUABAO

周利成 著

中国文史出版社

图书在版编目（CIP）数据

北京老画报 / 周利成著．—北京：中国文史出版社，2022.11
ISBN 978-7-5205-3854-1

Ⅰ．①北… Ⅱ．①周… Ⅲ．①画报－介绍－北京－近代 Ⅳ．①G239.295

中国版本图书馆 CIP 数据核字（2022）第 195018 号

责任编辑：金　硕

出版发行：中国文史出版社
地　　址：北京市海淀区西八里庄路 69 号　　邮编：100142
电　　话：010－81136606 / 6602 / 6603 / 6642（发行部）
传　　真：010－81136655
印　　装：北京温林源印刷有限公司
经　　销：全国新华书店
开　　本：787mm × 1092mm　1/16
印　　张：17.75
字　　数：240 千字
版　　次：2023 年 3 月北京第 1 版
印　　次：2023 年 3 月第 1 次印刷
定　　价：68.00 元

序

画报是一种图文并茂记录历史真实事件的媒介形式，在时效性上比不上报纸，在深度上比不上古籍。虽然新中国成立前的画报多为私人出资创办，多数画报或半途夭折，或昙花一现，但它记录了从清末到新中国成立这段时期国内外政治、经济、科学、艺术、市井趣闻等诸多方面的内容。它不仅记录当下，而且昭示后世，堪称一部部各具特色的近现代史。尤其是它以图画记录历史的显著特色，让历史更加直观、生动、鲜活。这样丰富的内容、翔实的资料至今仍散存在全国各级各类图书馆、档案馆，以及民间收藏者手中，始终没有人进行专门系统的大规模的整理，没有哪家机构、学校或个人撰写过中国画报史，这不能不说是一件憾事。

天津市档案馆周利成同志从2000年开始收集、研究中国老画报，20多年来，往来于全国各地图书馆、档案馆，扫描复制了900余种画报，潜心研究，选取上海、天津、北京三地最典型的120余种画报，撰写24万余字，配发画报图片近200幅，完成了《北京老画报》《天津老画报》《上海老画报》三部作品。书中对每种画报的创刊日期、终刊时间、出版者、编辑人、出版地、纸质、印刷、装帧设计等均做了考证，对画报的办刊宗旨、风格特色、图文内容、社会价值、学术价值、研究价值、社会影响等均做了初步研究，还摘录了画报对历史事件、历史人物的记述。

时间跨度上至晚清，下至新中国成立，这60余年正是中国陷于风雨飘摇的危急动荡年代，外敌入侵、内乱频仍、民不聊生的年代，同时又是中华民族不屈不挠、英勇抗争、励精图治、争取独立与民主的年代。在如此纷繁多变的历史背景下产生的画报，自有其独特的政治价值、文化价值、历史价值、审美价值、艺术价值以及收藏价值。收录的120余种画报中，如北京的《丁丁画报》《美美画报》《戏世界》《晴雨画报》《星期画报》《霞光画报》，天津的《银镫画报》《醒狮画报》《天津乐报画报》《中南报星期六画报》《玲珑画报》《青春画报》《小快报》，以及上海的《春色图画半月刊》《歌星画报》《都会大观园》《咖啡味》等20余种画报，均为首次与世人见面。因此说，《北京老画报》《天津老画报》《上海老画报》不仅是图文并茂、弥足珍贵的历史文献，而且还填补了中国画报史研究的空白，是研究中国出版史、中国新闻史、中国近现代史的基础工具书。

衷心希望能有更多的学者投身中国的老画报研究，并使其在当代以至今后中华民族文化艺术的建设与发展中发挥服务与借鉴作用。

荣　华

天津市档案局（馆）原局（馆）长

目　录

综　述

什么是画报？《辞海》《简明不列颠百科全书》等权威工具书中并没有明确的定义。有人说画报是“以画为主、文字为辅的期刊。图与文谁主谁次，是画报区别于一般杂志的分水岭”，但如果读了《二五八画报》《三六九画报》《一四七画报》等“以文字为主、图画为辅的期刊”后，恐怕您就会产生疑问了。笔者通过20余年的苦心搜集，在全国各大图书馆、档案馆及旧书市场，共扫描复制中国老画报200余种，加以整理研究。笔者以最具代表性的北京、天津、上海三地老画报为例做一综述。

一、中国老画报的分期

中国的画报诞生于19世纪后期是研究者一致公认的。至于画报产生的原因，著名报人萨空了在1931年的《五十年来中国画报之三个时期》一文中已有明确的阐述：“中国之有画报，半系受外国画报之影响，半系受传奇小说前插图之影响，此应为一般人之所公认。”旧中国的画报大致应该分为五个时期。

1. 1875年至1884年的西人创办画报时期。这一时期有《小孩月报》《寰瀛画报》《图画新报》等。这些画报的共同点是多用雕刻铜版印制，创办人、绘画者都是西方人。其中，《小孩月报》1875年5

月创刊，创办人兼首任主编是美国传教士范约翰。初期由美华书馆印刷，清心书院发行。1881年5月改名《月报》，1914年1月又改名《开风报》，1915年12月停刊，历时40多年，是近代中国画报中历时较长的一家。该画报图文并茂，以儿童为对象，以介绍西方科学文化知识为主要内容。1877年6月6日创刊的《寰瀛画报》，由英国人作画，英国印刷，蔡尔康编译。以图画为主，介绍世界各国风情习俗，上海《申报》馆印行、装订、代售。

2. 1884年至辛亥革命的石印画报时期。这一时期最著名的画报当数《点石斋画报》，该画报创刊于1884年5月8日，旬刊，吴友如主编，前后出刊15年，被认为是“中国近百年很好的‘画史’”。它所刊登的4000余幅美术作品，记录了19世纪末资本主义列强侵华史实和中国人民抵御外侮的卓绝斗争，揭露了清朝封建政权的腐朽统治，反映了科学技术的进步和人民对美好生活的希望与追求。在表现形式上，《点石斋画报》既继承中国传统的技法，吸取了明清时期木刻版画艺术的特点，同时又采纳了西洋绘画中透视和人物解剖的优点，构图布局、人体结构都较合理。由于形式内容上新颖活泼，时代气息强，因而有着广泛的群众基础。《点石斋画报》的问世，开创了近代中国美术创作的新气象，它像一股清新的春风，使老态龙钟而庞大的传统枝干上冒出新绿；它虽处寒凝之中，却唤醒了象牙塔中作笔墨游戏的“国粹”文人墨客。

继《点石斋画报》后影响较大的石印画报有《飞影阁画报》《白话图画画报》《飞云阁画报》《图画演说报》《启蒙画报》《北京画报》《当日画报》《民呼画报》《醒世画报》等。画报刊载了大量的讽刺画、时事漫画和宣传画，真实地记录了这一时期的社会风俗和奇闻逸事，其无论是在内容还是形式上，都为民国大量画报的出现准备了条件，也为此后漫画、连环画、年画兴起奠定了基础。

3. 辛亥革命后至全面抗战爆发前的画报鼎盛时期。军阀割据的

“乱世”状态为民主政治提供了发展空间，政治环境的宽松使得思想言论趋于活跃，出现了春秋时期的“百家争鸣”文化繁荣。加之摄影技术在中国应用，石印画报逐渐被先进的铜版、锌版、影写版画报取代，画报进入全盛时期，其主要内容为时事、名人、戏曲、电影、曲艺、摄影、书画、体育、教育、文物、人体、名闺、名媛等。自从19世纪80年代以《点石斋画报》为先河的石印画报问世，直至20世纪初，虽偶有铜版图片出现报端，但中国的画报却一直沿用手绘图画，多带有个人主观成分，难以真实地还原现实。随着欧美报纸附设画刊之风的盛行，时在上海《时报》任职的戈公振，最先认识到新闻图片对报纸生存、发展的重要意义，遂于1920年6月9日创办时报《图画周刊》。该画报结束了中国画报的“石印时代”，开启“铜版时代”，以中国第一份报纸摄影附刊的身份，掀开了中国画报史上崭新的一页，被誉为“中国现代摄影第一画刊”。这一时期最著名的画报当数上海的《良友》画报和天津的《北洋画报》，这一时期出版的400余种画报形成了风格鲜明的两大类型。1926年2月15日在上海创刊的《良友》，除短期铜版印刷外，多为影写版印刷，最令人称道的是它新颖别致的图片排版，丝毫不落伍于当代的画报，前期24页，第50期篇幅增至42页，为“书册式画报”。画报详尽、真实地记录了近现代中国社会的发展、世界局势的动荡、中国军政学商各界之风云人物、社会风貌、文化艺术、戏剧电影、古迹名胜等，多角度、多侧面地再现了20世纪二三十年代的大千世界。它比同类型的美国著名的大型画报《生活》画报早10年，比苏联著名的大型画报《建设画报》早4年，稍晚于英国的《伦敦新闻画报》。它不仅是中国画报史上较早出版的深受读者欢迎的大型综合性画报，也是世界画报史中的巨擘，作为了解中国的窗口，世界各大图书馆竞相收藏，被称为“民国第一画报”。随之出现了《大众》《中华》《现代》《文华》《时代》等几十种模仿《良友》的大型画报。这些大都市的大画报引领时尚潮流，展现都市摩登，报道时事人物，紧扣时代脉搏，俨然一道文化艺术风景线。

1926年7月7日在天津创刊的《北洋画报》，铜版印刷，8开本道林纸，每期4版，为“报纸式画报”。内容包括时事、美术、科学、戏剧、电影、体育、风景名胜等方面的图片和文字，以图片为主，兼有文字，画报印刷精美，版面一直沿用不易翻版的蓝黑色调。之后出版的《天津商报画刊》《中华画报》《北京画报》《国剧画报》等，在编辑形式、版式设计上无不竞相模仿。

4. 抗日战争期间的画报低谷时期。抗战爆发后，各大城市相继沦陷，绝大多数画报被迫停刊，画报数量锐减，中国的画报从此进入低谷。这一时期的画报大致可分为四类：一是积极宣传抗日的进步画报，如《良友》号外《战事画报》、《中华图画杂志》号外《战时画报》等，尤其是1942年9月25日在上海创办的《联合画报》，对宣传抗战、报道世界各国抗击法西斯战争发挥过重要作用，成为中国记录八年抗战历史最为完整的图片新闻报刊，是中国广大民众了解世界战局、增强抗敌信心、树立必胜信念的宣传基地，曾被誉为“世界战场的瞭望台”“联合国奋斗的缩影”。二是为日伪政权摇旗呐喊的反动画报，如由日本人出资、汪精卫政权政客操办的《新中华画报》，就是站在日伪的立场，赤裸裸地为日本的侵略行径摇旗呐喊，大肆宣传汉奸褚民谊1941年2月5日“出使”日本任“大使”时的情景，露骨地宣称“中日外交成功”“日渐崩溃的英帝国”等言论，而“太平洋防御如铁壁”则公然炫耀在太平洋上的各种日军战舰和舰用飞机，1941年3月30日，汪伪政府“庆祝还都”一周年时，特别刊登了伪主席汪精卫的大幅照片。北平沦陷时期问世、抗战胜利前夕终刊的《三六九画报》，也因为生存于日伪的黑暗统治下，多有亲日言论，甚至“在画报的边边沿沿常见亲日标语”。三是纯艺术性画报，如北京的《立言画刊》，其戏剧内容占50%以上，多为第一手资料，深受读者青睐，为中国文化史、戏曲史提供了宝贵的资料。其后创刊的《梨园周刊》则更是纯粹的戏剧专刊。天津的《游艺画刊》从不涉及政治，从不为伪政权做任何宣传，“以发扬戏剧功能，评定艺术价值，提倡正当的娱乐”为办刊宗旨，其“杂要版”刊登的大量曲艺理论知识、艺人生涯、曲目介绍和评论，更为民国曲艺史研究提供了丰富而翔实的资料。四是娱乐性画报，如炒作明星八卦新闻的《明星画报》，披露名伶、舞女私生活的《都会》《大观园》，多为低级趣味、庸俗不堪的内容。

5. 抗日战争胜利后至新中国成立的南方萧条、北方第二次热潮时期。抗战结束后，中国步入了物资奇缺、百物腾贵、物价飞涨的经济困难时期。画报出版业逐渐北移，出现了南冷北热的现象，但总体画报数量减少。这一时期的画报多采用劣质的纸张、粗糙的印刷技术；以文字为主，少有图片，更罕见彩色图片；多为寒酸的16开本小画报。这与抗战前图文并茂、印刷精美的8开大画报相比，真有天壤之别，有些画报虽名为画报，却是“以文字为主、图画为辅的杂志”，甚至出现了如《红皮画报》这样的没有图片的画报。但画报数量上的减少和形式上的不足，并不能埋没画报内容上的光芒，针砭时弊、抨击政府、揭露腐败、关注民生是画报的主题内容。这一时期的画报以天津《星期六画报》《新游艺画报》《霓裳画报》《小扬州画报》《扶风画报》，北平的《二五八画报》《一四七画报》等最具特色。“美国报载700吨原子弹可将全球炸毁，何妨一试，我们换个新世界看看！……美国原子弹震撼全球，苏联的紫外线威胁全国，而中国的风（涨风、贪风、打风、骂风、罢风）亦未尝不知名全世界！”这两句惊人之句出自《扶风画报》的创刊号。尽管这个短命的画报仅出刊3期，但无论是它的创刊词，还是它的“疯话”栏目，无不是对时政畅快淋漓的揭露和批判，无不表现出一种拯救中国、拯救世界的大气魄，无不对未来社会充满了信心，它不停地大声疾呼："我们要打碎这个无药可救的旧世界，建立一个新世界！"《星期六画报》的征稿启事中写道："我们有个天真的勇气，大胆的干劲，不怕死的精神，我们只有一个脑袋，谁愿给搬家，就请'尊驾您'下手。我们有嘴就说人话。读者们，来吧！'另外一页'是自由的园地，可以发泄您的怨气，给您做不平之鸣，欢迎各地读者赏稿，换换新的口味！"画报之所以敢这样不计后果地公然向执政党叫板，一是因为当时民愤极大，如火山爆发，势不可当；二是国民党政府将全部精力投入了内战之中，已经无暇顾及画报的过激言论。

二、中国老画报的分类

从内容上，可分为科普、综合、时事、艺术、专业、娱乐、低俗、敌伪等八类；从形式上，可分为报纸式和书册式两种。

(一）从内容上

1. 科普类。中国画报创办早期主要以启蒙民智、普及科学为宗旨，尤其是在晚清明初这类画报居多。如晚清的《启蒙画报》《浅说日日新闻画报》《北京醒世画报》《醒俗画报》等，民国的《儿童科学画报》《常识画报》《知识画报》《科学画报》等。这类画报多以图画为主，配以通俗易懂的文字，让不识字的人或识字不多的人也能一望而略知其义，对提高国人的文化修养、科学素质确实起到了一定的作用。

2. 综合类。综合类画报大多囊括了时事、历史、文艺、电影、戏剧、人体、书画、文物、摄影、游艺等诸多方面内容，具有信息量大、生命力强、在旧画报中占比例最大、社会影响大的特点。这类画报的主办者大多有较强的经济实力，拥有强大的编辑力量、庞大的作者群、遍布全国甚至世界多个国家的通讯队伍。一是报纸的附刊，如北京有《京报》的《图画周刊》、《世界日报》的《世界画报》等，天津有《天津民国日报》的《天津民国日报画刊》、《新天津报》的《新天津画报》等，上海有《时报》的《图画周刊》等；二是拥有强大的社会支持，如受奉系军阀资助的《北洋画报》等；三是具有运作成功的公司集团，如上海的《良友》等。

3. 时事类。时事类画报具有报纸政治性、时效性、纪实性的特点，用图片和文字报道最新发生的国内外重大事件，政客、名流的往来消息。这类画报多为报纸的附刊，以图片为主，文字为辅，作为文字报纸的补充和完善，更生动、形象，图片更为珍贵。如《新闻报图画附刊》《申报图画周刊》和《联合画报》等。

4. 艺术类。20世纪二三十年代主要作为娱乐消遣的画报，多以“倡导艺术、提高国人素养”为号召，书画、电影、戏剧、摄影、收藏、人体、雕刻、治印等艺术或多或少在各种画报中出现，更有专门介绍单项艺术的画报。这类画报多由书画团体、电影公司、戏剧学会等民间组织和艺术爱好者主办。如书画类的《湖社月刊》，摄影类的《摄影画报》，电影类的《电影月刊》《电影画报》等，戏剧类的《立言画刊》《戏世界》《梨园周刊》《国剧画报》等，人体类的《健美月刊》等。

5. 专业类。专业类画报多由国家机构或社会团体主办，如故宫博物院编辑出版的《故宫周刊》、中国画学研究会创办的《艺林月刊》、中国科学社主办的《科学画报》、天津特别市公安局刊行的《公安画报》、铁道部全国铁路沿线出产货品展览会主办的《铁展画刊》、中华民国全国运动会组委会出版的《全运会特刊》等。

6. 娱乐类。中国老画报的主办者复杂多样，有官方、社会团体、民间组织，或是几个人甚至是一个人，而娱乐类画报则是多由几个有着共同志向或共同兴趣的人合作创办的。如上海的《歌星画报》《娱乐周报》等，北京的《新星画报》《晴雨画报》等，天津的《妇女新都会》《游艺画刊》《新游艺画报》等。

7. 低俗类。旧画报中有一部分以介绍妓院、舞场、杂耍场、咖啡厅、导游社等风月场所为主要内容的低俗画报。这类画报多为私人办刊，以天津的《风月画报》为代表。《风月画报》主要反映天津、上海、北京等地娼妓、舞女、女招待的生活，因而人们称之为“黄色画报”。但其办刊宗旨却是“以风月为前提，并不是导淫倡嫖……意义乃是寓警于娱，在谈笑之中，无形中可以示以嫖之利害，以及社会上一切黑暗狡诈等真实的情况”，并聚集了方地山、何海鸣、王伯龙、张聊公、何怪石、刘云若、巢章甫等一批津城名士为其撰文、作画。此外，还有《天津乐报画报》《小快报》《咖啡味》《都会大观园》等。

8. 敌伪类。全面抗战爆发后，沦陷区的民营报刊受到重大冲击。大部分“义不受辱”，或毅然停刊，或易地再办；一部分在夹缝中挣扎图存，不得不接受日伪的检查和干预；少数则屈膝附敌，成为汉奸报刊，同时出现了一些依附于这类报纸或由敌伪组织主办的画报。敌伪画报受敌伪操纵，以宣扬日军的威武，鼓吹“大东亚圣战”为主要内容。如《华北日报》被“北支那派遣军报导部”和伪治安总署强行接管，改称《武德报》，专供伪治安军阅读。武德报是一个由日军操纵的文化宣传出版机构，出版《武德报》《民众报》两种报纸和《时事画报》《民国杂志》《北京漫画》《妇女杂志》《新少年》等五种画报、杂志。这类画报虽然是敌伪政权的一个政治宣传品，但它刊登的那些侵华日军攻打、占领保定、正定、石家庄等战略要地等的图片，更是日本军国主义发动侵略战争的一个铁证。

（二）形式上

1. 报纸式。为一大张4版或几大张数版，未装订成册，类似于当年报纸的画报，多为日刊、三日刊或周刊，北方多于南方。这类画报以8开本、4版者居多，以《北洋画报》为代表。如上海的《上海画报》、《时报》的《图画时报》，北京的《北平画报》《日曜画报》，天津的《中华画报》《青春画报》等。此外还有先为6开本、4版，后改4开本的《银线画报》；有初为大16开、4版，后改为8开横本、2版的《戏世界》；有方12开本、12版的《宇宙画报》；有大16开横型版、8版的《语美画刊》；有16开本、8版的《红皮画报》；有方16开本、12版的《新游艺画报》等。

2. 书册式。为装订成册杂志式的画报，多在20页以上，周刊、旬刊、半月刊、月刊，全面抗战前南方多于北方，抗战后北方居多。这类画报最杰出的代表是8开本、月刊的《良友》，其后有《今代妇女》《时代》《中华》《大众》《美术生活》《时事画报》《湖社月刊》等。其次是16开本，如上海的《电影月刊》《科学生活》《联华画报》《联合画报》，北京的《立言画刊》《一四七画报》《三六九画报》《二五八画报》，天津的《扶风画报》《星期五画报》《星期六画报》、《霓裳画报》等。更有64开、36页的上海《玲珑》，是20世纪30年代上海女学生人手一册的“手掌书”“口袋书”，当年时尚的代名词，摩登女郎的名片。

此外，还有纸张上、印刷上、装帧设计上的分类。

三、中国老画报的作用

1. 开语启蒙：中国早期特别是晚清的画报，大多是以图画说故事，很多不识字或者文化水平较低的人，通过看图懂得了一些事情，明白了一些道理，这就是画报的开语启蒙作用。1900年义和团运动爆发后，有感于“无知愚民”几乎招致亡国的惨剧，社会各界有识之士开始创立阅报社、宣讲所、演说会，发起戏曲改良运动，推广识字运动和普及教育，创办白话报刊，展开了一场史无前例的民众启蒙运动。上海的《点石斋画报》、北京的《启蒙画报》《开通画报》《北京醒世画报》和天津的《醒俗画报》《人镜画报》等就是这类画报最典型的代表。

2. 传播知识：画报问世后就发挥着向民众灌输知识的作用，很多人也是通过画报学到了科学、美学、艺术、生活等方面的知识。以“介绍最新知识，提供现代文化”为宗旨的《知识画报》，认为“介绍实际知识是比介绍什么抽象的学问还来得重要”；以“知识就是力量”为出发点的《少年画报》，旨在“用真实的图画和浅显的文字介绍各种真实的知识，满足少年们的求知欲”；《常识画报》则是以“介绍科学、提倡美育、崇尚艺术”为目标；“要把普通科学知识输送到民间去”的《科学画报》，“用简单文字和明白有意义的图画或照片，把世界最新的科学发明、事实、现象、应用、理论以及谐说、游戏都介绍给他们”，从而达到“逐渐地把科学变为他们生活的一部分，使他们看科学为容易接近、可以利用的资料，而并非神秘不可思议的幻术”。

3. 娱乐消遣：全面抗战前的画报内容多以轻松娱乐为主，兼顾教育民众，纸质上乘，印刷精美，文字多为生涩难懂的文言文，且价格昂贵，因此，读者多为知识阶层和上流社会的士绅，他们只是把画报当成茶余饭后的娱乐消遣，为此画报专设“电影”“戏剧”“游艺”“舞场”“咖啡厅”“娱乐场”等栏目。如电影、戏剧的专业刊物《银幕舞台画报》，“寂寞烦闷者的好伴侣”的《丁丁画报》，侧重娱乐场所介绍的《风月画报》《天津乐报画报》，时尚的代名词、摩登女郎的名片《玲珑》等。

4. 指导生活：老画报中的“中学生”“妇女”“恋爱”“婚姻”“家庭”“育儿”等栏目，是人们特别是妇女们的生活指南，告诫涉世未深的少女们如何提高修养、社交、谈恋爱，教授职业女性如何在职场中打拼，传授家庭主妇们如何御夫、装饰家庭、教育孩子，讲解年轻的女性如何着装、化妆、美容，永葆青春。如《妇女新都会》详密地“介绍我国妇女固有的美德，并世界上妇女生活的动态，指示出我们生活上的正确轨道。她帮助我们处理家庭、教育儿童与服务社会，希求着做成家庭中的好顾问、儿童们的小福星与服务上的指南针。简而言之是增强妇女们的智力与能力”；《今代妇女》倡导妇女独立，呼吁女性们应该通过自己的努力取得相应的社会地位；《玲珑》更是让成功女性言传身教《我的交际》和《我的御夫术》。

5. 宣传教化：民国时期许多报纸附设画报，沿袭着报纸的功能，宣传教化自然也就成了画报的作用之一。如《联合画报》对宣传抗战、报道世界各国抗击法西斯战争发挥过重要作用，成为记录中华民族抗战历史最为完整的图片新闻报刊，是中国广大民众了解世界战局、增强抗敌信心、树立必胜信念的宣传基地，曾被誉为“世界战场的瞭望台”“联合国奋斗的缩影”；《扶风画报》肩负着“纠正邪念，易欺诈为诚化，化争夺为谦让，以达于‘明德之至善’，使贪者不贪，欲争者不争也，则社会之安宁幸福定可定也”的神圣使命，以“扶正国风”以使人们“洗涤邪恶，引入正轨，渐次熏陶，日进上达，待其人格养成，自然厌弃一切恶事，而为社会有用人物，无论任何事业，必有优美成绩，国家、社会均利赖之”为办刊宗旨；《中国画报》“报道我国社会生活的动态，介绍我国文化艺术的创作，发扬代表东方文明的中华民族文化，使之传达到西方去，俾外人对我有崭新之认识与了解；显示东亚唯一大国进步改革及其辉煌前途，以激励国人共起建国”。

四、中国老画报的价值

1. 文献价值：文献是用文字、图画、符号、影像等技术手段记录知识信息的物质载体。旧画报所刊载的内容和载体的性质、装帧设计、印刷等因素，决定了画报的文献价值。昨天的新闻就是今天的历史，旧画报有许多珍贵史料可供历史研究和学术研究。如民国曲艺史重要资料《游艺画刊》、重要抗战史料《生活画报》、珍贵戏剧资料《立言画刊》、中国最早的综合性科普期刊《科学画报》等。

2. 艺术价值：一册精品的旧画报就是一件精美的艺术品，尤其是书画、雕刻、治印、电影、戏剧、人体、摄影等方面的内容，凸显出旧画报的艺术价值。如早期的收藏专刊《醒狮画报》、“为倡导艺术的发达而设”的《美美画报》、以“提高艺术兴趣，增进人群美感为最高目的”的《华北画刊》，而《湖社月刊》《艺林月刊》更是专门介绍艺术的专刊。

3. 收藏价值：据不完全统计，新中国成立前的中国老画报已达400余种，但由于画报较诸书册典籍，一般在当时不为人重，阅后随弃，所以存世数量也就相对要少得多。加上书籍多有再版重印，而画报再版重印的又比较少，因此也就使得不少旧期刊至今已很难见到了。尤其是试刊号、创刊号、终刊号、休刊号、复刊号、改刊号等一些具有特殊意义的画报，更为收藏界关注。一些年代久远、存世稀少、具有重大历史意义的画报，更具备了文物价值。

五、京、津、沪三地画报之比较

南方画报以上海为典型，北方画报以北京、天津为代表，并且京、津两地的画报多是你中有我，我中有你，北京的画报中设有“天津专页”，天津的画报中置有“旧都见闻”等，可以把京、津两地的画报看作一个整体，因此，分析它们之间的特点，实际上也就是比较南、北画报的异同。

1. 第一次画报热都是出现在20世纪二三十年代，上海、天津、北平三地呈鼎足之势，上海数量最多，天津次之，北平第三。抗战胜利后北方出现了第二次画报热，但南方的画报业却是一蹶不振。

中国的画报发轫于上海，并且在全面抗战爆发前，上海一直引领着中国画报发展的方向。南方早期的画报以上海的《点石斋画报》为样板，出现了一批石印画报；中期以上海的《良友》做范本，衍生出了《大众》《中华》《时代》等书册型画报，相对受天津《北洋画报》影响的画报较少；全面抗战爆发后，由于战火与经济的原因，南方画报走向低谷。北方早期石印画报也是模仿《点石斋画报》，而出现北京的《启蒙画报》《浅说日日新闻画报》《北京醒世画报》和天津的《醒俗画报》《天津画报》等；但中期并没有受《良友》的影响而多以《北洋画报》为蓝本，涌现出《银镫画报》《中华画报》《风月画报》《青春画报》《北京画报》《艺林月刊》《美美画报》《丁丁画报》等数十种画报；全面抗战爆发后，尤其是抗战胜利后，画报的重心逐渐北移，以北京、天津为代表的北方出现了第二次画报热，天津、北平的画报不仅数量多，而且内容贴近生活、记录现实，它们拥有一个共同的办刊宗旨，发出同一个声音，那就是揭露社会黑暗，痛斥国民党的贪污腐败，抨击国民党政府在物价飞涨中无作为，同情下层人民的疾苦。如北京的《一四七画报》《二五八画报》《晴雨画报》《星期画报》《新星画报》等近10种画报，天津的《星期六画报》《宇宙画报》《红叶画报》《星期五画报》《扶风画报》等十余种画报。

2. 画报内容上，上海注重大、精、专，引领旧中国画报先河，北京、天津以种类多样取胜。

上海画报创造了众多的中国画报之最，如中国最早的画报《小孩画报》，中国现代摄影第一画刊《图画时报》，中国最早影写版画报《申报图画周刊》，中国最早的时尚杂志《玲珑》，中国最早的综合性科普期刊《科学画报》，中国人体摄影第一画报《健美月刊》，中国最早的歌坛杂志《歌星画报》等。

上海的画报内容突出重大题材，从晚清到抗战爆发40余年发生的重大历史事件、社会风云人物的行踪，在画报中均有或多或少的记录，如《良友》《新闻报图画附刊》《生活画报》《联合画报》等；画报形式精美，从取用刊名、封面设计到版式编排，无不体现南方人的精细、认真、严谨，如开画报绘画封面先河的《中华》、发端影写版的《申报图画周刊》、唯美主义的《时代》等；专业画报多是上海画报的一大特色，有集合美术界精英的《美术画报》、新华影业公司的《新华画报》、科普专刊《科学画报》、人体艺术的《健美月刊》等。

相对上海来说，北京、天津的画报简单、通俗、多样。京、津画报多以日期取名，如《三六九画报》《一四七画报》《二五八画报》《星期日画报》《星期六画报》《星期二午报画刊》《星期五画报》等，一是办刊人随意，二是读者简单易记、通俗易懂，三是说明画报没有突出的个性；京、津画报不乏《故宫周刊》《艺林月刊》《北洋画报》《醒狮画报》《银镫画报》《语美画刊》等有较高艺术水平的专业画报，也有记录民风民俗、突出地方特色的《春明画报》《北京画报》《北平画报》《天津画报》《小扬州画报》等，还有游艺类的《新游艺画报》《妇女新都会》《宇宙画报》等，更有内容低俗、文字通俗的《长城》《风月画报》《天津乐报画报》《小快报》《百花台》等。

3. 画报形式上，上海画报以单行本为主，京、津画报以8开4版居多。

从《点石斋画报》开始，到《良友》的鼎盛，上海画报除日报的单张画报外，大型的书册型画报居多，如《时代》《大众》《美术生活》《中华》等，且纸质较好、印刷精美、图片清晰、文字高雅。京、津画报形式多种多样，从出刊日期上看，有日刊、二日刊、三日刊、周刊、半月刊、旬刊、月刊；从纸质上看，有粉彩纸、宣纸、道林纸、铜版纸、新闻纸等；从纸张形制上看，有4开、8开、12开、16开、方16开、长16开、32开等；从颜色上看，有墨、红、黄、绿单色，有黑白双色、三色套印、五彩色等。

中国老画报从内容上看，有思想深度的不多，随波逐流模仿跟风的画报比比皆是，除专门行业和研究机构的画报外，其他画报存在着雷同、缺乏个性的特点。但其鲜活、全面地记录了从晚清到新中国成立60余年的历史，因此具有独特的政治价值、文化价值、历史价值、审美价值、艺术价值以及收藏价值，很值得大家深入研究。

北京的第一份画报《启蒙画报》

1900年义和团运动爆发后，有感于“无知愚民”几乎招致亡国的惨剧，社会各界有识之士开始创立阅报社、宣讲所、演说会，发起戏曲改良运动，推广识字运动和普及教育，创办白话报刊，展开了一场史无前例的民众启蒙运动。北京的第一份画报《启蒙画报》就是在这时应运而生的。

清光绪二十八年（1902年）6月23日，《启蒙画报》在北京创

光緒壬寅年五月二十六日第八號

啟蒙畫報

敬啟者本館創辦啟蒙畫報專為開通蒙學起見北方風氣未開同志寥落諸凡草創尚待改良所恐事煩人少致多謬誤伏祈外埠貴報館海內諸同志不吝糾繩隨時箴誨不勝跂望感禱之至特此佈登謹希垂鑒

本館設在北京前門外五道廟路西

紀念歌

庚子年 拳匪起 胡亂殺人不講理 電桿鐵路一齊燒 正陽門樓付烈炬 市面成墟 嗟乎嗟 未害洋人害自家 朝廷怒 奸頑羞 忠良被殺碧血流 攻打使館兩月餘 拳神法力本空虛 七月二十礮轟轟 聯軍攻入朝陽城 城破民逃天地變 逃出危城遭拳難 多少膽大冒死人 掃街潑水日勞神 官長捉去充苦力 拳匪反去媚洋人 洋兵入戶搜羅苦 大半良民多受侮 欲洗此恥可奈何 讀書明理把志磨 我願童蒙早發憤 往事莫作烟雲過

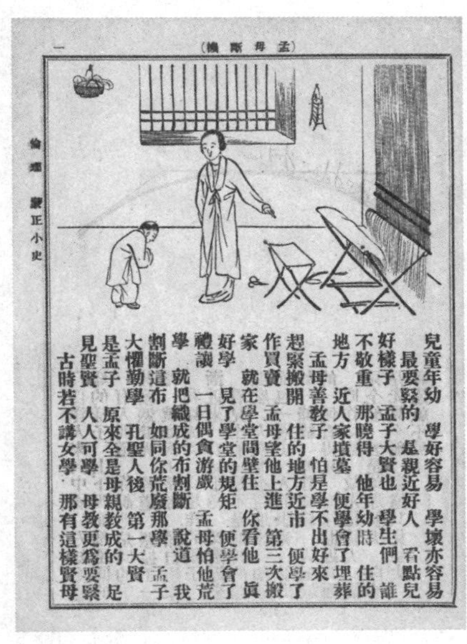

一　（孟母斷機）

倫理　蒙正小史

兒童年幼　學好容易　學壞亦容易　最要緊的　是親近好人　看點兒好樣子　孟子大賢也　學生們　誰不敬重　那曉得　他年幼時　住的地方　近人家墳墓　便學會了埋葬　孟母善教子　怕是學不出好來　趕緊搬開　住的地方近市　便學了作買賣　孟母望他上進　第三次搬家　就在學堂間壁住　你看他　眞好學　見了學堂的規矩　便學會了禮讓　一日偶貪游戲　孟母怕他荒學　就把織成的布割斷　說道　我割斷這布　如同你荒廢那學　孟子大懼勤學　孔聖人後　第一大賢是孟子　原來全是母親教成的　足見聖賢　人人可學　母教更爲要緊　古時若不講女學　那有這樣賢母

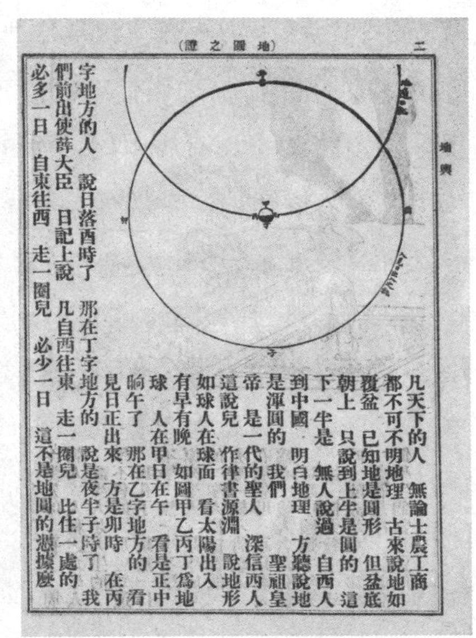

二　（地圓之證）

地輿

凡天下的人　無論士農工商　都不可不明地理　古來說地如覆盆　已知地是圓形　但盆底朝上　只說到上半是圓的　這下一半是　無人說過　自西人到中國　明白地理　方聽說地是渾圓的　我們　聖祖皇帝　是一代的聖人　深信西人這說兒　作律書源淵　說地形如球人在球面　看太陽出入有早有晚　如圖甲乙丙丁爲地球　人在甲日在午　看是正中晌午了　那在乙字地方的　看見日正出來　方是卯時　在丙字地方的人　說日落酉時了　那在丁字地方的　說是夜半子時了　我們前出使薛大臣　日記上說　凡自西往東　走一圈兒　比住一處的必多一日　自東往西　走一圈兒　必少一日　這不是地圓的憑據麽

刊，社址在北京前门外五道路西，彭翼仲、彭谷生主编，刘炳堂（用痕）绘画，《启蒙画报》社出版并发行。售报人醉郭、巨云每天持《启蒙画报》沿街叫卖，并在人多处讲解，两人也因而为市民所熟知。

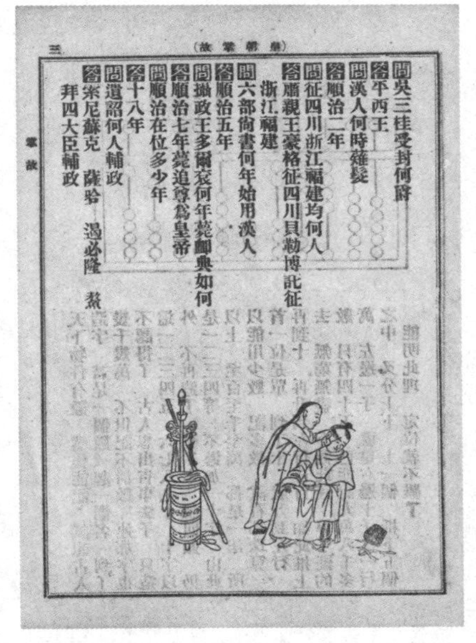

三　（皇朝掌故）

掌故

問　吳三桂受封何爵
答　平西王
問　漢人何時薙髮
答　順治二年
問　征四川浙江福建均何人
答　肅親王豪格征四川　貝勒博託征浙江福建
問　六部尚書何年始用漢人
答　順治五年
問　攝政王多爾袞何年薨　卹典如何
答　順治七年薨　追尊爲皇帝
問　順治在位多少年
答　十八年
問　遺詔何人輔政
答　索尼　蘇克薩哈　遏必隆　鰲拜　四大臣輔政

《启蒙画报》的办刊宗旨为“开启民智、启迪童蒙”。初为日刊，日出4开纸一张，双面印刷，每面8版，各有版框。后改为月出一册，全年共出刊12期，纵16开本，2号铅字排印，设“伦理”“掌故”“格致”“地舆”“算术”“动植物”“附张”等七个栏目，各栏目计25页，连同封面、广告等每册为182页。第二年改为半月刊，大32开，每期页数不变。最后改为旬刊。图画为木雕，以活字排印。它虽比上海的《点石斋画报》晚创刊18年，但仍采用传统的木刻印刷，图文对照，图文各半。画报除“附张”中具有少量时事评论性文字外，其余六个部分均为介绍历史、传授知识，难怪有人将其归入教科书类。

“伦理”以讲述孔子、孟子、朱熹等古代先贤圣哲、明君良臣、孝子烈女的事迹为主，宣扬中国传统的道德伦理观念，类似于今天小学生的思想品德课。如“伦理”有尼姑俎豆、孟母断机、黄钺借书、韩伯爱母、武孟打猎、许衡从师、不弃哑妇等。

“掌故”是介绍中国历史知识的历史教科书，有都城建置、皇室生活、朝臣传记等，如长白雪山、汉人薙发、台湾水师、屯垦田地、白莲教、千叟宴、虎门炮台、浙江海塘、钦定斗量等。其中“皇朝掌故”最多，系采用问答的形式介绍一些历史知识。如问：本朝姓氏？答：姓爱新觉罗。问：先世居于何地？答：在长白山之东……这种形式极易被少年儿童接受。

“格致”重点介绍物理、化学两方面的知识，许多抽象、难懂的

（中碼易課） 四

算術

一 二 三 四 五 六 七 八 九 十

學堂裏正在教數碼字 有一學生 忽問道 這亞拉伯數碼 既同中國數碼一樣 爲何學算的 都不用中國碼 必有個說兒 算師曰 試將中國碼子 寫個一百二十三 你就明白了 學生遵命 寫畢 其式如 師令快快讀之 脫口曰 三十三 自知其錯 又改曰 二百二十二 尚要改說 師止之曰 你寫的本不錯 惟六直並排 位數難分 故錯讀也 不認得外洋碼的 除非換個樣兒寫 遂在黑板上 自一至十 寫全了中國碼 然後寫個一百二十三的樣子 說道 算者理也 無中外之分 你們因不用中國碼 就把算當西學 這種不通之見 萬萬不可存在胸中 況亞拉伯數碼字 望之可省目力 作算時亦極便當也

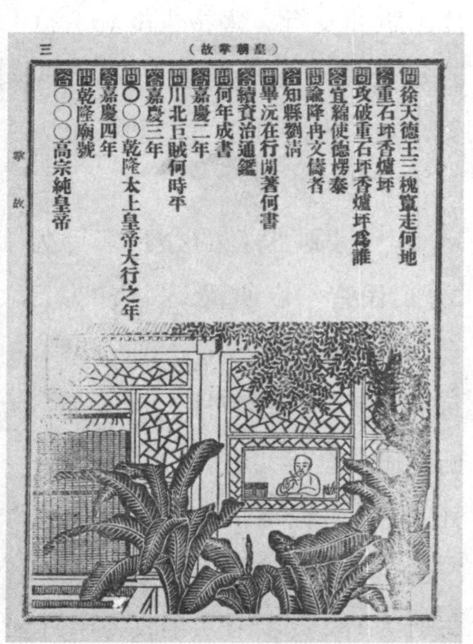
三 （皇朝掌故）

掌故

問徐天德王三槐竄走何地
答重石坪香爐坪
問攻破重石坪香爐坪爲誰
答宜綿使德楞泰
問論降冉文儔者
答知縣劉清
問畢沅在行閒著何書
答續資治通鑑
問何年成書
答嘉慶二年
問川北巨賊何時平
答嘉慶三年
問〇〇〇乾隆太上皇帝大行之年
答嘉慶四年
問乾隆廟號
答〇〇〇高宗純皇帝

知识到了作者笔下就变得浅显易懂了，有格致论气、水火气质、寒暑表、火车轮船、钻燧取火、炭气伤脑、热生涨力、涨力破瓶、雨为蒸汽等。

“地舆”的内容就像现在的地理教材，介绍的是最基础的地理知识，有地圆之证、地学视界、地球经线、六洲大小、昼夜四季、火山震裂、地球纬线、球分六洲、亚洲比喻等。如“橘喻地转”一文，用橘子表示地球，用灯代表太阳，在灯的一侧转动橘子，橘子因而有明暗不同，以此来解释白天与黑夜循环往复的道理。

“算术”是配图画的算术教材，通过生活中的实物、实例，生动形象地传授数学知识，有学堂识马、珠盘定位、分加减法、中码易误、四位加法、沙中滚球、文具相加、较数条段、戏法算术等。

“动植物”自然就是生物教材了，有动物四类、母子天性、猩猩能言、人亦猴类、智猴合群、鹤立鸡群、犀牛两种、蝙蝠二类、鹦鹉能言等。

“附张”包含了杂俎、时事等方面的内容，介绍新闻、民俗、经济、政治、军事、教育、娱乐、游戏等，尤其以倡导新思想、新风俗、新观念为主，有小英雄歌、纪念歌、贸易风歌、华洋杂戏歌、记日本兴盛录、记美国兴盛录、记瑞典兴盛录、拳变纪念歌、体操歌、小儿保教歌等。

画报扉页上有“两宫御览”字样，且内容也多有站在清政府立场，对清王朝300年“功德”竭力称颂的文字，因此也有人称其为“御用报刊”。但画报中倡导变法维新的言论也比比皆是，可见，办报人并没有完全受制于“两宫御览”之名。

画报创刊初期就曾在天津、济南、南京、苏州、扬州、无锡、上海、杭州、太原、南昌、九江、福州、厦门、成都、重庆、武昌、汉口、长沙、岳州、开封等20余个城市设立派报处，而至第12期时，销售代理处已增至近50处。从发行量日渐增长中可以看出，

《启蒙画报》也曾在全国产生了一定的社会影响。

《启蒙画报》出刊至1904年初的第10期停刊，其停刊原因可在第224号《京话日报》刊登的一则启事中找到答案："阅《启蒙画报》的请看：本报出至第二年第十期，至今未能续出，缘添印《京话日报》跟《中华报》两种。人工机器昼夜不停，还来不及，添买了两架手板机器，每日只能印五六百张，买到之后，自可照常出报。阅报诸君，候了许多日子，实在是对不起。千万原谅为叩。本馆敬白"。事实上，《启蒙画报》自创刊后就经常误期，因此时常能看到"致歉启事"，特别是随着《京话日报》发行量日渐增长，社会影响日趋扩大，致使彭翼仲先生对《启蒙画报》无暇顾及，只得忍痛割爱了。

通俗易懂的《浅说日日新闻画报》

清末民初，随着石印技术在中国的传入和普及，新闻类报刊日益勃兴，但当时报章行文，均为艰涩难懂的文言文，非一般老百姓所能阅读。为了扩大读者面，图文结合、通俗易懂的新闻类画报风生水起。继上海的《点石斋画报》、天津的《醒俗画报》之后，1908年（清光绪三十四年）《浅说日日新闻画报》在北京创刊。

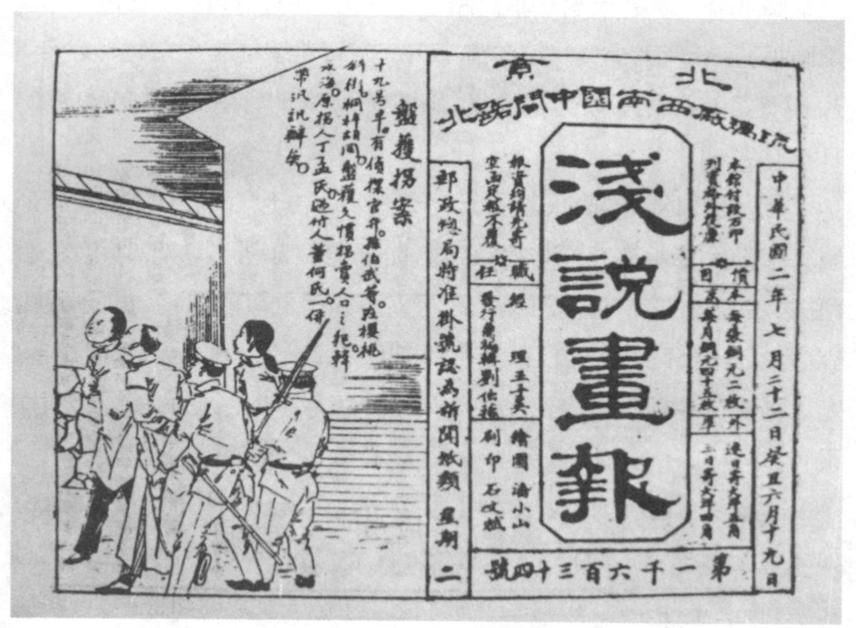
北京
琉璃廠西南園中間路北
淺說畫報
中華民國二年七月二十二日癸丑六月十九日
第一千六百三十四號
郵政總局特准掛號認為新聞紙類 星期二

《浅说日日新闻画报》创刊于1908年8月，经理柳赞臣，报馆设在京师（今北京）琉璃厂东门路南观音阁庙内，1911年更名为《浅说画报》，经理王子英，绘图潘小山，发行兼编辑李次东，1913年8月19日第1662期后改为刘伯荪，印刷石文斌，现存至1913年9月23日第1696期。

《浅说日日新闻画报》属新闻类刊物，方形16开本，册页式形制，报经大清邮政总局挂号认定新闻纸类，日刊，每期4版，每版两图，一图一文，配发的文字标题多为朗朗上口的四字句。画报内容广泛，不仅以简洁的白话语言针砭时弊，又以刊载城内奇闻逸事，尤以街头市井琐事最多，成为人们茶余饭后喜闻乐见的社会新闻性报刊。

辛亥革命前后国内发生的重大事件，在画报中大都有图文记载，如《黎副总统主张调和》《取消张继议员之先声》《荫昌将任参谋总长》《禁卫军开差赴汉》《章梓被刺之真相》《宋案确切证据》《程应北上消息》《山东开会之风潮》《湖口收复之捷报》《徐州捷报》等。1913年7月12日，李烈钧在江西湖口宣布独立，发表讨袁通电，起兵讨袁，孙中山号召的“二次革命”的战幕正式拉开。15日，黄兴赶到南京响应。随后，安徽、上海、广东、福建、湖南和四川等地，也相继宣布独立。同年7月20日—24日的《浅说画报》，以《黄兴受伤之报告》《黄兴枪伤左臂》《黄兴受伤医院调养》等连续报道了黄兴在南京之战中受伤及转至上海同济医院治疗的消息。

画报还以大量的讽刺画、时事漫画和宣传画，真实地记录了这一时期的社会风俗和奇闻逸事。如一幅题为《若辈何多》的图画，配有文字称：“日前，崇文门外，茶食胡同某宅内，因天气清爽，大家睡而忘醒之时，来了一个贼大爷，没等下手，被狗惊走，算是没丢什么东西。按现在天凉，人都贪睡，正是贼大爷生意发达之时，该管者上点紧。”市井新闻，文字通俗，一目了然。

清末正值西风渐进，国人提倡男女平等，妇女解放。这样严肃

的社会问题，也被《浅说日日新闻画报》简化为直观而鲜活的图文。报中刊发的一幅标题为《女界进化》的图画，就配有这样的一段文字：“前门内，应廉子胡同，有某宅女眷，每天白昼无事，观看各种科学新书，并白话报等。听说全都讲得很好。看起来，世界的人，不论何学，只要用心，就能达到了目的。像该女眷们的心智，真能愧死那不长志的男子哟！”

辫子、小脚和长袍、马褂，在19世纪中后期已经成为中国落后的象征，剪辫子是最简单的动作，但它也是最难、最顽固的。一位亲历过中国太平天国运动的英国人呤唎（A.F.Lindley）曾经说过这么一段话：“许多年里，全欧洲都认为中国人是世界上最荒谬最奇特的民族：他们的剃发、蓄辫、斜眼睛、奇装异服以及女人的毁形的脚，长期供给了那些制造滑稽的漫画家以题材。”当时的画报常登一些讽刺画，也常把小辫画在猪狗身上，极尽丑化，小辫成了讽刺的对象和讽刺画中的要素。但辫子在《浅说画报》记者的眼里还是有

些用处的："西四牌楼，前天下午两点多钟的时候，有两个巡兵押解着七个赌犯都用白绳儿穿着辫花，分为两排，一排四个，一排三个，往南走啦。在旁边看的人们都说，这是长辫子的好处哟。"

揪辫子，成了警察治安管理的有力手段之一。"二十二日，煤市街有辆人力车挡道，巡警上前去轰他，拉车的不服，两个人可就打起来了，巡警揪着拉车的小辫儿，拉车的揪着巡警的脖领儿，拉拉扯扯上区去了。"

画报还有许多关于死刑场面的描述，除了成为老百姓茶余饭后的谈资，想必当年也曾起到了警示犯罪、劝人向善、稳定社会的作用吧！如《盗犯兴刑》："昨日法部绑出斩犯二名，均是盗案。一名刘际汶，一名于荃彰，年29岁。哎！青年不务正业，以至身首异处，望拿正业的不守本分人，当个警教吧。"《又出斩犯》："日昨法部，绑出斩犯三名。一名福庆，是厢红满人，年27岁；一名奎海，即小李，是内府正白旗丁，年24岁；一名妇人，全何氏，正白蒙恩玉佐领马甲全安之妻，年53岁，以上之犯，听说是枪炮局后头条胡同忠姓之案，咳，看起来男女无知，以至身败名丧，受此惨刑啊！""二十日，从顺天府绑出盗犯四名，赴齐化门外大桥处决，听说该犯是京东苦柳树人。……最可惨是临刑的时候，到了第三个，一刀未损，连着锯持数刀，首级方落。"

唤醒民众的《北京醒世画报》

一个成熟的社会离不开大众传媒的参与，特别是那些兼具教育市民与监督社会两种功能的报刊就更为可贵。《北京醒世画报》以生动传神的图画、大众口语化的文字和嬉笑怒骂的风格，记述了清末京城的市井新闻和官场百态，对清政府的腐朽昏庸进行了鞭辟入里的抨击，唤醒了世人爱国、自尊、向善的朴素思想。它虽没有上海《点石斋画报》的影响重大，但它为当时的京城生活留下许多生动的细节，向世人展开了一幅晚清社会生活的历史画卷，为中国近现代史、中国美术史及京津地区地方史研究，提供了丰富而鲜活的资料。

清宣统元年（1909年），《北京醒世画报》在北京创刊，社址位于樱桃斜街路南，经理韩九如，发行人恩树人，编辑张凤钢，印刷人魏根福。属时政类画报，日刊，连史纸，方16开4版，每版两图，除“狮子头”封面外，每期6幅图画，用墨线勾画，一事一画，夹叙夹议，大至时政要闻，小到市井逸事，文字通俗，语言诙谐。宣统二年十二月二十二日（1910年1月22日）停刊，共出刊60期。

该刊头版多为浣红女士邵清池倡导忠孝礼义的杂文，如《劝女同胞亦宜还国债》《忠义可风》《孝妇可风》和短篇小说《梁上君子》等。“演说”专栏连载杨曼青的《看画报之益》和东海遗人于璞氏的《论鸦片之害》等；“讽画”专栏以辛辣而幽默的笔法，鞭挞丑恶，针砭时弊，批判官场腐败。而其刊登大量如《欠教育》《马惊伤人》《虐待使女》《开灯卖烟》《醋海风波》《良心何在》《洋车摔人》《军人互殴》《烟比骨肉亲》《有伤风化》和《女学生文明》等图文，多是记录街谈巷议的趣闻逸事和社会底层百姓的市井生活。

因报馆地处北京青楼林立的“八大胡同”附近，所以画师常常从这一地区的现实生活中取材，对妓院艳事、老鸨妓女、名流狎娼等多有报道，如《妓女可恶》《暗娼烟馆带赌局》《暗娼何多，不成买卖规矩》《文明妓女》《宫春聚赌》等。

为了吸引读者，增加读者的参与热情，该刊从一创刊就开设“灯谜”栏目，谜面刊出后，7日后揭晓谜底，猜中者赠送画报主笔李菊侪亲手绘制的一幅四尺横幅。

该刊第39、第40两期连续刊登浣红女士邵清池的《劝女同胞亦

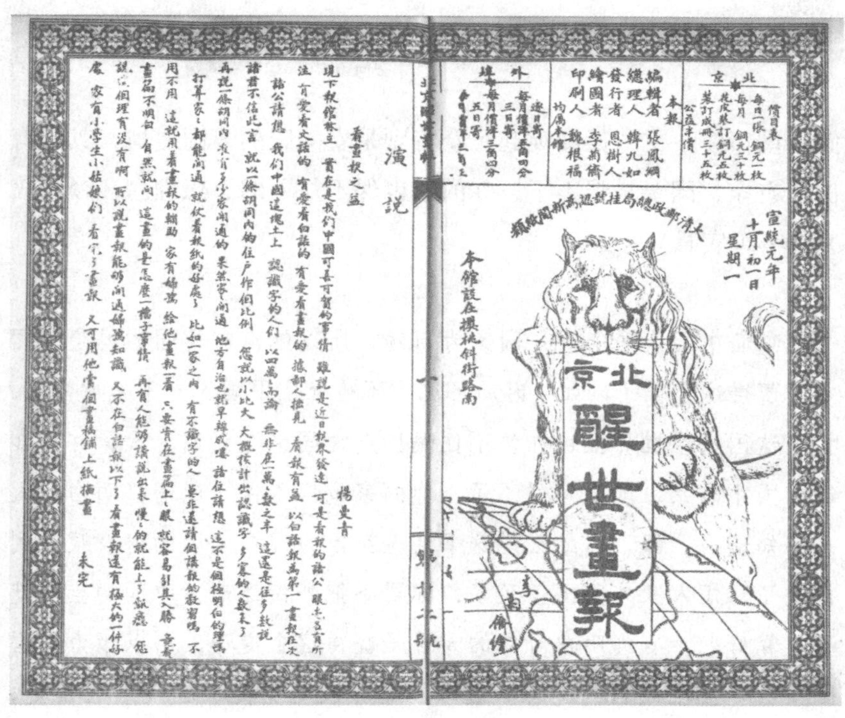
宣統元年 十月初一日 星期一

大清郵政總局掛號認為新聞紙類

北京醒世畫報

本館設在櫻桃斜街路南

價目表 北京 每日一張 銅元一枚 每月 銅元三十枚 花皮紙訂 銅元五枚 裝訂成冊 三十五枚 公益半價

本報 編輯者 張鳳綱 總理人 韓九如 發行者 恩樹人 繪圖者 李菊儕 印刷人 魏根福 均屬本館

第廿二號

演說

看畫報之益　楊曼青

現下報館林立 實在是我們中國可喜可賀的事情 雖說是近日報界發達 可是看報的諸公 眼光各有所注 有愛看文話的 有愛看白話的 有愛看畫報的 據鄙人拙見 看報有益 以白話報為第一 畫報在次 諸公請想 我們中國這塊土上 認識字的人們 以四萬萬而論 無非居一萬萬數之牟 這還是往多數說 諸君不信此言 就以一條胡同內的住戶作個比例 您就以小比大 大概核計出認識字 多寡的人數來了 再說一條胡同內 有多少家開通的 果然家家開通 地方自治也就早辦成了 諸位請想 這不是個極明白的理嗎 打算家家都能開通 就仗着報紙的好處了 比如一家之內 有不識字的人 莫非還請個講報的教習嗎 不用不用 這就用着畫報的輔助 家有婦孺 給他畫報一看 只要貴在畫面上一瞧 就容易引其入勝 竟看畫面不明白 自然就問 這畫的是怎麼一檔子事情 再有人能夠講說出來 慢慢的就能上了癮 癮說這個理有沒有啊 所以說畫報能夠開通婦孺知識 又不在白話報以下了 看畫報還有極大的一件好處 家有小學生小姑娘們 看完了畫報 又可用他當個畫稿鋪上紙描畫 未完

宜还国债》一文，试图唤起民众特别是女同胞的爱国之情，其“有国才有家，国要是强不了，你的家也保不住”的思想理念，今天读来仍具现实意义：

我们中国人向来不知国家为何物，所以绝没有爱国的思想，国家才遭得这个样子。如今时局可更了不得啦，中国人再不知道爱国，将来这国家在世界上还许站不住呢！别说国家与我们无干，你要知道有国才有家，国要是强不了，你的家也保不住。此理极明白，人也都知道啦。鄙人为什么说这个话呢？因为现在中国的财政艰难到极处了，短人家外国国债又多，你要不把外债还清，中国的生计就不打算好啦。有那明白时局的大君子晓得这个道理，所以极力提倡国债会。现在是天下响应，连政里都想提倡，为的国债一还清楚，早点立宪，大家好想那幸福。这件事人人都知道，也不用鄙人再说。鄙人所最注意的就是我们女同胞。我们中国说四万万人，不是有两万万女同胞吗？女同胞要是不提倡，即不是少了一半人了吗？无奈说起女同胞们明白的甚少。这也难怪，自幼没受过普通教育，一个字不识的倒有十分之七。终日昏天黑地，关在大门里头，一点时事不知，有钱的惟吃喝玩乐，无钱的盘算柴米油盐，不是没权力就是没财力。在这压力之下，想做点开通的事，费了九牛二虎之力，还不定成不成呢！鄙人因女同胞们有不明白这个国债的事故，再演说给大家听听。这个国债会怎么样，国债是咱们大众的国债，就是我们大众自己的债，有人说明明是国家的债，怎么说是我们的债呢？要知道皇上家没有钱还外国，还是取之于民间，又不能直接跟民间要钱，可就从民间衣食器用上样样加税，这叫做间接的租税。试问

四万万人谁不穿衣吃饭？不是都免不了间接的租税吗？这么看起来，皇上的债不是同我们的债一样吗？即晓得是自己的债就应当自己早点还清……女同胞上等有钱的人家，少做几件衣服，少打几样首饰；中等的人家可以少听几回戏，少斗几回牌；下等无钱的人家，少吃些点心，少抽一支烟卷。大家努力，齐心早早把国债还完，好过那太平日子。

《北京醒世画报》不仅以新闻内容脍炙人口，同时也因绘画精美而成为流传京城的学画画谱。由京剧脸谱及插图绘画大家李菊侪和清末宣笔制作名家胡竹溪主笔，画面生动，场面宏大，极具中国传统绘画的工细与传神，具有很高的绘画参考价值和艺术收藏价值。

关注孙中山的京报《图画周刊》

1918年10月5日，邵飘萍在北京创办《京报》，1924年12月16日，作为《京报》副刊、以摄影图片为主的京报《图画周刊》问世，成为继时报《图画周刊》之后的第二家摄影画报，开创华北地区报纸出版摄影副刊的新纪元，而它的创刊、停刊、复刊均与孙中山先生有关，并且多次出版孙中山先生纪念专刊。

京报《图画周刊》，社长兼主编邵飘萍，初期由冯武越担任编辑兼摄影，社址位于东四九条35号。刊头由邵飘萍题写，初期为16开2张，周刊，逢周五出版，随《京报》附送。创刊时为普通新闻纸，图片质量不高，从第10期开始，改用洋宣纸彩印，图片非常精美，并采用黑、蓝双色套印，时而加入红色，形成三色套印，自称“此种印刷术为时报图画周刊所未有，开今日国中画报之新纪元”。但可惜的是，画报只出版了11期即宣告停刊。冯武越离开京报后便在天津创办了著名的《北洋画报》。邵飘萍由于坚持不妥协的反帝反封建立场，为反动势力所不容，1926年4月26日，奉系军阀以“宣传赤化”罪将其逮捕并杀害，报馆惨遭查抄，《京报》被迫停刊。邵飘萍夫人汤修慧继承夫志，于两年后恢复《京报》出版，自任社长兼总经理。1929年1月13日，京报《图画周刊》复刊，期数从头算起，并在期数前冠以“复活”二字，改为8开4版，道林纸，社址随《京报》迁至前门外魏染胡同35号。画报于1936年6月出版至复活第358期终刊。

京报《图画周刊》为综合类刊物，创刊号的《发刊弁言》中明确指出了办刊宗旨："乃意国民常识，且以开拓少见多怪者之眼界，而批评讽刺，亦即寓于优美的写真图画之中。同时本刊既为《京报》

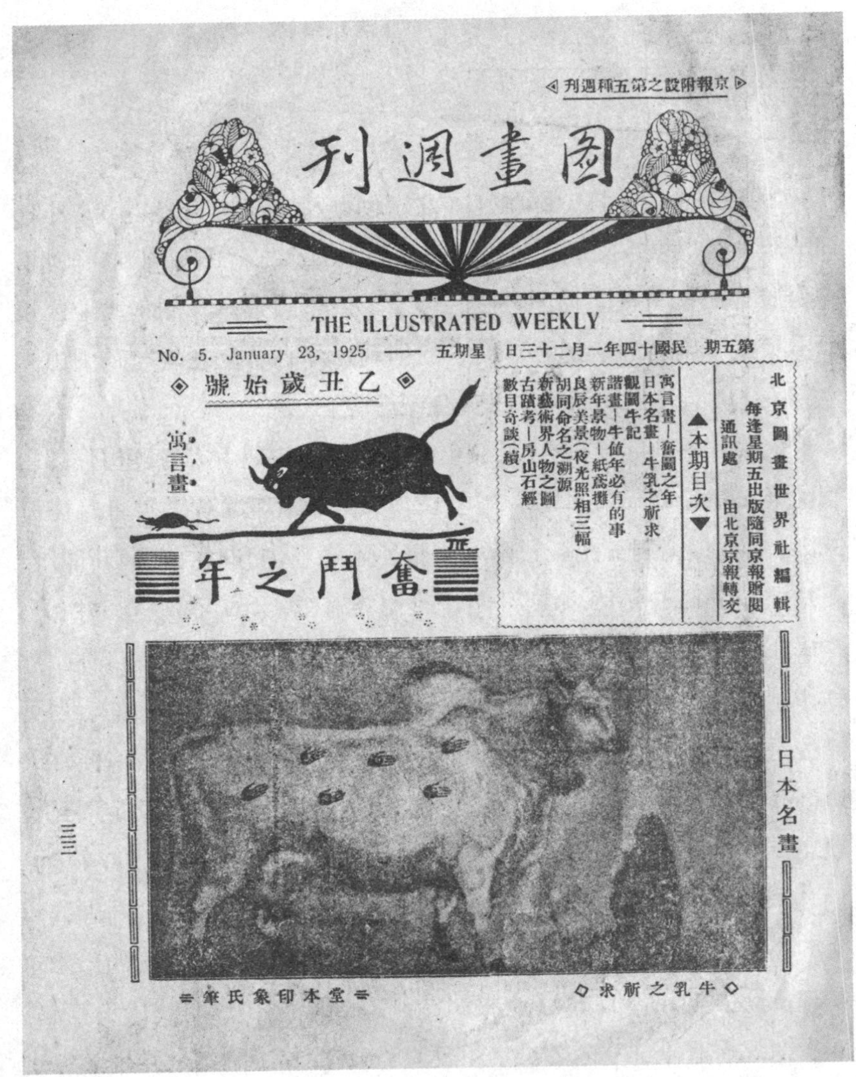

京報附設之第五種週刊

圖畫週刊

THE ILLUSTRATED WEEKLY

No. 5. January 23, 1925 —— 第五期 民國十四年一月二十三日 星期五

乙丑歲始號

寓言畫

奮鬥之年

北京圖畫世界社編輯
每逢星期五出版隨同京報贈閱
通訊處 由北京京報轉交

本期目次

寓言畫—奮鬭之年
日本名畫—牛乳之祈求
觀鬭牛記
諧畫—牛值年必有的事
新年景物—紙鳶攤
良辰美景（夜光照相三幅）
胡同命名之溯源
新藝術界人物之圖
古蹟考—房山石經
數目奇談（續）

日本名畫

牛乳之祈求

堂本印象氏筆

三

均無罪。惟牛殺馬乃牛之罪。人將處牛以死刑。此彼輩之意也。此時最佳之鬬手。一手持單劍。一手持色衣。引牛使立定。如施以催眠術然。實則非也。牛既定。鬬手即將劍猛貫其腮後。此點爲要害之處。劍如直入至見柄而止。則牛立倒斃。然此點占地位甚微。苟描不中。劍尖不入心臟。或出皮外。則牛不死。有時劍且爲牛力所抗而復出。若是則鬬手手術不良。羣情立沸。爭擲棄物于場內逼鬬手使退。然著名鬬手則可必其百無一失。此其所以著名也。不即死之牛。另使人持短刃自腦後殺之。此種屬于暗殺之行爲。彼輩不以爲罪過。謂早置之死地。免其受痛苦。爲比較近人道云。鬬手成功。羣衆歡聲雷動。男子以帽、女子以花物擲與之。軍樂聲亦大作。祝其凱旋。此時雄馬數匹入場共牽戰死者之屍首而退。通常每鬬牛之日殺牛至四五頭。馬則倍之。鬬手不慎。亦時爲牛所殺。但不常見而已。余居墨西哥時。往觀者屢。第一次歸後。頭痛竟日。蓋神經上受重大之激刺而然。惟彼邦人士。則正以爲無上之樂趣也。

三六

◇諧　畫◇

——牛值年必有的事——

◇新年景物◇

◇新年時北京市街最常見之紙鳶攤◇

之一部分，凡时事之以写真图画报告者，亦可以补《京报》篇幅之不足。在求全体社会之赏鉴及遣兴，非仅投一阶级、一方面之所好，故对于画报文字之性质范围，务期不枯不偏，普应各方。”图片方面“期为艺术的普通化，凡能增进人群美感兴趣者，无不广为搜罗，择优披露”；文字方面“取材则力趋隽趣，为图文之合作，期相得而

，予去二部。演至宗情寬洛等齣，予自念堂局也，偽嫖褻或非宜。弄日嘲花，略存形式而已。亞舞餘歌闋，國非容責于曰，襲罷君達士。今而知迂儒也。在官言官，在戲言戲。一回目，科諢，戲之精神寓焉。苟非應有盡有，則戲之精神不出。即扮演者之職務未盡。君非頭腦冬烘者，若爲有餘，不敢當，何也。予唯唯承指。繼此再演，則形容盡致。唐突西施矣。國意殊慊，謂循規蹈節，當如是也。其[illegible]爲御史錢南園所劾，旋解任去。而鵠神明湖間，猶有流風餘韻，令人低徊不置云。

光緒間江西巡撫德馨酷嗜崑劇。優伶負盛名者，雖遠道必羅致之。節幃除忌辰外，無日不笙歌沸騰也。新建令汪以誠者，有俄吏名，專爲撫轅主辦劇政，即俗所謂戲提調也。邑巽中事無大小，悉付他員代之。是時謔人爲對聯曰：以酒爲緣，以色爲緣，十二時買笑追歡，永夕永朝酣大夢。誠必看戲，誠意聽戲，四九日登場奏彩雙麟雙鳳共銜觴。額曰：汪洋慾海。四九日雙麟雙鳳，皆伶名也。稍後，柯逢時撫粵西，頗不洽輿情。（未完）

☆　☆　☆

清田石友先生（璞）畫虎　田道光間人粤東名畫家

聆風簃藏

春耕

攝於通州道上

凌霄漢閣之小公子徐澤義年七歲

李慶山水

趙撝叔先生戲評

（舊抄本寧安雜記）

官場如戲場，以相似也。然相似而不同。戲有脚色，脚色有生旦淨丑。戲有曲，曲有南北。曲以外有梆子，有二黃，有西皮。崑曲則依舊法，有高腔，吾越又有亂彈。戲目則如八義千忠，正也。西游記封神榜，幻也。最下有花鼓嫖院過關打扛，餘也。餘者，天地必有此段事。不在多，不可無。如厭粱肉者，偶得蔬菜，亦覺清絕。終日正衣冠坐堂皇，偶入私室，更褻服，登榻假寐，亦覺快意。故觀戲者，點戲者，唱戲者，皆樂取之以綴景。極熱鬧極悲極樂之間，雜以諧笑，令人意舒。若令終日演戲，脚色盡取丑。丑爲之主，而生旦淨類皆附丑戲。戲不唱曲惟取諢。丑之諢常也。淨亦能諢者，乃並生旦而亦使諢。非不知諢雜則諢而愈厭，唱戲者所不願爲，點戲者或未之知。然而戲臺之下，觀者且千百人。合千百人居日之地，竟令淨丑科諢終日，不惟終日，且窮日窮年爲之不已，則從古無此戲也。來園日觀戲，頗悟不同之故，因記之。

電通社長横田實氏，於本月十二晚，設宴于大陸飯店，招待北平同業，是圖即宴後之攝影也

李慶，字得餘，耳山姪孫，爲人樸直然諾，有君子風。工細筆青綠山水，界畫樓閣，一扇一條幅，有至十日乃成者。嘗於扇上畫萬竿州爾，雙鈎竹本，累筆竹葉，層層細寫，竟不止萬計，豐其潤而計日以衡，亦略與他人所得同，居揚州曇花庵老屋中，耳山先生舊所也。年三十餘，入贅文選樓後柳宅，癸丑城陷，死於難，見揚州畫苑錄，

益彰”。

画报头版最显著的是大幅名夫人、名闺玉照，“名人传记”有《书梁卓如（梁启超）》《记汪伯老（汪伯唐）》《书齐白石翁》《敬悼严范孙先生》《章炳麟两绝笔》等和文配图的“首都名胜”。二、三版每期都有三四幅名人名画，集徐悲鸿、田石友、邵逸轩、石溪上人、陈少鹿、何秋江、刘松年、王梦白等百余位画家之大成；刊登民俗、戏剧、国内外名胜摄影作品；连载大鹤山人的《勇庐闲诘书眉》《旧京婚礼》《北平风俗写真》《读书小记》《寒窗散薮》系列文章。四版从复活第8期起，开辟“旧都社会写真”照片专栏，每期刊登一幅反映北京市井生活的照片，至第107期共刊登《关东糖摊》《捡柴》《卖杂碎》《补鞋》《磨刀者》《抬粪夫》《送报夫》《傀儡戏》《猴戏》《卖元宵》《洗衣妪》等100幅。每幅照片下端附以短文，加以评说，语多幽默讽刺，述劳动者的辛酸，鸣社会之不平。该版还连载韩慎言的小说《美术家的恋爱》；儿童专栏“小朋友的公园”有《儿童与玩具》《儿童的游戏种类》《小儿有病时的卫生》等；“剧界艺林”刊登梅兰芳、尚小云、马连良、荀慧生、姜妙香等戏剧名伶的书画作品；“西笑”是西方幽默笑话专栏。此外，有别于其他画报的是，京报《图画周刊》只在报缝里刊登广告，正版中从未见到。

1924年12月16日画报创刊时，适逢孙中山先生来京，因此创刊号的封面即为《全国景仰之中山先生》大幅照片，“以欢迎热烈之表示”。第3期则为“孙中山先生来京纪念专号”，“满载关于欢迎中山先生之写真，为极热烈欢迎之表示”。七周后孙中山先生逝世，第10期遂为“追悼中山先生特号”，第11期出版了“中山先生出殡纪念专刊”后画报停刊。1929年1月复刊时，正值孙中山先生灵榇安葬碧云寺，于是画报在复活第9期出版了“总理逝世四周年纪念专号”。无怪乎画报称：“本刊以中山先生来京而创刊，以中山先生出

三年前

如如

昨在某處案頭，見報紙一張，即取閱之，赫然入於眼簾者，乃爲標題『邢士廉死矣』五個大字，大詫，以爲奉天之新鬼爲楊宇霆，何以誤作邢士廉？及再諦視，則此紙爲民國十四年十月二十五日之上海時事新報也。時逾三年矣，蓋書肆以之包書，書既取觀，紙遂姑置案頭耳。因閱其文曰：『駐兵上海聲勢赫赫之邢士廉，傳聞其鳥衣中伏自殺矣。當邢士廉在上海之時，除封禁各團體不理衆口外，其他所作所爲，頗諸穢行不法，販土爲害之一班人，似尚此善於彼，乃其結果之悽慘如是。』消息若真，軍人下場，言之可慨。然兵敗後猶自縊，並先手斃其車中妻妾，以免日後辱沒門風，尚饒有丈夫氣者，以視近之逃將軍降將軍一流人，當不可同日語也。按文中逃將軍，即指楊宇霆。使邢氏閱之，當亦啞然失笑也。惟是年上海軍閥，曾以烟土專賣爭，演出醜史，騰笑中外，而今茲青天白日之下，上海土案復作，引起國內外之大注目，能否徹底懲治，一洗此穢，尚屬一不易揭開之謎，尤足令人感喟不置矣。

西歷一九二八年十二月在歐洲捷克國舉行中日美術博覽會所拍之照　由左至右

王紹林先生　齊突爾太太　薩傑克博士（博覽會總理）　孫芝秦小姊　齊突爾教授　薩傑克太太

何瑞生畫松（錫衍攝贈）

邵逸軒畫山水

藝術院長徐悲鴻爲其夫人寫像

西芙

（譯法文Hsoire Juive）

猶太甲乙二人，交友甚厚。甲爲商，乙充某人壽保險公司介紹人。甲經某神父勸導，遂爲天主教之信徒，並由某神父爲之施洗。一日遇其友，則告之，彼已爲天主教友矣。乙則深責其友，何忽入該教。（按昔猶太人與天主教友視同仇敵）甲曰：老友勿怒，吾之得入該教，正深引爲榮，而能正吾人之非也。乙問彼何人，使其崇拜該教如此。甲答：爲天主教之某神父也。且告之曰：若使該神父與汝講道十分鐘，吾斷然汝亦將步吾後塵爲教友也。乙即請爲之介紹。於是二人遂往教堂見某神父。甲爲之介紹，及代達來意後，即語乙曰：吾將候汝於某咖啡館內。遂出。頃刻見其友欣然入。甲即詢其結果如何，且深信其已入教也。乙則從容答曰：結果尚不劣，神父已同意保壽險矣。

．某甲因嫁女訪其友，告以將于明日嫁女，欲與其女十萬佛郎之妝奩．第祇籌有半數，今求其友借彼五萬佛郎，以備明日之需。

八旗某巨室婚禮中接親時之光影

女伶楊菊芬（右）楊菊秋（左）合影

殡后停刊，今中山先生灵榇将离此故都时而复活，一若预为中山先生送灵之备者。”

画报在“总理逝世四周年纪念专号”中刊发了《中山公园灵堂》《孙中山灵榇》《移灵时党中要人共同扶柩》《出殡时送殡之党员及民众》《灵柩在木桥山拖上塔龛之光景》《西山道上送灵之民众》《中山先生灵柩已安置后之塔龛》《铁狮子胡同行辕门前之素牌楼》《孙中山临终前居住的北平铁狮子胡同顾宅》等18幅珍贵图片，并配发了《总理遗嘱》《中山先生之特识》《中山先生乘危时之追记》《述往》《本刊纪念总理逝世四周年之意义》《本刊发行专号的使命》等文章。

这期画报的封面是孙中山先生生前签赠《京报》的个人肖像照。画报披露，1924年12月4日，孙中山乘船抵达天津时，《京报》主编邵飘萍对孙中山先生做了短暂采访，采访结束后孙中山先生遂将这张照片手赠邵飘萍。随后，孙中山先生移居北京饭店以及迁入行辕北平铁狮子胡同顾宅期间，邵飘萍也曾多次访视。这期间，《京报》“对于总理意志的宣传及国民党一切工作，均由孙中山随从与邵飘萍协商”。在孙中山逝世前后，邵飘萍多次派报社写真部（摄影部）同人拍摄了许多珍贵图片，只可惜“本报自遭军阀摧残，文件散佚”，这些珍贵的历史镜头没能留存下来。

北方早期的摄影刊物《世界画报》

《世界画报》为《世界日报》的附刊，是北京报业中创刊较早的摄影附刊，社址在北平石驸马大街甲19号。1925年8月创刊，初期只是《世界日报》的一个摄影版面，同年10月10日改为4开单张双面（即8开4版），间日出版，从11月第13期起改为周刊，每逢星期日出版。凡订阅《世界日报》的固定订户，均按期附送，兼有订阅和零售，《世界日报》社负责发行。褚保衡、林风眠、萨空了、谭旦冏等人先后担任画报主编。终刊时间不详，已见1937年8月1日出刊至第607期。《世界画报》是北方报纸摄影附刊中出版时间最长、期数最多的刊物之一，其本埠新闻图片大都由画报记者亲手拍摄，与其他画报概不雷同。

《世界画报》为综合类画报，图文并茂，印刷精美。主要刊登时事新闻、美术摄影、中西名画、游艺娱乐、新潮时装、学校生活等图文。第1版大都为青年女性，如女学生、女明星或要人妻室，时以风光摄影代之。该刊的编者认为“新闻”是定期刊行的画报的生命，所以“对于新闻材料又特别注意，不偏于本埠一隅，使读者除消遣外，能从画报里得到一些知识”。因此，画报遇有重大政治事件，往往以整版篇幅连续报道。“九一八事变”后，画报的第309期以三个整版、18幅照片，真实地记录下日军侵占沈阳的暴行，对日

世界
第二期
换印面頁者。爲法國大地理學家可郎偲氏之世界文明產生圖。紫色者。七千年以前產生之文明。乃人類最古之文明也。紅色者。四千五百年以前產生之文明。
綠色者。二千五百年以前產生之文明。黃色者。六百年以前產生之文明。今日世界新文明。即出于此中之一部分。白色者。文明皆由外人。或至今尚未開化也。

法國下議院

塵中。爲一幽間清曠之所。康穀臺橋者。森江上二三十名橋之一。爲南北往來之孔道。行客之車馬。往來如織。江之上有載客之小滊船。人納數十錢。循江上下。至于郊外。無不可至。圖中一小舟。正穿橋洞而過。想對圖者神往焉。

法國上議院

上海權利之競爭

前年上海公堂之案。至今要索達理。未能全結此事之是非。固皦然易明。不待深論。然弱者一方面。方自以爲保護國權。而強者一方面。即堅指爲擾序。外人今則事過年餘。已成陳迹。然世界之公論家。固視此爲支那國民能保護權利之一大抗爭。實將來歷史上可記念之一事也。當日之騷亂。本非主倡者意料所及。然仍能由一般之開通者。速還秩序。遏者力遏。抗者力抗。外人雖至今間接而對庸弱之政府。欲肆分外之要索。然隱訏支那之民氣。經十年新文明之傳達。已有未可侮者。獨是回想當時無教育之多數。突然插

入。忽起擾亂。幾使閭麗之市街。變爲賤血之戰場。目擊之人。固無不念之心悸。

今載西市所流布當時亂狀數紙。使耳熟之而未能親見之者。審顧焉。以觸其繁感。所錄三圖。皆在英租界大馬路區畫內。上圖乃乙巳十一月二十一日晨九時所攝。積燒于路中者。據彼中人所云。則係英副領事畢齊標君之摩託電車也。

左圖爲同日十時所攝。彼人云。此時萬國義勇隊出襲亂黨。頗有所格斃。今圖中吾民一人。橫陳其屍于道旁之簷下。而外人之義勇隊員。則一人荷鎗猛進。一人方狙伺有所欲擊也。此所謂文明之舉動。

上圖又後于前一圖半小時。在晨間十時半所攝也。觀圖中情形。其時義勇隊員。已悉張其應有之強權。爲盲悍之督率。故戎服者執鎗虎立。而貪觀熱鬧之無意識者。皆驚皇失措。竄散若羊羣。此等竄亂。適所謂排外之騷動歟。

教育

教育成爲一專門科學。實始於潘斯道及服貝爾二人。十八世紀之末。人皆不知教育爲何物。故其教育幼童。但知令其記憶背誦。而不知發達其推想之能力。但知注意於智育。而不知致力於體育。一千八百年之頃。瑞士教育家潘斯道集幼童若干人。用改良之新法教授。是爲近世教育之萌芽。一千八百十六年。德國教育家服貝爾設一學校於德國之格里西城。復將潘斯道之教授大加改良。蓋服氏本爲潘氏之弟子也。服氏又謂幼童於七歲之前。教育最爲重要。其故以人自嬰兒至成人。實分數時代。將來之爲善爲惡。全視乎幼時所受之教育完全與否爲準。故人當襁褓之時代而不失其嬰兒之性質。當幼童之時代而不失其幼童之性質。則當少年之時代。亦必能自然發達其少年之特別性質。此服氏之說也。服氏欲實行其理想。故於一千八百三十七年。設一幼稚園於德國之彭格堡。是爲幼稚園之始。

潘服二氏之教育論。本不甚大異。潘氏謂個人之能力。由練習而發生。惟服氏則更進一步。謂能力固由練習而發生。然練習須由其自動。所謂自動者。謂任幼孩擇其所好而爲之。不加之以外力也。服氏創設幼稚園。欲寓教育於運動之中。故純以游戲爲主。蓋幼孩見有物在其附近。每喜用以工作。如幼孩見有顏色盤。則必取而繪畫。在海濱見有沙石。則必用以建造城堡。此其證也。又幼孩每喜得新法。故苟能於其動作之時。而教以種種之新法。則彼心中必異常愉快。蓋其天性如是也。幼稚園之制。雖早由服氏發明。然至一千八百八十一年。各國始採用其制。至今則不特幼稚園中游戲甚爲重要。即中小學校中亦然。上列五圖。乃西洋中小學校生游戲之狀也。

世界畫報

中華民國二十六年六月二十日　第六百零一期

北平第一屆聯合影展會特刊

緣起

甜　王鈺保作（北平第一屆聯合影展出品）

雪竹　張印泉作（北平第一屆聯合影展出品）

春郊放牧　蕭汝予作　北平第一屆聯合影展出品

風景　郭靜山作　北平第一屆聯合影展出品

北平第一屆攝影聯合展覽會

日期：本月二十日至二十七日

每日上午九時至下午六時

米市大街青年會

寒江夕陽　蔣漢澄作（北平第一屆聯合影展出品）

人體習作　魏南昌作（北平第一屆聯合影展出品）

世界画报

第三版

↑謝冰心與文藻遊歐美歸來與其愛子合影（張居生攝）

↑崇慈女中畢業典禮中返校校友合影（倪子衡攝）

↑北平漫畫展覽會招待記者後合影（李堯生攝）

名媛袁敏宣女士雷震祥宅之姿勢（嚴長揚攝）

索還舊愛

（封譯）

↑準備參加全運會平市女排球籌劃隊員預選時攝影 ↑上 周保靈范桂明二女士

↑劇專龍小姐結婚步入禮堂之影（李堯生攝）

黃永滔與馮蓉貞女士結婚典禮後留影（嚴長揚攝）

本帝国主义的侵略行径进行揭露和谴责。据说，这些照片出自沈阳的一家照相馆，张姓摄影师在照相馆在为一个美国人冲洗照片时，看到了这些血腥的镜头，深为日本侵略者的惨无人道而震撼，觉得应该让更多的人了解事情的真相，促使国人觉醒，起来抗击侵略者。于是，他就自己加洗了一套，通过朋友送给了《世界画报》。

注重时事新闻是《世界画报》的一大特色。据统计，该刊从1929年4月至6月（第180—192期）共刊出摄影图片279幅，新闻图片竟达206幅，占总数的74%。它们主要侧重民众集会，战事实况，政界、学界最新动态和名人逸事。其中有《交通博物馆四月一日起开放》《华北球类比赛特刊》《丁香社表演〈春天的快乐〉之一幕》《北平第一师范院三一八烈士范上融纪念碑成立之纪念影》《五三纪念日赴太和门参加大会之民众鸟瞰》《女子网球赛上周在慕贞球场比赛，第二师范院球员发球之姿势》；此外还有反映1929年3月31日北平自行车竞赛，蒋介石抵达武汉，燕京大学师生、北平艺术学院美术系学生旅行十三陵、长城等内容的图片。

倡导艺术、普及科学也是画报的主要内容，曾出版《北平戏曲专科学校专页》《明月歌舞团》《陕西地质调查写真》《美国科学家发明之不碎唱片》等专题图文。画报设有“摄影研究”专栏，刊登美术摄影作品及有关摄影的文字材料，聘请“留德摄影专家杨心得君担任顾问”，公开解答读者关于摄影技术上的疑难问题。画报还曾以“介绍世界电影之知识，增加看电影者之兴趣”为号召，广泛推介好莱坞最新影片、当红明星、著名导演，深得北方影迷的欢迎。

画报之所以称为《世界画报》是因为它刊有较重篇幅的世界内容，“国际时事”“风情民俗”“趣闻逸事”等栏目让读者通过这一窗口，认识世界各国的人物、名胜、风俗等。第248期的《最近的土耳其文坛》一文，详细介绍了土耳其全国共有500人“不识字的问题”、8年来在土耳其“销路最好的一本书”，以及土耳其当前的“出版事业”。我们可以了解到20世纪20年代末30年代初的土耳其文化：

……自从在8年前初次出版，一直到现在，共约售出了两万五千册，但是这本书始终没有改用新体字重印，因为用新体字重印，销路就要没有了。

因此，在作家方面，曾屡次要求政府发给一些津贴，来鼓励新文字的建设，但政府总是不答应。不过土耳其的教育部最近已经和法国哈楷忒书店接洽，答应在第一年由政府给予经济上的扶持，使得这家书店能在土耳其各地添置售卖书籍、杂志、报纸的经理处。这计划的目的就是要扩大书籍的销路，因为在目前，土耳其的读书界完全集中在大城市里，土耳其的书有80%由那四大都会吸收的，依司单部尔（Istanbul）占25%，安哥拉（Angora）占25%，斯密尔那（Smyrna）占20%，沙姆生（Samsun）占10%，其余的20%分散在三个小都市。

书业的生意一大半仍旧是在于那些用亚拉伯字印刷的书，这种书的存货到现在还有。至于新体字的书，销路实在不大，因为老一辈的人，拿读书做做消遣的，宁愿看那些老式的字。只有那些学生们才看得惯新体字的书。不过一本新的土耳其字典，新近已经出版了，里面容纳了3万个拉丁字母拼音的新体字，这本字典当然是很有用处的。因为识字的人少，土耳其的文化程度向来是不普及的，所以，土耳其的出版事业向来是不发达的……

北京《晨报》创办的《星期画报》

1925年9月7日，北京《晨报》创办了《星期画报》，社址在宣武门内大街181号，《晨报》社负责编辑、出版、发行。由于徐志摩曾主持《晨报》副刊，因此《星期画报》有较多对他及陆小曼、凌叔华等的报道，而“《晨报》被难纪念号”，则在全面报道1925年11月29日《晨报》馆被砸被烧的同时，也为一些留存至今的疑问找到了答案。

“报道时事、提倡艺术”是《星期画报》的办刊宗旨。图片占三分之一，有时事、书画、雕刻、金石、脸谱、考古、世界建筑、名胜风景、人体摄影、电影、戏剧等；文字包括时事报道、历史故事、轶闻趣事、艺术家小传、文物研究、电影批评、戏剧介绍等。

《星期画报》属综合性刊物，周刊，每周日出版，道林纸，铜版印刷，4开本一大张，3版，中缝将一、三版隔为8开，二版为4开一大版，这样与众不同的版式设计有其整体感好、大气的优点，也有不便装订的缺点。画报为《晨报》的附属，在随刊附赠的同时，在全国各地也有其代销处。约于1928年6月出刊至第136期后停刊。

时事报道是画报的一大特色，如《徐树铮于1925年12月29日被刺杀于廊坊》、1926年1月17日《法权会议开幕式》、同年2月18日夜8时《日大使日置益，宴俄大使于北京饭店，外长王正廷、丹麦公使作陪》、同年2月27日《学工各团体在天安门举行反英讨吴示威大会》、同年3月29日《鹿钟麟在今雨轩招待新闻界》《李彦青故宫拍卖之情景》等一些社会事件，《星期画报》都以图文的形式真实地记录下来。1926年10月26日，在段祺瑞执政府的提议与主持下，

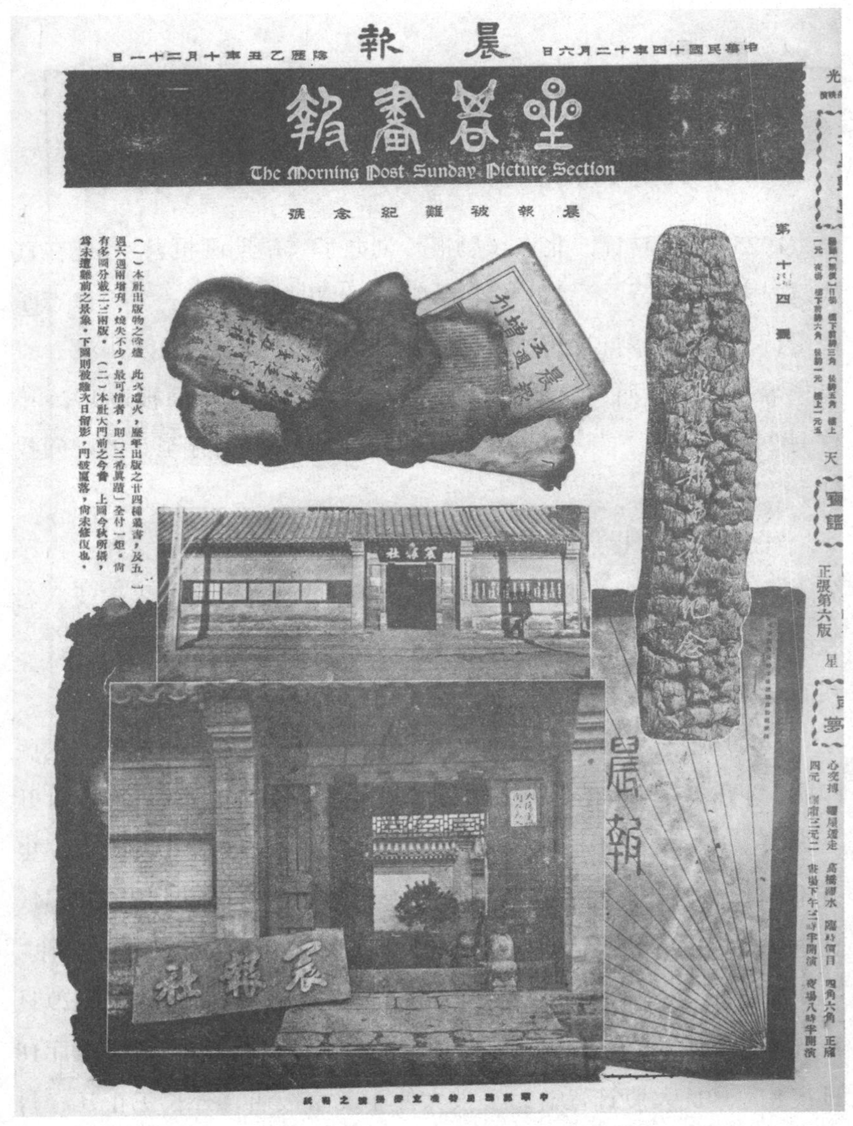

中華民國十四年十二月六日　晨報　陰曆乙丑年十月二十一日

星期畫報

The Morning Post Sunday Picture Section

晨報被難紀念號

（一）本社出版物之餘燼　此次遭火，歷年出版之廿四種叢書，及五週六週兩增刊，燒失不少。最可惜者，則「三希真蹟」全付一炬。尚有多圖分載二三兩版。（二）本社大門前之今昔　上圖今秋所攝，為未遭難前之景象。下圖則被難次日留影，門被燬落，尚未修復也。

晨报副刊　星期画报

中国与英、美、法、日等国的代表共同在北京召开了一个关税特别会议。段政府意图通过这次会议，收回中国的关税自主权，提高税率。但在帝国主义者的阻挠、破坏和国内各种因素的牵制下，关税特别会议并未达到预期的效果，成为一次完全失败的会议。《星期画报》以《关税特别会议开幕之情景》为题报道了这一事件。

1925年11月29日（《星期画报》中报道的是27日）下午5时左

右，《晨报》馆被游行群众砸毁并焚烧。当时针对这一事件，胡适与陈独秀有着不同的看法，并因此而发生冲突，一向温和的胡适甚至在给陈独秀的书信中说道：“如果连这一点最低限度的相同点都扫除了，我们不但不能做朋友，简直要做仇敌了。”关于这一事件的指使人，至今仍有三种说法：一是反共产说，因《晨报》反共产言论所致；一是党派倾轧说，因《晨报》被视为研究系机关报所致；一是同业煽动说，因同业竞争所起。《星期画报》在1925年12月6日出

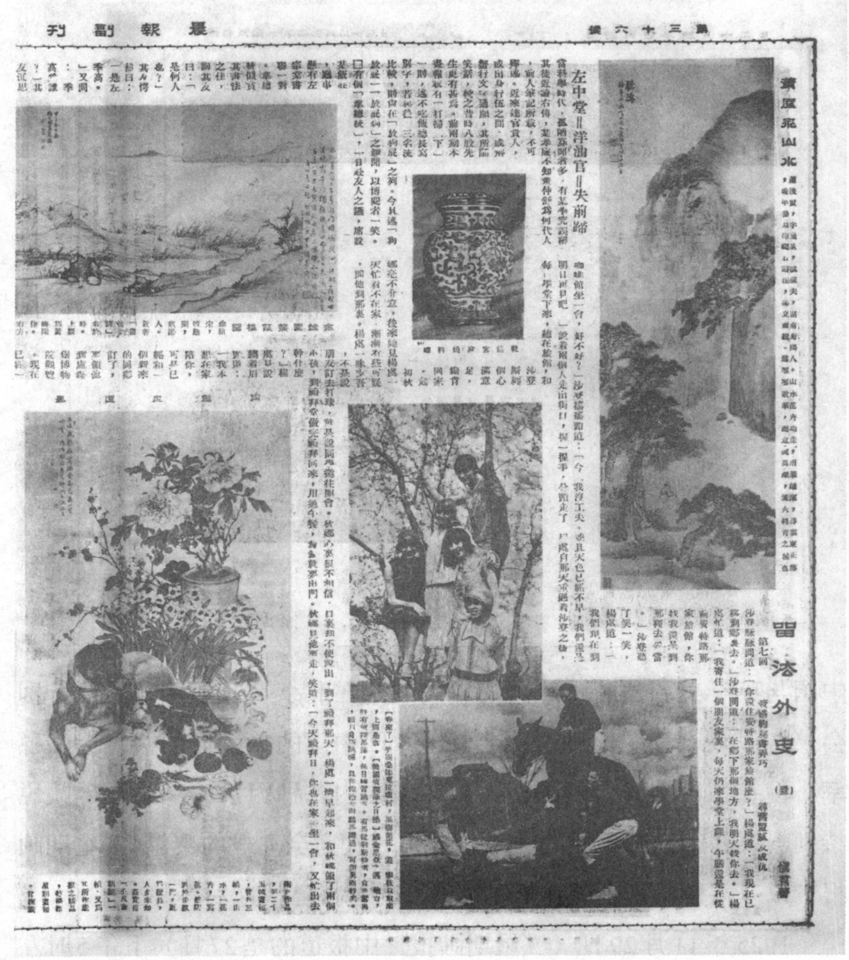
晨報副刊

第三十六號

左中堂‖洋油官‖失前蹄

留法外史

版的第14期“《晨报》被难纪念号”中，以20余幅图片再现了当时《晨报》被毁后的惨状，以《〈晨报〉被难记》详细报道了事件的全过程，今天的疑问和争论或许能从中找到答案。

The Morning Post Sunday Picture Section

武術奇險大觀之兩幕　心聲

是片爲菲德名廠一九二五年所攝製。主角爲武俠劉錫樓及女明星畤菲（左圖）。片中最奇最險之處，如雙峰壁立，下臨深潭，距離數十丈，武俠乃能飛躍而過（下圖）。是片劇情係由劉錫樓佈一救牛棠，勇健輕捷，躍馬於山峽之間，會有意大利馬戲場主人來此相馬，見武俠由此峰飛於彼峰，深潭數千尺，距離數十丈，遂飛躍而過，行所無事，乃五體投地，以重資聘之爲馬戲場主要演員。劉之愛妻亦被聘，抵意小利，登場三夕，報紙競傳，極受歡迎。旋其妻爲捧角家誘惑同逃。生一子，又被遺夫棄出，一日與武俠遇，乃重修舊好，女以戀其愛子故，武俠憤甚乃又舍之而去。策馬如飛，逕至荒岩，墜馬胴樹，傷頗重。女追至，不幸亦墜，狂呼求救。武俠聞之，於隔岸之樹頂，於樹身傾斜之際，乃携女手，下墜深岩。女幸不死，而武俠身被重創，卒因傷而死。情節極悲哀。現在是片已爲中天電影院以重價租來，定於六月一日開演。

塔影第四

燃燈佛塔，在通縣佑勝教寺。凡十三級，末層爲蓮花座。塔旁有斷碑，識云：「燃燈佛舍利寶塔。」係後周宇文氏時所建。又有一石，鐫「一塔……」

「爲通州八景之一。」

【按】此塔甚高，登景山即可望見。

太液池　在西苑，即俗稱中海，爲北京八景之一

碧雲霞扮演七擒孟獲

1925年10月，徐志摩曾短暂主持《晨报》副刊，并经常在《晨报》上发表作品。因此，《星期画报》上也屡见徐志摩赠送的图片和关于他的报道。如1926年4月23日，《改造》杂志社总编辑上村清敏来京访问，与中国知识阶层会晤，设宴于遂安旧胡同黄宅，宴后合影。从图片上看，前排是曾以英文翻译《李白诗集》的日本诗人小畑薰良、林风眠、凌叔华、陆小曼、上村清敏、王世杰，立者有冯友兰、丁西林、马寅初、杨振声、陈西滢、徐志摩、陈渊泉、陶孟和、高一涵、任鸿隽、良有壬、周鲠生。这幅照片中有两位女性陆小曼、凌叔华，都是中国现代史上的风云人物，而更为值得一提的是，她们与其中的两个男士后来又结为夫妻，这两个男士便是徐志摩、陈西滢。徐志摩、陆小曼、凌叔华在一起的合影并不多见，因为“凌叔华是徐志摩要好的女友，自从徐与陆小曼结婚后，两个女人便不说话，不见面”。

凌叔华是中国现代女作家，同时在绘画上又有较深造诣，但由于资料匮乏，对凌叔华的研究并不深入。凌叔华曾师从宫廷画师缪素筠，更得齐白石指点，举办过多次画展，但其绘画作品传世很少。《星期画报》上刊登的她的三幅早期作品，可谓弥足珍贵。而1926年7月18日《星期画报》上刊登的陈西滢、凌叔华的结婚照，连同对婚礼的介绍，更是研究凌叔华的珍贵资料：“陈西滢君、凌叔华女士于本月14日在协和礼堂举行婚礼，胡适之博士证婚。陈君为‘闲话’老手，凌女士为创作名家，可谓珠联璧合。当日胡博士演说谓：中国夫妇只知相敬而不言相爱，外国夫妇只言相爱而不知相敬，陈君与凌女士如能相敬又能相爱，则婚姻目的始得完成。闻者皆谓为结婚哲学。闻是日行婚礼后，在欧美同学会宴客，席未终，而新夫妇双双潜去，不知所之，似为避友人闹洞房也。”

提倡艺术是《星期画报》高举的一面旗帜。晴川的《古月轩瓷器》，为鉴赏文物、研究瓷器提供借鉴；子美的《当代画家小传》和多期连载的《金陵八大家山水》则再现了众多近现代画家的大师风采；“信手拈来”和“今乐府”是诗词歌赋的专栏，为文人雅士提供了附庸风雅的园地；连载知非的《宫闱琐记》，记述清宫秘史，是研究清史的重要参考资料；《云冈石佛之巨观》《罗丹雕刻》《刘海粟素描》《密讫郎其罗杰作》《吴道子观音像》，以及刘海粟撰写的《玛提斯杰作》《亨利·玛提斯小传》等，让读者受到了艺术的熏陶。

《北海化装溜冰大会》《春节厂甸》《北平年俗》《火神庙之古董字画》《雪后北海》《茶房劫》《颐和园桃花》《燕京大学教室》等介绍北平地方特色的文章，让我们领略了浓厚的北京历史文化。

《拿破仑凯旋门》《西班牙斗牛图》《记西班牙斗牛》《美国考古队》《日本之奇异风俗》《日人相扑》则是让国人开阔眼界，坐在家中看世界的一个窗口。

《北京画报》与番禺名宿沈太侔

1926年10月1日，《北京画报》在北京创刊，社址位于东城西堂子胡同14号，主编宁南屏，编辑傅芸子、李靖宇、赵松樵、傅惜华，北京画报社出版、发行，生昌照相馆制版，北京东城甘雨胡同20号的志成印书馆印刷，中华邮务特准挂号为新闻纸类。属艺术类画报，初为月刊，后改为半月刊，16开本，每期60页，零售每册大洋2.5角，1928年1月1日出刊至第2卷第3期停刊，共9期。

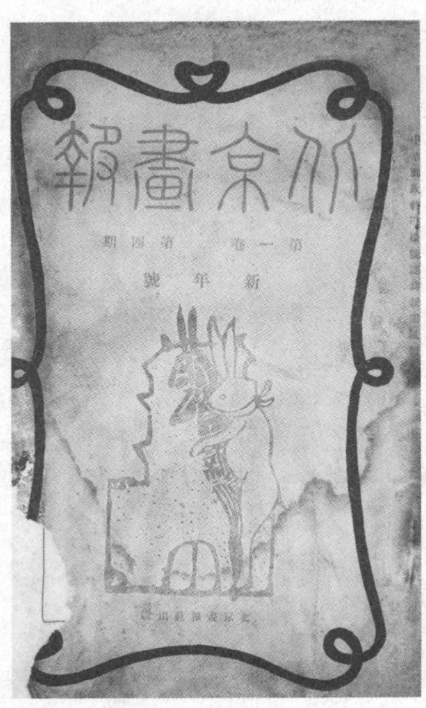

《北京画报》以提倡艺术为宗旨，单色印刷，图文各半，内容包括诗文、小品、时事杂记和电影。图画有国画、西画、金石、滑稽、抒情、漫画等，种类多样，编辑精挑细选，作品的品质比较高，具有很高的艺术价值；摄影作品有风景、新闻、名人书画、仕女、电影明星、名伶

北京畫報

靈鶴館雜綴

胡天

清故宮犀紋硯拓片

仿宋德壽殿犀紋硯

（五一）

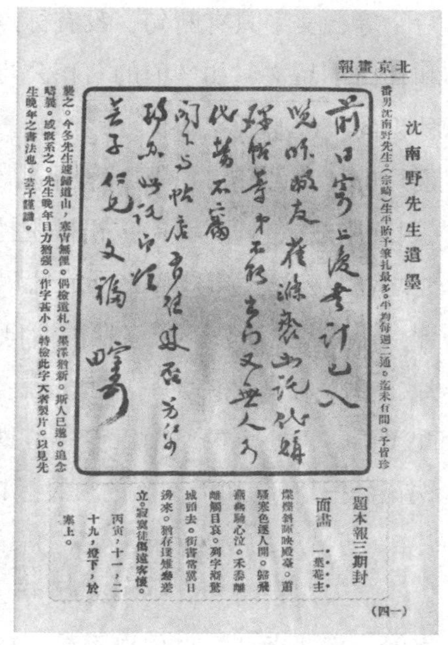
北京畫報

沈南野先生遺墨

番禺沈南野先生（宗畸）生平貽予筆札最多。平均每週二通。迄未有間。予皆珍襲之。今冬先生遽歸道山，寒暄無俚。偶檢遺札。墨澤猶新。斯人已邈。追念疇曩。感慨系之。先生晚年目力猶强。作字甚小。特檢此字大者製片。以見先生晚年之書法也。芸子謹識。

（一四）

等，如《吴南愚磁牙合刻屏》《汉关中侯金印》以及明星电影公司的影片《良心复活》剧照等；该刊的文学作品只有断句，没有标点，多为文言，有长篇、短篇小说和补白小品文，如南屏的《水浒之我见》、瘦厂的《最后之忏悔》等；“电影界”栏目专门刊载影视剧作、明星的摄影和趣闻逸事。美国人摄影家马尔智（Benjamin March）曾于1925年春天在北京举办的万国美术摄影赛会上荣获第一名，故而有“旅京外侨第一摄影名家”之称。《北京画报》特在“本地风光”为其开辟专栏，刊登北京地区的历史古迹、风景宝地、传统习俗的摄影照片。

第1卷第4期为“新年号”，刊有《吴南愚磁牙合刻屏》《汉关中侯金印》，以及明星电影公司的影片《良心复活》《一个小工人》剧照，大中华百合电影公司的《探亲家》《美人计》剧照，美国电影《母亲明早会》等；书画有《戴文节公山水》《沈南野先生遗墨》《章弧桐书莲》《袁寒云致张丹斧书》《花卉》《梅兰芳〈太真外传〉之速写》等；文字只有断句，没有标点，多为文言，有长篇、短篇小说和补白小品文，如辛伯的《相公当令》、毕素波的《秦厂笔记》、涤秋识的《故小说家毕倚虹残简》、王宝明的《三足猫》、知秋的《说说月份牌》、大错的《睫园脞录》、沈南野的《宣南零梦录》，剧评有《说慧生之〈乌龙院〉》，松樵主持的“影界杂录”专栏有《有始有终之张织云》，“影戏界之小消息”栏目的《谭鑫培铁事》，梦云的影评《中华观影记》、朱涤秋的《昆明览胜记》并配发了多幅摄影图片，瘦厂的“滑稽谈片”《纪卯王会议》、傅芸子的《谈外国傀儡剧》配漫画，素心人的《南汉芳华苑铁花盆记》配发两幅《南汉芳华苑铁花盆拓片》，胡天撰文的《灵鹣馆杂缀》配发了《清故宫犀纹砚拓片》，傅惜华的《西厢剧本考》配发昆曲名伶韩世昌便装照等。

清人沈宗畸（？—1926），字太侔，原名宗畴，字孝耕，晚年号南野，祖籍浙江，世侨居番禺。1889年举人，1908年与北京吴仲等

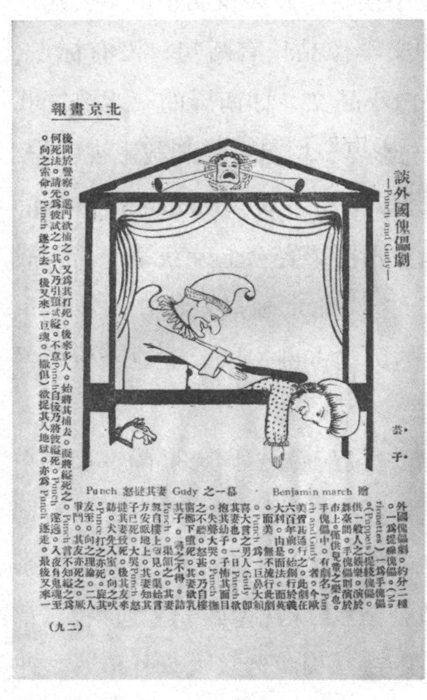

人创办《国学萃编》半月刊，在京师发起成立“著涒吟社”，与樊增祥、陈衍、胡漱唐、郑孝胥、陈宝琛、梁众异、潘弱海、杨昀谷、赵熙、曾蛰庵、罗瘿公等20人结成诗社，后来社员发展至百余人。编著有《春明采风记》《宣南零梦录》《东华琐录》《清代燕都梨园史料正续编》《晨风阁丛书》《国学萃编》《便佳簃杂钞》《著涒吟稿》《曲话蒇事》等，“著作等身，名满大江南北，海内宗仰，晚年文章多刊于《舆论报》副刊《瀚海》内”。不幸于1926年11月去世，“身后极为萧条，幸有郑韵觉、叶玉虎及亲戚朋友厚赙，才得以安葬”。鉴于沈太侔著述甚富，郑韵觉又嘱托《北京画报》代为征集沈太侔生前作品，以便付梓出版。《北京画报》在创刊时，就曾得到过沈太侔的帮助和策划，因此，画报不仅为其刊登了征求遗著启事，并且还预告在第6期出版“南野先生纪念专号”特刊，以示纪念。

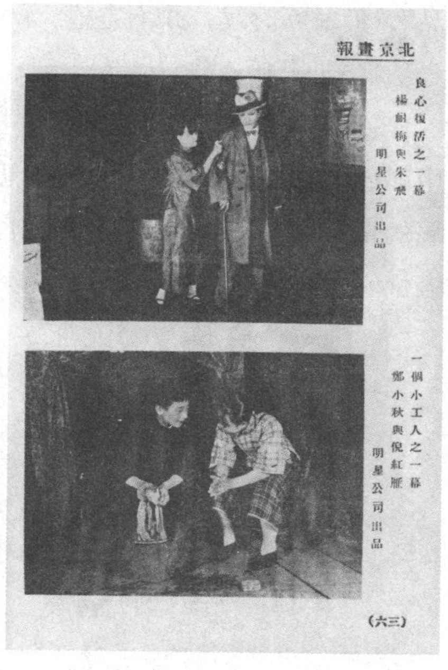
北京畫報

良心複活之一幕
楊耐梅與朱飛
明星公司出品

一個小工人之一幕
鄭小秋與倪紅雁
明星公司出品

（三六）

姚君素（1899—1963），字衮雪，号灵犀，以号行世，江苏丹徒人。民国时期长期寓居于天津，擅诗古文辞，并在此成名，为梦碧词社成员，属鸳鸯蝴蝶派一类文人，曾主办消闲刊物《南金》。20世纪30年代，曾在天津娱乐小报《天风报》副刊“黑旋风”撰稿《采菲录》，专载与缠足有关的文字。著有国内第一部金瓶梅研究专著《瓶外卮言》、艳情小说《瑶光秘记》、笔记《麝尘集》等。有关性学的笔记资料《思无邪小记》（又名《艳海》，或易名为《髓芳髓》）曾于《天风报》《风月画报》连载，“文字绝艳，时为脍炙人口的作品”，但时断时续，并不完整。《北京画报》编辑设法得其全稿，预告从第5期开始连载。

《北京画报》介绍了美术家、摄影家的创作和研究成果，保留了中国近代美术史大量的第一手珍贵资料，反映了中国近代美术史发展的真实状况，对于了解和研究民国时期美术史的发展有重要的参考价值。

湖社画会与《湖社月刊》

在中国近代史上，由文化教育行政部门、美术团体、各级各类美术学校以及图书出版机构创办的美术期刊达数百种之多，这些期刊传递美术界的各种讯息，介绍西方美术理论和美术流派的知识，传播美术家的创作和研究成果，无论是在理论还是实践层面都有力地推进了中国近代美术的改革与发展。近代美术期刊不仅为我们留下了中国近代美术史大量的第一手珍贵资料，其本身也是中国近代美术发展进程中的一个重要方面，是美术史研究不可或缺的重要组成部分。北平湖社画会创办的《湖社月刊》便是其中的一个典型代表。

创办于1919年的湖社画会是中国近代著名的学术团体，也是中国现代美术史上重要的美术组织。它的前身是中国画研究会，由近代著名的国画家、文艺理论家和教育家金城（字巩北，一字拱北，原名绍城，号北楼，又号藕湖）用日本退还的“庚款”创办的。1926年9月金城英年早逝，由其长子金开藩（字潜厂，号荫湖）继承父志，会同其父的其他弟子惠孝同、赵梦朱、陈少梅、李五湖等，在金城故居北平钱粮胡同14号组织画会，金开藩任总干事，陈缘督、惠孝同任副总干事。因金城旧号藕湖，其弟子均以“湖”字为号，故画会以“湖社”称之。近现代著名画家叶恭绰、陈半丁、于

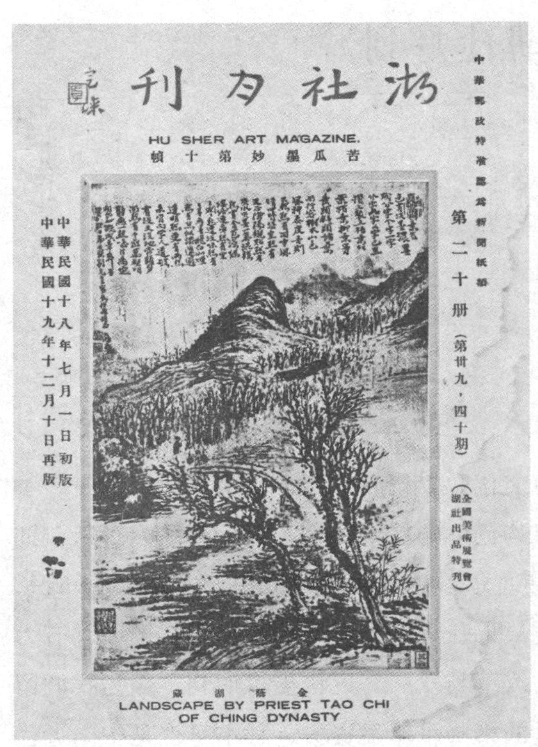

非厂、傅儒、徐燕孙、胡佩衡、秦仲文、马晋、王雪涛、吴镜汀、汪慎生等，均为湖社画会成员，张学良、梅兰芳则为画会的好友。湖社画会于1927年创办的《湖社月刊》，因其推崇的艺术风格和取得的艺术成就，乃至在中国近代绘画史上的独一无二的重要地位，对中国绘画事业的继承、创新和发展做出了不可磨灭的贡献。

1927年11月，湖社画会创办了《湖社半月刊》，自第11册起改称《湖社月刊》，社址在北平钱粮胡同14号。总编金荫湖，副总编胡佩衡、惠孝同，校对牛新北，由湖社画会发行，京城印书局印刷，北平永丰报房、天津杨记派报社、南京荣宝斋设立代售处。画报为美术类刊物，月刊，16开本，每册20页，铜版纸，印刷精美，图片清晰，文字高雅，质量上乘，堪称画报中的精品。

《湖社月刊》以“提倡艺术、阐扬国光”为办刊宗旨，每期刊名均由不同的名人题写，其中有于右任、徐世昌、张学良、曹汝霖、何丰林、齐白石、吕公望、汤定之、谭延闿、张善孖、吴湖帆等。主要刊登古今名家作品及书法、篆刻、画评、画论、诗词、轶闻等图片和文字。其发行范围很广，行销日本、美国、加拿大、古巴及东南亚等十几个国家和地区。画报“册”“期”并行，每月一册，每册两期，如第20册即为第39、第40期的合刊。至1936年3月停刊时，共出刊100册。

近代美术期刊有比较固定的作者群，对问题的探讨比较集中、深入，易于形成较强的学术影响。《湖社月刊》刊载的金城《画学讲义》《国画宗派说暨各体式之商榷》、胡佩衡《绘事答问》、陈师曾《清代山水画之研究》《清代花卉之派别》、林琴南《春觉斋记画》等，积极维护中国绘画传统，张扬文人画的价值，对主张全盘西化、否定传统一派的艺术力量起到了有效的制衡作用，从而使中国近代绘画艺术能够在多元格局下获得健康发展。在《湖社月刊》这一旗帜下，聚集了一大批秉持“精研古法、博采新知”艺术理念的画家和学者，这不仅包括了画会的骨干成员，而且当时北京书画界名流，如齐白石、方药雨、汤定之、溥雪斋等也都先后加盟。

专门性美术期刊一般都有一个对美术及其发展的基本观点，并以此作为办刊宗旨，因此它会有意地在某些方面加以侧重，从而以期刊的方式引导和促进美术的发展。《湖社月刊》是民国时期影响最大的美术刊物之一。其以金城提倡的“精研古法，博采新知”为宗旨。在该刊发表的金城《画学讲义》中说：“世间事物，皆可作新旧之论，独于绘画事业，无新旧之论……化其旧虽旧亦新，泥其新虽新亦旧。”显然是对当时画坛一味崇洋媚外的现状深表不满，欲以组织美术社团和创办专门的美术刊物予以纠正。

近代的画家们都想在振兴传统绘画艺术的事业中有所作为，但在改革中国画的问题上，没有现有的道路可走，没有现成的模式可供选择和借鉴，人们只是大胆地“依了各自所信仰的突进”。《湖社月刊》中金城的《画学讲义》，对画坛崇洋媚外的现状深表不满：“民国初年，一般无识者，对于外国画极力崇拜，同时对于中国画极力摧残——无知小子，不知国粹之画宜保存，宜发扬，反觍颜曰艺术革命、艺术叛徒。”可见，当时美术界不同艺术观念的碰撞、论争是何其激烈。

画报第14册为“雪景志号”，汇集名家画雪之作，探讨雪景画法，从中可知中国画学的广博深奥，如其所言“雪昔有风雪，有江雪，有夜雪，有春雪，有暮雪，有欲雪，有霁雪”。连载清上官周的《东坡赏心十六事》（胡佩衡藏），乃精妙玄远之画作，如《抚琴听者知音》《月下东邻吹笛》《客至汲水烹茶》《凉雨竹窗夜话》《清溪浅水行舟》《隔江山寺闻钟》《暑至临流濯足》等，

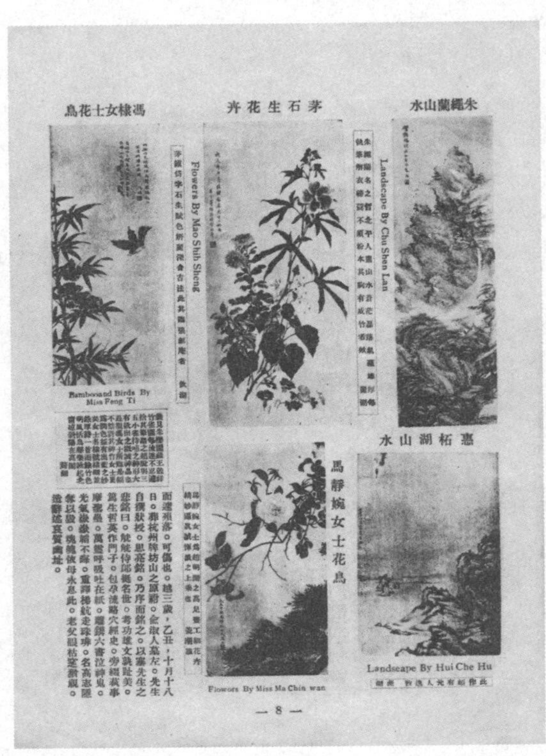

记述的都是人世间至情至美之事。

1936年3月1日，由齐白石题签的《湖社月刊》百期纪念专号隆重推出。以铜版精印，刊登了唐代以来的书画精品和珍贵文物30余件，并请名家著述相关文论，图文并茂。最具史料价值的是在开篇由名士、湖社同人撰写的百期感言、序言等纪念文章，赞许连连的同时，

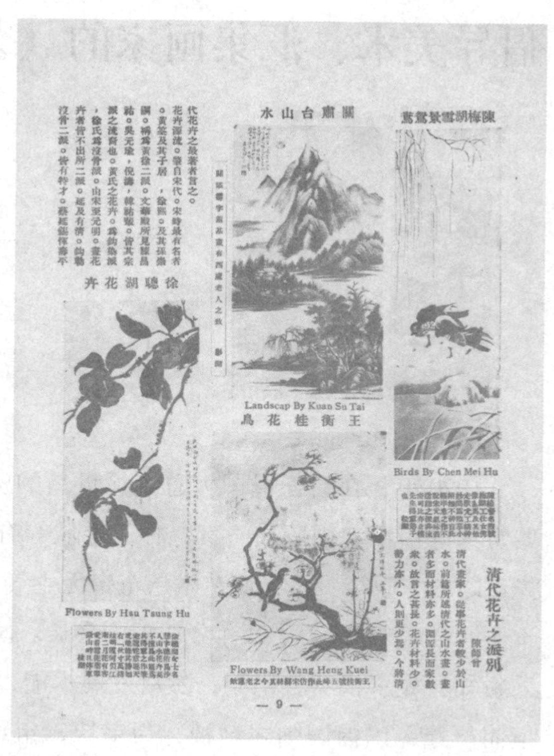

陳梅湖雪景鴛鴦

Birds By Chen Mei Hu

關肅台山水

Landscap By Kuan Su Tai

王衡桂花鳥

Flowers By Wang Heng Kuei

徐聰湖花卉

Flowers By Hsu Tsung Hu

清代花卉之派別

陳師曾

清代畫家。從事花卉者較少於山水。前篇所述清代之山水畫。畫者多而材料亦多。獨擅長而家數衆。故言之甚長。花卉材料少。勢力亦小。人則更少焉。今將清代花卉之最著者言之。

花卉源流。肇自宋代。宋時最有名者。黃筌及其子居寀，徐熙。及其孫崇嗣。稱爲黃徐二派。文龢殿所見惲昌結。吳元瑜，倪濤，韓祐輩。皆其宗派之流裔也。黃氏之花卉。爲鈎勒派，徐氏爲沒骨派。由宋至元明。畫花卉者皆不出所二派。延及有清。鈎勒沒骨二派。皆有特才。

— 9 —

更可见《湖社月刊》创办10年来的艰辛历程与拳拳之心。另辟专题纪念金北楼（金城）逝世10周年，封面上金北楼49岁遗照风范犹存，内页还展示了众多近代名画家拜赠金北楼的书画作品20余幅，追思之情，颂赋之意，溢于言表。

1937年抗日战争全面爆发后，湖社画会被迫停办。新中国成立后，以湖社画会为主要成员，成立了北京中国画院。

倡导美术、汇集画家的《艺林月刊》

1920年，在时任民国大总统徐世昌的资助下，北京著名画家、鉴赏家陈衡恪、周肇祥、贺金朴、金城等有感于“中国为东方文化先进之国，政俗日沦，而艺术遂奄奄无生气”，发起成立了“中国画学研究会”，金城、周肇祥分任正副会长。研究会以“精研书法，博采新知，先求根本之稳固，然后发展本能，对于浪漫伧野之习，深拒而严绝，以保国画之精神”为宗旨，组织画学研究、举办画展、进行美术教育，培养了一大批中国画家。1928年1月1日，研究会又创办了会刊《艺林旬刊》。

《艺林旬刊》由周肇祥、金城、刘凌沧等中国画学研究会会员编辑，社址在宣武门内温家街1号。画刊虽由中国画学研究会主办，但却没有取名为《中国画学研究会旬刊》，是因为他们认为画学是大众的，不是哪一个团体的；没有取书画之名而以艺林命名，是以此来表示广集众才之意。在提到其办刊宗旨时画刊的发刊词中写道：“同人等昔年创办画会，本为中国画学前途计，绝无个人偏私之见。观于最近作品展览，南宗北宗，工笔写意，兼而有之，即是明确之表征。今兹旬刊，扩而充之，是以画学发其端，而与吾国各种美术家，提携共进，发扬光大，此同人之征意也。”多位文化名人为画刊题词，创刊号上梁启超的题词“搜妙认真”，日本名士正木正彦题词

第一版 中華民國十七年一月一日 第一期 陰歷丁卯年十二月初九日

藝林旬刊

水竹邨人

題藝林旬刊

繪事由來精妙業近多惡道轉
習學一時高樹人備見傳歎
諸文七近等

樊文??作

發刊辭

藝林旬刊者、中國畫學研究會所主辦、不曰畫學研究會旬刊、而曰藝林旬刊、何也、示不敢私也、不以畫名而以藝林名、何也、廣集衆才也、中國爲東方文化先進之國、政俗日偷、而藝術遂奄奄無生氣、不有倡導、孰從而振起之、同人等昔年萠辦畫會、本爲中國畫學前途計、絕無個人偏私之見、觀於最近作品展覽、南宗北宗工筆寫意、兼而有之、卽是明確之表示、今茲旬刊、擴而充之、是以畫學發其端、而與吾國各種美術家、提携其進、發揚光大、此同人之微意也、愚以爲士生今日、當高著眼孔、大之爲無量恆河沙世界、一切人天作饒益事、小之爲國家、爲社會、謀公衆利、賴而一人一家之觀念、可以休矣、發刊之始、略著數言、用質世之同志者、

苦瓜和尚畫語錄曰、太古無法、太朴不散、太朴一散、而法立矣、法於何立、立於一畫、一畫者、衆有之本、萬象之根、見用於神、藏用於人、而世人不知、所以一畫之法、乃自我立、立一畫之法者、蓋以無法生有法、以有法貫衆法也、伏羲氏一畫開天、始作八卦、牢籠儀象、收盡鴻濛、誠如苦瓜所謂卽億萬萬筆墨、未有不始於此而終於此者、故訪求其像、弁於藝刊、亦數典不忘其祖之微意云爾、

畫家鼻祖伏羲像　宋人作

南宗抉秘

天津華琳夢石甫著

夫作畫而不知用筆、但求形似、豈足論畫哉、作畫與作書相通、果如六朝各書家、能學漢魏用筆之法、何患不骨力堅强、丰神雋永也、其在北宗畫曰筆格遒勁、亦是渾厚有力、非出筋露骨、令人見而刺目、不然大李將軍、豈得與右丞比肩、而以宗稱之乎、特將三松張平山蜚、變亂古法、以驚俗目、效之者又變本加厲、相傳有以木工之墨齒作畫者、且以爲美談、抑何可笑、若夫南宗之用筆、似柔非柔、不剛而剛、所謂綿裏針是也、其法不外圓厚、中鋒則圓、出紙卽厚、初學不能解此、見前人之畫秀潤天成、絕無劍拔弩張之態、因而柔取之、脆弱筆蠖、殊無生氣、類小女子描花樣者、乃自矜其韶秀不減於古、奚翅婢作夫人耶、然從此平心靜氣、純正練筆、毋求速成、其造就亦未可量、乃不此之務、而又自嫌其筆力孱弱、不足駭衆人之觀瞻、急思一旋捏、將筆橫臥紙上、加意求剛、而枯骨乾柴、汙穢滿紙、自詫爲鐵筆、流俗亦從而嘖嘖稱其功力之大、抑思作畫亦雅事、豈可作此傖父面目向人哉、尤有可異者、其筆旣弱、乃欲效古人之蹋及其畫出、狀似豆鼓、或筆之左右有兩綫、中間塌陷、又一種專取禿筆、醮濃墨向紙上塗鴉、毫無主見、故意上下其手、㧐攞出許多纇類、觀之如以竹枝嚼破其末、濡墨而抹之者、此眞畫道之蟊賊、萬不可誤犯、

未完

自今藝苑花開好
長在春風和氣中

聞中國畫學研究會發刊藝林旬報、憑倡東方美術、記喜

日本　正木直彥

中華郵務局特准掛號認爲新聞紙類

中國畫學研究會會長周肇祥氏

秋山蕭寺

懷齋蕭謙中最近作

李信、漢李廣之先世、秦將也、附見漢書李廣傳、

李順、晉司徒允之子、名宦也、見魏書李元謙傳、

李賢、北周時封河西公、仕終大將軍、見周書、

詞苑

鶯啼序　癸丑孟夏介夏閣庵前輩得江陰繆氏所藏陳曼生小楷細憐曲紈扇．其像周采巖所繪也．聯儕常熟人．初事衎撫王亶望．後由將戟門獻於和珅．均遺變而出．是扇在嘉慶朝．浙撫阮文達幕琅嬛仙館所作．陳氏兄弟．與采巖．皆幕僚也．詞以紀之．和夢窗韻　倬盦

天花散空鎣影．繞朱門翠戶．信風早吹徹琴川．喜入鶯燕朝暮．愛緒小檀槽顧曲．芳華曉綴瓊枝樹．更深情拈韻敲詩．謝家風絮．一櫂明湖．照水門靚．看旌旗捲霧．晚妝罷遙隔重樓．解花頻卸紈素．訂幽盟雲闌雨歇．淚偷咽歌絲情縷．悄回頭．輕撚箏琶．背吟飛鷺．娉婷倦繡．挽柳濃妝．伴倚人雁旅．更飽飫侍兒風味．院蓬花冷．濾墨舒箋．五更殘雨．蛾眉善妒．香衾孤負．侯門鑄淚流光疊．悔當年再別金閶渡．春燈啞謎．空餘畫角凝愁．斷腸又見鄉士．郢郵麥甃．翠竹生塞．記故村漂苧．恨點染羅衫弓袖．倚帶嬌羞．墜粉難尋．落紅偏舞．傷心自語．纏綿詩句．英雄夫婿都夢幻．悵前塵淒絕冰弦柱．而今門巷全非．鎮日東風．嚬桃似否．

安公子　丁卯九日　大壯

滿院黃花冷．冷香飛入當筵餞．讓能秋頭桑落酒．折茱萸誰贈．恨抵死西風掃去南鴻影．衣帶寬早晚懨懨病．向畫堂扶醉．懷古傷高無定．人事難重省．眼前惟有家天迥．望斷山長舟水遠．儘斜陽催暝．寄不盡浮生百歲田園興．歸去來九日今朝水．怕五柳蕭疏．猶荒別時三徑．

韓養癡山水

韓心壽字養癡京兆大興人能詩善畫尤長山水兼精鑒別此幅爲韓君得意之作

馬伯逸八駿圖

馬晉字伯逸京兆大興人寫生有郎世寧之風

"自今艺苑花开好，长在春风和气中"。1929年12月出刊至第72期后停刊，1930年1月复刊后，更名为《艺林月刊》，刊期另起，画刊于1942年6月出至第118期后终刊。

《艺林旬刊》，属艺术类刊物，十日刊，每月1日、11日、21日出刊，8开本，道林纸，铜版印刷，每期4版。创刊号由时任东方绘画协会中国会长的徐世昌题写刊名，此后每期刊名均由书画界名人题写。更名《艺林月刊》后，每月出刊一期，16开本，由《艺林月刊》发行所发行，和记印书馆印刷，《艺林旬刊》原班人马负责编辑。其办刊宗旨为："本月刊系中国画学研究会所主办，目的纯在倡导美术，所集材料，以具有美术价值为限，选择精审，考订详明，绝不滥竽充数，亦不随俗徇知。"

画刊图文并重，图片方面多为历代名人书画、金石碑刻、出土文物和古迹名胜摄影，每期都刊登一个书画界名人的肖像，配以文字简洁的人物小传；文字方面有画家新闻、画坛动态、画学理论、诗词歌赋、游记等，徐世昌连续刊登《归云楼题画诗》，周肇祥连载《东游日记》，每期卷末特设"艺苑珍闻"一栏，报道美术界重大新闻及各地新出土发现之金石碑刻、书画古玩等，如福氏古物馆成立周年纪念、中国画学研究会第十三次成绩展览会记盛及新发现之《后魏受阳武孙龙葬砖》《云冈石窟后魏比丘尼惠定造像记》等，均有资料参考价值。刊物稿件除会员所藏外，也面向社会征集。另外，画刊还大量刊发古今美术理论著述，书画篆刻、陶瓷工艺、诗词鉴赏均有涉及。如清计楠著《端溪砚坑考》，记载端石开采历史及各坑石色泽、质地、品种优劣，如韩泰华《玉雨堂书画记》、孙星衍《平津馆鉴藏书画记》等，均有较高参考价值。因此说，《艺林月刊》是金石家、书画家及美术爱好者的重要参考资料。

《艺林月刊》刊登宋代崔白的《雪景花鸟》、明代米万钟的《行书》、清石涛的《山水》、马伯逸的《八骏图》、韩养痴的《山水》、陈半丁的《读经图》、陈师曾的《篝镫纺读图》等历代著名画家的作品；吸引了当年活跃在京、津两地的众多画家，成为京津画家的一块阵地，为促进京津画派的形成奠定了基础；民国时期著名画家刘凌沧、田世光等和著名翻译家傅雷等的早期作品均曾刊登于《艺林月刊》，可以说，《艺林月刊》曾培养了一批青年画家和文人。

我国著名的工笔重彩人物画大师刘凌沧（1908—1989），河北固安人，本名刘恩涵，字凌沧（为徐世昌总统的赐字）。他童年时随民间画工学画，1926年入北京中国画学研究会，师从徐燕荪、管平湖学习工笔重彩人物画，后入北平艺术专科学校学习，同时从事绘画创作，并兼任《艺林旬刊》《艺林月刊》编辑。后任教于北平艺术专科学校和京华美术学院。1933年至1937年任北平艺专讲师，兼任京华美术学院教授。1949年任职于民族美术研究所，次年执教于中央美术学院任讲师、教授等职。他一生从事中国画的学习研究，专攻工笔重彩人物画，擅长古典历史画和仕女画。先后培育出黄均、范曾、刘大为、李延声、胡勃等诸多成名弟子，在我国美术界为大师级领军人物。

田世光（1916—1999），字公炜，祖籍山东乐陵，世居京西海淀六郎庄。1916年10月生于北京。1937年毕业于京华美术学院，师承工笔花鸟画教师赵梦朱和山水画教师吴镜汀、书法篆刻教师于非闇、齐白石诸先生。1938年5月，北平中国画学研究会在中山公园“来今雨轩”举办第十五次成绩展览会，展出了田世光用勾勒法绘制的一幅力作《竹枝伯劳》，画面上疏竹兰草簇拥着两大块山石，枯枝上立着一只栩栩如生的伯劳鸟，整个画面清丽工整，情趣盎然。这幅画的创作，得益于田世光对伯劳鸟的写生，还借鉴了宋代崔白的手法。这幅代表当时北平绘画创作水平的画作选登在了当年出版的《艺林月刊》第102期上，中国画学研究会会长周养庵对此画评价颇高，称之曰“此法三百年来未有矣”。这对当时年仅22岁的田世光

第二版　中華民國十七年一月一日　中國畫學研究會主辦　陰曆丁卯年十二月初九日

歸雲樓題畫詩　水竹邨人

題畫松梅

孤幹支撐根腳盤、空山霜雪幾千年、此心獨抱陽和氣、領點春回天下先、

題畫

淨掃心田讀道書、乾坤清曠稱幽居、人間自有清閒福、種樹梅花一草廬、

題畫梅

傲雪空山老歲華、亂枝鐵幹任槎枒、人間自有春長在、開遍千花與萬花、

題畫

峭壁立千尺、飛泉落萬仞、誅茅忘古今、心源自陶瀞、

題畫

古寺在何處、秋樹參差綠、行履萬里歸、山深雲滿足、

東方繪畫協會中國正會長徐世昌氏

讀經圖　紹興陳半丁作

錢塘江采女士作　女士字南蘋晚號湘湖堂弟子丹徒吳靜庵室

搜妙創真

寫荆浩畫錄語奉題藝林旬刊　丁卯仲冬　梁啟超

漢騶氏鏡

銘曰騶氏作鏡四夷服、多賀國家人民息、胡虜殄滅天下復、風雨時節五穀熟、長保二親得天力、傳告後世樂無極、直徑四寸五分、光緒中四川出土、光澤可鑑、

畫家新聞

鄭君毅夫、自幼長美術、學校研究農業、而能不廢所學、有友訪之門外、餘地圖作蘇場、家中四壁皆新作、近為平民大學校於揚州、籌辦養蜂、又擬於近郊覓地改良種植、自食其力、鄭君云其同學王君、近年亦改營商業、甚獲贏餘、以其餘力研究畫學、甚有進步、我國用非所學、社會上美術觀念薄弱、致使一般學者多失其所、誠屬憾事、如鄭君等能經營自給、以努力於藝術、斯誠豪傑士也、

新聞二

王君小山、清君堯臣、兩家子女皆習畫一門、中彬彬儒雅、昔年世祿之家、多有畢家學敎者、改革以來、此風漸衰、學畫何如習畫、移風易俗、是在士大夫提倡而已、

韓鐙紡讀圖　陳師曾作

本刊價目

（本京）每期五分　十期五角　三十期以上九折　六十期以上八折

（京外）每期六分　十期六角　三十期以上九折　六十期以上八折

廣告刊例

本報刊登廣告　紙限於兩版及夾縫處不能插

宋嘉泰會稽志寶慶續志

琉璃廠各大書坊發售

本刊啓事

藝林旬刊出版 執苑津梁

北京光社題辭

香山雙清別墅中日名人雅集

海藏先生北旋寄賦奉東即次韻寄懷均　王逸塘

人間底處是叡壤、直以行窩當故鄉、搖何期來舊雨、社顏曾未點新霜、橫流滿地天難醉、老圃經秋菊自芳、識字端爲憂患始、五車吾已悔儲糧、

宋邵康節先生安樂窩遺址　在河南輝縣

雙桂圖　水竹邨人最近之作

鹿嶴精舍花下鶴行之景　管宦安君攝贈

東游日記

紹興　周肇祥

丙寅新曆六月、爲日華繪畫聯合展覽會第四次開會、輪在日本、春間駐京芳澤公使、遣重光葵參贊持日本畫家發起人來函告會期、請赴會、四月渡邊晨畝君來、力邀親往、余未能遽定也、及會期將近、陳半丁臨時辭不往、轉而商之蕭謙中、並願助以川資五百元、亦不往、滬上畫家龐萊臣、吳湖帆者、無確往之信、蒙伯稱任其勞、余心不忍、甲子之會、日本畫家來者甚盛、此行不宜太寥落、且余久懷東游之志矣、　未完

本刊價目（京外）

全年 每期五分 十期五角 三十期以上九折 六十期以上八折

每期六分 十期六角 三十期以上九折 六十期以上八折

廣告刊例

本報刊登廣告、祇限於兩版及夾縫處不能指定地位、每英方寸祇能登五號三十字、一期每英方寸一角、十二期一元、十五期十一元、五十期二十元、登廣告者刊費先交

宋嘉泰會稽志寶慶續志

琉璃廠各大書坊發售

本刊啓事

无疑是一个莫大的鼓舞，从此，他在中国画坛上得以立足。

因翻译巴尔扎克作品而闻名于世的著名翻译家傅雷（1908—1966），字怒安，号怒庵，上海市南汇县人。20世纪20年代初曾在上海天主教会创办的徐汇公学读书，因反迷信反宗教，言论激烈，被学校开除。“五卅运动”时，他参加在街头的讲演游行。北伐战争时他又参加大同大学附中学潮，在国民党逮捕的威胁和恐吓之下，被寡母强迫避离乡下。1927年冬离沪赴法，在巴黎大学文科听课；同时专攻美术理论和艺术评论。1931年春访问意大利时，曾在罗马演讲过《国民军北伐与北洋军阀斗争的意义》，猛烈抨击北洋军阀的反动统治。1931年秋回国后，傅雷致力于法国文学的翻译与介绍工作，译作丰富，行文流畅，文笔传神。他翻译的屠格涅夫等人的散文诗四首，曾以“小青”“萼子”等笔名发表于1932年10月至1933年1月的《艺林旬刊》。1932年，他还曾为《艺林旬刊》撰写了《现代中国艺术之恐慌》《文学对于外界现实底追求》等四篇文章。

《北京晚报》副刊《霞光画报》

1928年6月9日，北伐革命军攻占北京城之日，《北京晚报》副刊《霞光画报》诞生了，因此，画报自称是欢迎革命军北伐的刊物。社址在兴华门内绒线胡同179号，社长阮余霞，主编萨空了、谭旦冏，《北平晚报》（“北京”更名“北平”后，迫于国民政府的压力，《北京晚报》更名为《北平晚报》）负责发行。约于1929年3月30日出刊至第42期后停刊。

“要从平凡普通的途上，渐渐地引导民众领会高深的艺术，达到最终的目的——让人生艺术化”，是《霞光画报》的办刊宗旨。“从一国的出版物，能够看出这个国家的文明程度，因此，我们办画报不光为了好玩，而于代表国家文化方面也当稍微着一下眼”，这是主编萨空了对画报的认识，也是画报始终的努力方向。

《霞光画报》为艺术类刊物，周刊，逢周六出版，方14开本，4版，道林纸，铜锌版印刷。天津著名报人吴秋尘撰写了题为《霞光万道》的卷首语。头版为名闺名媛玉照和广告。二版以图片为主，多有一个明确的主题，如“美术摄影专页”“北平幼稚教育专页”“民俗专版”，第23期还以《清华也偃文修武了》为题，报道了国立北平清华大学军事训练的消息，并配以大幅图片，让读者看到了中国早期的学校军训。鲜明地突出画报地方特色的“北平民俗”栏目，以图文的形式，介绍了出殡、结婚、拾废物的、提笼架鸟的、捏面人的等专访民俗。文字有“海外趣闻”“电影小消息”“据闻”“闻所未闻”等专栏，刊登世界各地见闻、国内新闻消息、报道国内外电影、介绍戏剧名伶等。三版、四版的名人书画刊登中国画、西方油画，连载陈师曾少年时的绘画作品，开辟画家王悦之专版。“漫画”刊登宗惟赓、王君异、蒋汉澄、孙之俊、王石之等五三漫画会会员的作品。木雕、石雕、版画、雕塑等较为鲜见的艺术形式也是该版的主要内容，每期一至两幅，多达近百幅的外国雕塑是画报的特色，而对现代雕刻家麦罗（Aristide Maillol）、罗丹（Rodin）等较为详细的介绍，更让读者认识了许多西方的艺术大师。“沉思馆笔记”“读

霞光畫報
北京晚報副刊
第一期
中華民國十七年六月九日出版
（每逢星期六出版一次增刊無定）
霞光社編輯
通信處北京晚報社

本報價目
零售每份大洋四分（暫定銅元十六枚）每月大洋一角五分（外埠照加郵費郵票八折通用）連晚報合定每月外加大洋一角

廣告刊例
本報廣告只限于第一四兩版及內外中縫每英方寸大洋四角但以二英方寸起碼能容五號字六十二字每期收大洋八角長期面議代繪廣告畫不另取資

北京光華影片公司飾西太后之
女主角傅梨雲女士

海上之舞熱（狂客寄自滬）

上海自去年下半年起，迄至最近三四月來，舞潮大興，舞場也東一家西一家的興來，幾如從前的交易所，連續不斷的產生，各時髦飯館酒館，爲防門前冷落計，如是不得不應時勢之要求，從事投機，由是而互相競爭，舞場幾遍全埠，以致販夫走卒，莫不以跳舞爲談屑，跳舞場生涯因之鼎盛，一般迷戀跳舞者，有修老舞鄉之慨，遂使吃花酒的客人們，被潮流之洶湧，轉入舞場中來，而一般娼妓，則爲迎合社會心理計，舉棄倚門生涯，而改作舞女者甚多，跳舞場因招待設備之優良與否，約分三等，大華卡爾登饗查，派利爲最高者，小總會，潑萊推與次之，安樂宮，納吉等又次之，近月來新張之巴黎，月宮，新新等，亦尙不惡，營業亦冠諸舞場，至舞場中尙有瑣屑可談之事甚多，容異日述之

△海上舞星—徐小曼▽巴黎飯店之舞星也，年方十七，振德女學之高材生。

梅蘭芳宅——客室中之一隅

★和國旗耳鬢厮磨 秋

在電車上，遇見了一位還穿有耳朵眼的時髦蜜絲，耳上一副細練下垂圓圓作墜的環子，潔白面龐兒，眼前一幌，覺得非常好看，定睛一瞧，原來上面正雕刻着一個青天白日滿地紅的國旗圖案，殆亦所謂婦女新裝中之一新裝矣，國旗所以代表國家，國民對之，應具有嚴肅的表示，似乎不應當隨便什麼地方都拿來應用，想當年五色旗時代，覺有人用他作在襪子邊上，可謂該打已極，往者無論矣，卽如迅以國旗血爲女人釵環之飾，似乎也不大是味，一還不是說不能用爲女飾，便可用爲飾，總之，應用國旗時候，應該考慮一下，一懸旗誌賀，自有大門，耳門非大門也，又有何懸旗之必要哉，什經有人[illegible]過，愛國家應該用愛人的情[illegible]去愛，[illegible]之所[illegible]國旗耳環，[illegible]於[illegible]旗卽[illegible]代[illegible]鬢厮磨[illegible]

◁蔣總司令之警衛隊▷

馬氏姊妹（艷雲艷秋立）近影

书杂记”等栏目刊登名人小传、语言、文字知识等。中外摄影多为人体、国外名胜、国内风光等。

关注名人追悼会是画报的一大特点，不但以详尽的文字报道大会盛况，而且还要配以多幅图片，为我们的历史研究提供了宝贵的史料。从孙中山的追悼会到每年一次的纪念日画报都要隆重推出专版介绍，第12期是由北平新闻界同人于8月19日在全浙会馆召开的中国报业先驱邵飘萍、林白水追悼大会，第18期是追悼北平女师大高才生石评梅专版，第22期是民国大总统黎黄陂（黎元洪）追悼会，第30期是在北平中山公园举行的曾因禁贿选总统曹锟的国民党陆军上将孙岳的追悼大会。

1928年11月11日，广东航空处处长张惠长率飞机师杨官宇、航空学校教育长黄毓沛做国内长途飞行。11日由广州出发，历经7小时抵达汉口。经过短暂休整，飞行3个半小时降落南京。19日晨7时，飞机从南京起飞，预计下午2时抵达北平。但天有不测风云，飞机进入北方后就遭遇了一场大雾，下午3时许迫降廊坊。20日晨天气转好，9时余飞机升空，1小时后安抵北平。北平市市长何其巩亲往迎接。《霞光画报》以两期两版的篇幅，完整地报道了中国航空史上的第一次长途飞行，并以12幅珍贵图片记录下这一历史时刻。

1929年1月，奉系军阀元老杨宇霆被张学良诱杀后，曾在社会上引起强烈反响。画报第33期的《杨宇霆生前与死后》一文记录下杨宇霆的最后时刻：

奉天通信，杨宇霆枪决前数日为其封翁作寿，特由法库原籍将乃翁迎至东关青云寺公馆。祝嘏之日，高扎彩棚，隆重举行。而东省各界人士为求得杨氏阶前盈尺之地，以图激昂于青云者，罔不在所进献？当时琳琅满目，应有尽有，一般僚属均欣羡之。不出10日，而杨氏竟名登鬼录。据传，杨氏此次为乃父作寿，估其所得物品价值约在300万元以内。醵金之广，可谓至矣。然而奔走权门者，乘兴而来，败兴而返。原思于官途发展，今竟了无所得，枉费心机。大有杨氏早死旬日，省下一笔偿钱之感！是亦碌碌风尘嗜官成癖者，所梦想为及之事也。

又杨氏枪决后，当道以其遗尸载至小南关姜公祠前，祭告姜登选，以慰其受杨连累致为郭松龄枪决，以还在天之灵。旋经某要人建议，允其家属领尸发丧。乃更川车运至大东关某医院洗刷。涤濯后，运至青云寺公馆始加衣衾。延至13日，乃行发丧。当由其女、儿媳等赴青云寺家庙接三。除卫士身着孝服外，居哀者极少。杨氏有一妻两妾，一女三子，一孙一女孙。长子尚在德国留学，次子在法库平治中学读书，并闻均未归来。三子正幼，未知人事，是以现在杨宅状况甚为冷落萧条云。

“保存北平固有文明”的《北京画报》

1928年6月，《北京画报》在北平[①]创刊，初为周刊，逢周六出版，从第89期开始改为三日刊。社址初在北平东城西堂子胡同14号，1931年1月19日，报社扩充，迁址至西城新街口南后公用库10号，并在上海四马路同庆里105号设立分社，在天津、沈阳、石家庄、营口、青岛、辽宁、黑龙江等地设立代派处。画报印刷精美，资料丰富，以“提倡保存北平固有的文明，反对破坏北平一切的文物”为办刊宗旨，曾连续刊登北平博物院馆藏和民间文物收藏，而其出版的“圆明园文献遗物展览专刊”，刊登了圆明园的大量摄影图片和拓片，是圆明园研究极为重要的参考资料。

《北京画报》为综合性刊物，以图片为主，兼有文字，彩图纸铜锌版印刷，“色泽之鲜艳，图画之精美，实为全国画报中首屈一指”。每50期出版一册合订本，每卷卷首彩色印刷。曾出版多期戏剧、跳舞、美术等专号，合集出版了《中国人体艺术摄影专集》《中国京剧脸谱专集》等。画报于1932年9月终刊。

画报为8开本，4版。一版为名伶、明星、舞星、名闺等美人照

① 1928年北伐军攻占北京后，设立北平特别市，自此直至1949年解放，称北平。

第一百零一期（第三卷）

THE PEKING PICTORIAL NEWS No. 101

十九年七月三十日 星期三

北京畫報

社址 北平東城西堂子胡同十四號

三多

華封祝三多。在中法儲蓄會儲蓄則能得到三多，華封只是祝人多（福壽男子），不見得能夠一定取得。在中法儲蓄會儲蓄能得到三多（積少成多 以少積多 由少入多）却是事實。並且由中法儲蓄會的三多為階梯，還可以使你享到華封所祝的三多！這樣你為什麼不來加入中法儲蓄會？

中法儲蓄總會 東交民巷環金大樓 國內各埠均有分會 詳章函索即寄

中國飯店

舞場

跳舞 每晚 由九 時起

舞廳……精雅清潔
舞女……明眸豔麗
樂聲……悠揚曼妙
燈光……美麗柔和
地板……平滑如鏡
茶酒……精美價廉
侍役……招待週到

南外西珠市口 電話南局專線

東北文化社主辦

東北新聞影片社

The Manchuria Newsreel,

光明美術照相館

Josepho Art Photo Studio, Mukden.

瀋陽十一緯路一四零號

香妃便裝畫像

清郎世甯繪（清宮舊藏）

第三卷卷首號

特價大洋捌分

北平

成記

經理 美國柯達公司出品

各種新式鏡箱 照相一切材料 以及華洋紙張 印刷機器用品 現貨無不齊備 零整一概批發

廊房二條西口 電話南局三三五七八

總行 天津北馬路東首

現已出書，實售二元，外埠郵費加一，存書無多，購者從速，過此時機，第一卷的本報可就無從補購了

牙粉

京華印書局承印

程艷秋今春赴遼演劇遼寧省府秘電處同人歡宴時留影

名伶程艷秋，今春赴遼演劇，備受歡迎，右照係秘電處同人歡宴程伶時留影，中著青衣者為程，右為前奉吉黑電政監督周大文君，現任本溪湖煤鐵礦總辦，周君亦工青衣，在遼頗負盛名，與程有舊，唱作皆為程派云。

萬頃月波秋雨後

一篝煙翠夕陽間

詩家李釋戡書楹聯

余友釋戡將軍，文壇名宿，宋詩大家。吟咏之餘，尤工八法。精通豪翰，馳譽海內。所書章草，為現代第一名家。間此變體，聯逼近撝叔，蓋最近得意之作也。（芸子）

明月歌劇社員胡笳女士

明明張之達攝贈

◉為陶默厂進一忠告

一得閣主

頃讀如是我聞一文，對於默厂女士，有所辯護，惜百另七期畫報，余未之見，不悉木木女士所述為何。以余所知，女士係端六爺令愛，龐南湖君，以為午橋制府女公子，實屬錯誤。至云伉儷，自非事實。惟聞與其藁砧結褵後，發生一樁不快之感，因之情懷抑鬱，酒藉票唱，排遣萬斛。其情不無可原。（閨中淚人之淚字，不啻晴寓酬幸也。）愚見偶一為之，未嘗不可。日日為之，殊嫌太過。微聞各茶樓，以女士有號召座客魔力，爭相延攬。顧此必致失彼，因恨夫免生妬。流言蜚語，緣此而生。甚有謂女士，謀獨力生活，豫作下海計者，雖屬揣測之辭，未始非頻現色相所致。至耗財買臉，乃曩昔各香會，八角鼓一種流行語，俗不可耐。崑黃中，高尚票友，初不以此解嘲。甚望大家閨秀之喜歌者，勿為邪說誘惑，於行雲流水中，稍示節制。斯為得矣。

國民軍南口戰役陣亡將士紀念碑（本年七月成立此碑）申攝贈

◉梁啟超公子服毒記

福若自滬寄

梁啟超之公子梁亞聲，現年廿二歲，自攻讀津門，一文弱書生也，自乃父逝世，感受家庭環境之痛苦，即輟學而謀自立，而乃父遺產，均由其母掌管，亞聲不能自由取用，嘗受經濟與環境之壓迫，遂一氣而走，離津南下，以覓尋一出路，隨行只隨帶當差一人，聊資照拂，乃抵南京後，下榻逆旅，求謀多日，終無成就，且資斧即將告罄，焦灼異常，店主屢索店費，大有秦二爺困在天堂之勢，不得已乃于本月五日由京來滬，且以房金無付清，故將行李，暫押寄旅館中，俟將店費償清，再行領取，當晚九時抵滬，寄寓安東旅館，即裁函致乃父生前至友伍連德醫生處，命當差送往，書中略謂：『請暫假洋若干，以資救濟……』。云云，伍見信後，念其先人在日之交情，遂對當差者曰：「旅館中開支頗大，請其即來我家居住可也」。而現金則分文未給。梁自當差去後，以為有十分把握，伍君定可接濟一二，及當差歸，以伍之言以對，梁以為伍乃故意敷衍，頓時心神昏迷，不覺悲從中來，頓萌厭世之念，即于昨晨潛服安神藥一瓶，以圖自盡，至十時許當差起身，見梁仍安睡，而桌上置有安神藥瓶，知梁所吞服，大駭，即懷空瓶飛奔伍醫生處報告，伍聞訊，立即前往，見梁熟睡床上，按其脈息，確係服安神藥，當即車送至仁濟醫院經該院施救，始慶甦生，據該院云：幸發覺尚早，中毒未深，尚無大碍，約息養數日即可出院云。

工程家丁諮仲君之夫人姚曉芬女士

江樹人贈刊

並蒂蓮花

麗譽攝贈

煙台梨花盛開時之梨花大會

譚景蓮寄

一一三期「懷辛鴻印照」記攝影，係長沙規矩也[illegible]氏訪蘇州藏書家許博明時所攝，誤作潘喜孫潘博山。再博字亦誤作伯字，合即更正，并誌歉忱。

女票友素娟女士及其妹彩雲合影

枕冬贈

『保存北平固有文明』的《北京画报》

和广告。二版开设“晶闻”专栏，刊登时政、名人往来消息，由特约摄影记者美狄洛特博物馆亚洲美术馆馆长马尔智（Benjamin March），上海、天津、东北新闻图片社长期提供图片，因而多为这些地区的时政、艺术、教育、体育等方面的图片。三版长期开设“戏剧特号”，隔两期出版一期，连载戏剧研究家傅惜华的《高腔十三绝图考》、墨香的《说旦》、明蟾的《20年来旧剧失传之种种》等，是中国近代戏剧研究的重要史料。虽然没有明确设立书画版，但每期都会刊登一些名人书画。四版连载雁声的长篇小说《春雨梨花》和广告，多为京津地区照相馆、书画社广告，其中刊登书画家卜孝怀、黄秋岳、溥心畬、周元亮、朱强邨等的润笔笔例颇有研究价值。

署名“灵犀”（姚灵犀）的作者是画报的长期作者，他专门撰写天津见闻，有《王侯故第女胶庠》《天津桥上行方便》《征婚之谜》《如此天津》等。其中《如此天津》中的《三开厢》一文记述了东局子兵营和附近的妓院：

津门各国之驻兵，多就其租界屯之，独某籍兵则驻于东局子。地为特一区所辖，租自北宁路局者也。综合其属国籍兵等，计数颇重，复以邻于某籍兵营之所在，于是华人所设之小商店，承其消费量固不弱也。素称黄金国籍兵，月饷为60美金，以现市计之，合华币达250元。营中聘有不知英语之华人，以授中文，盖以从根本入之，如孩提之牙牙学语。授一人学费为6美金，每组约三人，故此间“胶皮团”呼之为“大少爷”，良有以也。每当其发饷之时，“胶皮团”团团围住，惟恐其不登。殆及下浣，则望望然去之矣。盖恐其有揩油之举耳。附近兵营处娼窑颇多，专接外兵，即所谓“咸水妹”是也。其日、俄、韩三籍所设者，亦多纯为华人所组者。昔曾有四大金刚之目，今则云散风流，多成小组织矣。此中人之生活良苦，前据逃出者云，其父因穷而售彼诸津，转入是窑，每日所接者达30余人，行不由径，为苦綦多。且无孔不入，故有“三开厢”之目。个中苦况，不难想象得之。掌班者监视尤严，前为某籍兵邀往摄影，经华界径投岗警，求为安插，遂归区处置，得脱于樊笼矣。

1931年3月，北平营造学社举行圆明园文献遗物展览会，为中外学术界人士所重视，《北京画报》获赠展会珍贵资料，如样子雷所制圆明园烫样模型三幅摄影、乾隆铜版谐奇趣西洋楼水法图、“方御怡春”石额，以及文源阁石栏、安祐宫残瓦等拓片，遂在第165期特出版“圆明园文献遗物展览专刊”。傅云子在《圆明园文献遗物展览专刊述旨》一文介绍了开办该专刊的意义：

圆明园为有清一代惟一伟大之园林，集海内四大名园之菁英，益以官家之物力，西方之文明，殚精构造，曲尽园林游观之妙。其在中国文化上、艺术上，影响綦大，吾人不当以普通帝王苑囿视之也。咸丰十年九月初五日，英法联军携其番达主义（Vandalism）焚毁圆明园，初六日全园付之一炬。于是，此伟大之名园，乃成一片焦土。迄今71年，遗迹残余，与日俱尽。此中国近代史上伤心遗迹，殆亦将不可尽识矣。

中国营造学社为纪念此伟大名园伤心遗迹起见，年来，经朱紫江、阚霍二先生努力，所得此园珍贵之资料甚多，又联合北平图书馆，于3月21日，李明仲821周年纪念日，在中山公园举行圆明园文献遗物展览会二日，所陈烫样、图样则例，残石、砖瓦之属，在在引起吾人历史的浓厚兴趣，观察其构造方式，与夫所受西方文明之影响。回忆中国近代社会变迁之痕迹，令人不胜惊叹自失。同时对于英法之番达主义蛮性的遗留表现，亦予吾人以绝大警惕与痛恨。此为一般人士对于此展览所同具之感想。至于此会在现代学术上之影响极大，则非片言所能尽抒也。

戲劇特號
第三卷第二十一號

鼓師侯長山

槃厂

邇來老伶工，相繼殂謝，後繼無人，（死一個少一個）不特朱陳爲然，即鼓師侯長山，雖近野狐禪，亦難覓第二。朱陳故後，許劇家，多有記述，侯長山獨付闕如，人棄我取，特就所知，述其略歷：世人咸呼長山爲『侯禿兒』，不知『禿兒』乃其胞伯，長山祇可呼爲『小侯禿』，與譚叫天，元元紅，正復相同。（譚早先本爲小叫天，郭爲小元紅，因從前本有一元元紅也）長山之祖，老侯十，出身十番鼓師，（即籌常殯中樂隊，嚷鼓十番）。以打『撕邊』出名。（一氣能延長三小時）生三子，長長貴，（即侯禿兒），仲雙印，（即長山父），季滿堂，均充梆子鼓手。雙印最有名，手裹曉打撕邊，有父風焉。論藝以長貴爲精，不僅熟諳牌曲，山陝口西各調，靡不嫻習。梆子與徽班不同，多來自外省，派別紛歧，有同州調，絳州調，口西，直隸，老陝之不同。如青衣中，水上飄，撈魚罐，爲一派；蓋七省，蓋陝西爲一派，六月鮮，金鑲玉，又各爲一派。老生中，八百紅，老元紅，達子紅，亦派別不同。蔣角初來，不問何派何調，只要說出本源，長貴均能應付裕如，以故內行咸推重之，因其不及雙印脆快，所以不譽外行。長山幼隨乃父打大鑼，自始即未留髮辮，（早時梳一族毛）故羣以（小禿）呼之。十八九歲，即搭入徽班打武戲，助俞五成名，當時有「三禿捧俞」之說，三禿，即許禿子德義，何禿子佩亭，侯禿子長山也。三人均以勇猛稱，侯之鼓月獨小，向外敞，故音淚極大，開徽班不守規則惡側。余在晨報，曾略論之，聞其死，即由巨大聲淚，振傷野狐派，腦膜所致，翻爲作法自斃，孰曰不宜？甚望以侯爲戒，少拚命，自能多延年也。

泥人張所揑之「木蘭從軍」　穆又貞贈刊

泥人張，佚其名，天津人。善捏泥人，清季之名藝人也，所爲人物，無不畢臻其妙。又擅塑人小像，精奪鬼工！此像乃『木蘭從軍』，其神情栩栩如生，不愧名作。（曲厂）

畫家青白石爲王瑶卿畫雀之戲墨　王瑶卿藏　樂元可攝贈

後進花衫劉鳳緣近照

名伶馬連良之戲裝像

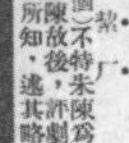
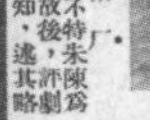

將在開明出演之紅拂女士戲像

西廂記「惠明」一劇，爲淨色一所扮之惠明，身段做工，最爲急，提跳！做工，上場時，宜動，做身，如聲氣，走及至形，張君病體，激時，破方目瑞，語厲用，出手起怒，聲，但切降，伏虎之脚，勢之狀，莫爲無賴綠林，成妙諦。

坤伶雪桂便裝像　麗豐攝贈

崑爨偶拾（三）

傅惜華

「鐵冠圖」「對盤」一劇老旦扮之王承恩，至聞崇因訊，嚎啕時拋帽之做工，最爲難能。盔僅用食指帽，向額上一推，其愈須飛騰於空，以速高愈佳，其止愈妙，愈長演者，即視此不塲途，爲以者，檢慮失手，亦年。爲有已，沂技能，卒！者止矣

滇乘家「刺梁」一劇，旦（鄔飛霞）淨（梁冀）二色並重，近年演者，多偏重於旦脚，殊不知梁冀之唱做，須緊受隨縱越鄰桌，於地旋，刺時，勢外數次，始氣絕。

蓋所以表示其死之不易，並形其報之慘也。其法梁冀躍椅上，躍勢須不露狠，伏桌假寐，一如常式，及過針刺時，突然縱越桌外，以愈猛愈妙，但與義俠記「顯魂」武大郎之縱越不同，故昔時淨色，多股演此劇也。

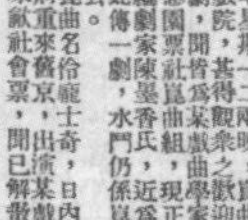

崑曲名宿錢秋岩遺墨

下照自右起：（1）爲王幼卿之子三增（2）幼卿之子二增（3）王少卿之子大增（4）女伶李艷香之弟（5）王瑶卿之女（6）李艷香之妹。前二幼童，俱幼卿之女。

劇訊

本星期二三兩晚，崑曲名伶韓世昌，出演吉祥戲院，甚得觀衆之歡迎。春香鬧學，遊園驚夢二劇，皆爲某戲曲學家所特煩云。

意園票社崑曲組，現正排練思凡，小宴二劇。

編劇家陳墨香氏，近爲荀慧生所重編之全本白蛇傳一劇，水門仍係崑曲，至斷橋則翻爲皮黃云。

崑曲名伶龐士奇，日內返津，料理私事後，或將重來舊京，出演某戲院云。

味猷社會票，聞已解散。

一羣天真爛漫的兒童　樂元可君攝贈

名伶王少樓馬富祿之問樵戲影　大北攝贈

北京老画报

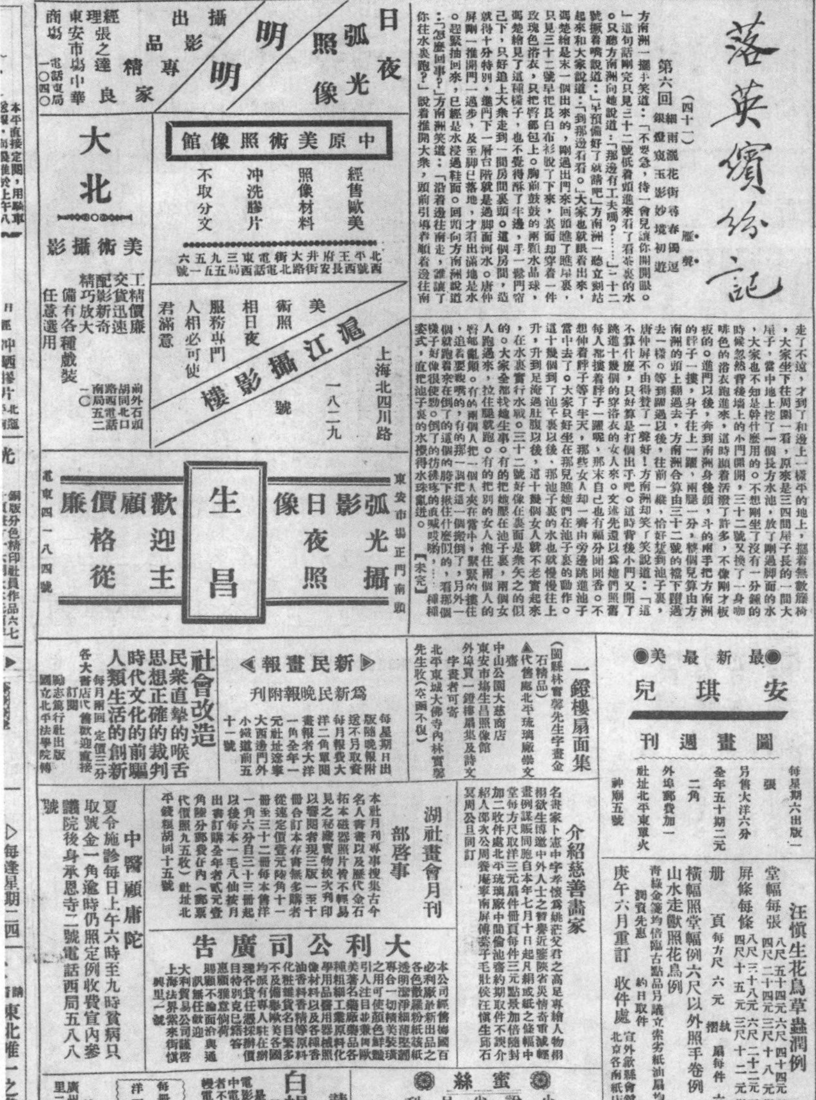

十九年八月二日 星期六　北京畫報　第一百零二期

落英繽紛記

（四十二）雁聲

第六回　細雨灑花街尋春偶遇　錦衾疊玉影妙境初遊

方南洲一擺手笑道：「不要急，待一會兒讓你開開眼。」這句話剛完只見三十二號低着頭進來看了看茶裏的水。只聽方南洲向她說道：「那邊有工夫嗎？……」三十二號撅着嘴說道：「早預備好了就請吧」方南洲一聽立刻站起來和大家說道：「到那邊看看。」大家也就跟着出來，馮楚綸是末一個出來的，剛過出門來回頭瞧了瞧屋裏，只見三十二號早把長白布衫脫了下來，裏面却穿着一件玫瑰色浴衣，只把臀部包上。胸前鼓鼓的兩顆水晶球，馮楚綸見了這種樣子，也不覺得酥了半邊，手一鬆門帘己下，只好追上大衆走到一間房間裏頭。這個房間，造就得十分特別，進門下一層台階就是過腳面河水。唐仲屏剛一推開門一邁步，及至腳已落地，才看出滿地是水。趕緊抽回來，已經是水浸過鞋面。回頭向方南洲說道：「怎麼回事？」方南洲笑道：「沿着邊往南走，誰讓了你往水裏跑？」說着推開大衆，頭前引導着順着邊往南走了不遠，才到了和邊上一樣平的地上，擺着無數藤椅，大家坐下往周圍一看，原來是三四間屋子長的一間大屋子，當中地上挖了一個長方水池，放了剛過腳面的水，大家也不知是幹什麼用的。不想剛坐了沒有一分鐘的時候忽然背後墻上的小門開開，三十二號又換了一身咖啡色的浴衣跑進來，這時顯着活潑了許多，不像剛才板板的。進門以後，奔到南洲身後頭，斗的兩手把方南洲的脖子一摟，身子往上一躍，兩腿一分，整個兒算由方南洲的頭上翻過去，方南洲合算由三十二號的襠下鑽過去一樣。等到翻過以後，往前一縱，恰好墊到池子裏，唐仲屏不由得贊了一聲好！方南洲却笑了笑說道：「這不算什麼，只好算是打個出手吧。」這時背後小門又開了跳進十幾個的穿浴衣的女人來。文述先還以爲她們照舊每人都摟着脖子一躍呢、那末自己也有福分聞聞香。不想仲着脖子等了半天，那些女人却一齊由旁邊跳進池子當中去了。大家只好坐在那兒瞧她們在池子裏的動作。這十幾個到了池子裏以後、那池子裏的水也就慢慢往上升，升到足淹過肚腹以後，這十幾個女人辦不老實起來，在水裏實行水戰。三十二號好像在裏面是衆矢之的似的。大家全都找她生事。有的把她壓在池子裏，兩個女人跑過來，拉住腿就跑。有的把別的女人抱住兩個人的、將她亂顛。有的兩個人把一個人夾在當中，緊的摟住個追着要殺的，有的一淌把這一個撥倒了，另外一個就跑來在倒了的胯下掀住什麼似的，看那個樣子好像很使勁。倒了的彷彿直喊哎喲……褲褲姿式，直把池子裏的水攪得水珠亂迸。【未完】

退庐居士编著（即清代御史胡思敬）、边太初手录的《庚子拳乱纪事诗集》，以诗歌的形式记录了义和团起义的反帝斗争，八国联军占领北京时烧杀掳掠的罪行以及清廷的昏聩腐败，堪称研究义和团运动的珍贵史料，时极为海内外人士重视。如第195期："俄而前门破，使馆围解，溃兵四处逃窜，始知都城已陷。男妇老稚相携出城，田野之间血肉相践踏，衣饰委弃盈道，无俯拾者。鹳鸽来巢帝出奔，啼鸟飞集延秋门，宫车夜逐萤光走，五百射生无一存。七月二十一日，太后闻警，方晨起，发未及栉，微服登车，载澜御之出德胜门，帝后大阿哥各以一乘随其后，从者奕劻、载漪、载滢、载勋、那彦图、溥伦、刚毅、赵舒翘、溥兴，凡十余人。宫娥、福晋皆攀哭不得随行。"第192期："五湖联骑入王都，齐化门开片甲无；欲合烬余拼一战，董逃宵唱幕巢乌。六国会兵天津，英2000，俄4000，德300，美、法各1500，惟日将福岛统兵2.5万，军容最盛。敌兵既得北仓，不敢深入，欲坚守，请各国济师，日人不可，乃分兵两道：一由河西务趋马头，一由武清趋黄庄，俱会于通州。七月二十日，英美兵抵永定门，俄日攻其东北，董福祥与战不胜，退入城。启彰仪门出走，纵兵大掠而西。尚书孤掌恨难鸣，虎节虽存失禁兵；坚卧戍楼听战鼓，未将身殉遂逃名。"

见证樊山老人与齐白石情谊的《北平画报》

民国以后，特别是20世纪20年代，中国出现了前所未有的画报热潮，三五个同好集资创办的私人画报是画报的主流，但像《北平画报》自创刊到终刊，一直由一个人主持的画报还不多见。

1928年8月5日，报人李乐天在北平创办了《北平画报》，樊山老人（即樊增祥）题写刊名，主编、编辑、出版、发行均由李乐天一人负责。画报“纯属营业性质，同仁集资合办，以求文艺之大同，任何党派均不加入，任何机关均不联络”，以“破除寂寞，增进兴趣，负载义之神的使命，散布艺术于人间”为办刊宗旨。社址在北平西四帅府胡同10号。约于1929年7月出刊至第41期终刊。

《北平画报》为艺术类刊物，自称“以研究文艺、提倡美术为主旨，至于国家政治、社会新闻，概不刊载”。周刊，逢周日出版，8开本，4版，道林纸，铜版印刷，以图为主，图文并茂。同期画报一版、四版多为广告，独《北平画报》几乎没有任何广告。图片有名人、名伶、明星、学校高才生、名人书画、人体摄影、各地风景、漫画、印谱等。文字以戏剧评论、新片简介、影星介绍、画家小传、时事新闻为主。其封面极为独特，在当年流行的美人照上衬托以恰当的绘画作品，并配有“题画”，说明画作缘起和寓意。

面对当年数家短命画报的相继停刊，深受经济困扰的主编李乐

第一版　民國十七年八月五日　第一期　戊辰年六月二十日　星期日

北平畫報

戊辰六月朔　樊山老人

社址＝西城帥府胡同十號

電話＝西局二百零六號

本報價目～零售每期大洋四分。長期定閱。每二十期大洋八毛。半年大洋一元。全年二元。郵費在內。空函無效。郵票代價。九五折算。以一分半分為限

廣告價目～全面四分之一每期五元。八分之一三元。十六分之一二元。封面中縫全幅七元。半幅四元。三分之一三元。外面中縫全幅五元。半幅三元。三分之一二元。長期另議。刊費先惠

天，在第30期《饯行》一文中，在为停刊画报饯行的同时，也不无感慨地写道："《北平画报》是北平市画报中的落伍者，落伍的报，独个的人，存在可以没有什么可能性，死之神或要来握手了……希望你们也在那里欢迎我——《北平画报》。"但从画报内容上看，画报之所以能够坚持近一年，是因为它有樊山老人父子、王君异、韩楣楣、李小雪等文坛、画界大家作为画报的固定作者群，而且在全国各地甚至日本、英国都有其特约摄影记者。刊有五三漫画会王君异的漫画，韩楣楣的长篇小说《战痕》、李小雪的《半霞庵菊话》、钟鸣的《蓬室丛谈》、怡翁的《坠鹄攀云记》《八怪戏蜂记》，长篇社会小说《从何谈起》和每期一方的退思堂藏印谱。从32期开始刊登时政新闻，如孙中山逝世四周年的纪念活动、林森演讲、上海伶界与《晶报》风潮始末等。

题写刊头的樊增祥（1846—1931），字嘉父，一作云门，号樊山，晚号天琴老人，近代藏书家、诗人、书法家。湖北恩施（今属恩施土家族苗族自治州）人，清光绪进士，选翰林院庶吉士。喜诗文及收藏书籍、古画，其诗文浮艳，以《彩云曲》咏赛金花事负名。藏书楼名"樊园"，藏书20余万卷，书画、碑帖之属，10余巨簏。又与上海遗老组诗社名"超社"。著有《樊山集》《樊山公牍》《二家咏古诗》《二家词抄》《东滨草堂乐府》《微云榭词选》《时文》等。画报几乎每期都有老人自创自书的诗词歌赋，读者一方面可以领略其在诗词上的深厚造诣，一方面可以一睹老人的精湛书法。其子樊季瑞是漫画专栏的固定作者，曾以"KD""非叛徒""楚国男子"等笔名见诸报端。但画报创刊不久他即因患脑溢血而不幸病故，时年仅35岁。为此，画报特出版"追悼已故名艺术家KD先生专号"，介绍其生平，刊登其遗墨，尤其是樊山老人的《哭瑞儿》一文，以八首诗串联全文，表达了父亲对儿子的深厚亲情和深切怀念，读来，使人心痛，让人心酸。

北平畫報　第四版　（第一期）

戰痕

韓栩栩女士著

一片茫茫大地。正不知何處是盡邊際。繁盛的花草。嚴肅的森林。在這荒涼曠野裏。具沒缺的生存可能。別的地方。在這時間—不正是爭先恐後發揚牠們固有的自然美—來供給人們一嘗！玩賞觀念，留給感想的景象嗎？這地呢？唉！只有一只，宗人以可怕而驚心的現象—和陰慘灼爍的太陽，水明玉潔的月亮，經久—經久的照着。

歸過的人。很嚴的憶起三月前此地自戰着—那場大戰。聽！這裏—槍聲，砲聲，軍號聲。呼救……夾雜着痛在耳鼓中響蕩。看！那殘缺的人體，零落的器械，無限殷的紫血白骨……無目的橫臥，又雜列在眼簾，可憐「戰之神」的信徒—這樣屈服而結果！……

寬闊小小村落。只不過三五人家。對面那片凄凉田地。只有數塊青苗來點綴而安慰以維持生活的人們吧！

映演的月明。正放射那銀錶的光芒。這單這戰鬥的小小草房。薄薄的紙窗。時時映灼着微的倩影。歸寂的黃葉。飄飄飛入人家篩到慘淡的秋光來了。

[illegible]

民衆歡呼。高叫慶賀。誰又來顧及我們這般死者家屬，生者無栄的爲主義而不惜生命的份子。那有時機許可我們從事改革興建設的工作。這樣無資托的精神，眞直無那神的祭歡不可以言狀了。—不知道又發牢騷。很柔溫的笑說：唉！不要想這一些吧。以往的事。像雲烟的消滅。水影的流去。何必苦苦思想追憶這類無謂的事跡呀。社會上又何嘗不需要民衆自動的有助於國家工作。哥哥的即令身全好，沒有健壯的身體，如何能作健壯的事業。難道被此不消爭什吧？況且同志們是為人類謀永久的幸福而戰。這是國民應當的職分—義務。又何必徒惹那無價值的歎悶感煩。唉：這是腐化思想。官僚式慣技的拍馬屁。迷亂好思想作用的。害實腦蛀。哥！你這素使有為的青年也以此為樂嗎！我覺在這爲潔月下快樂夜寶是最適宜的報酬呀！你的臉紅了。想是血不自然了。很遇過的答道：妹！你的見解實在令人佩服。我又何嘗不這樣想呢？你看這地不仍然深默不語微，牠是最後的勝利者。獨曾戒已過的殺人軍閥現在的武裝同志不再法地那般的地盤思想，引起外國內患的同族血戰！情是民衆幸福之神的來路！嚇血嗎骨的殘餘，診所在嗎！如今我該解了。妹妹原諒我這類狂状的心似吧！

這時月已昇着。從前線傳向萬帶籬中漏淚了他的倚倚顫影。沉醉的夢中扶中依着那走向她們的愛巢，這時只有沉沉大地，靜悄悄的守護那無人安慰的殘骨，宗人以驚心而可怕的現象。

△編者按▽戰痕之作。者擬一篇弔古戰場文。使人悲之不覺淚下。尤其是完結那的幾句話。猶乎要念出「一將成功萬骨枯」的詩句。凡慶賀的人們。在這萬衆歡呼之後。不要忘了若干人的骨肉。若干烈士的犧牲。時至而今更不要忘了「努力建設」四字。

開始宣言

樂天

革命成功。是新中國的發建。政府南遷。是新北平的出現。今日軍閥潛蹤。淫威斂跡。青天白日旗遍滿了街市。使人人望而生樂。好像大地回春。鮮妍韶景似的。其樂也融融。其樂也欣欣。這是多麼可慶。現在的大局。政治已定。軍隊已裁。有如歸馬華山。放牛桃林。載戢韜戈。示天下不復用。既偃武宣修文。此北平文藝畫報要此而作也。既云畫報。則必以文藝言。必以美術言。我何人斯。而敢言文藝與美術乎。然無擊鉢者何以催詩。無拋磚者何以引玉。欲成大廈。俾衆扶持。安知源泉涓滴。而不能成大海乎。此樂天創設而望舉策舉力。以成之也。九仞之山。不辭一簣。千里之行。始自足下。此小道而期大成也。我畫報發軔之始。劣點殊多。如出世之嬰兒然。使之言。使之行。使之成人。以及於使之建功立業。富貴壽考。固同人之責。亦愛護本報者之義不容辭也。廟廷有敢諫鼓。今日有納言櫃。設之國家。宜其興替。本報何敢缺之。唯言論公開。共同興趣。則是本報之至盼也。以各種佳稿惠我報者。以忠言相告我報者。即是訓導我報。即是培養我報。本社同人感銘不已。以努力前進。遵循方針。用報愛我護我之熱誠者。日久天長。俾文藝美術。略有可觀。不但新北平之幸亦新中國之幸也。發端伊始。謹貢蕪詞。

五三漫畫會

王君異作

本報啟事

▲一▼本報專以研究文藝。提倡美術為主旨。至於國家政治。社會新聞。概不刊載。

▲二▼本報純為營業性質。同人集資合辦。以求文藝之大同。任何黨派。均不加入。任何機關。均不連絡。

▲三▼凡本社同志。及社內各部分。在外接洽所事。均有圖章與簽字為憑。名片無正式圖章簽字者。概作無效。請各界注意。勿咎預先未聲明是幸。

▲四▼本社內同志。均係學界守分之士。倘有外人假冒本社名義。招搖不究。即祈各區依法懲辦。本報概不負責。

▲五▼本報發端伊始。同人識淺力薄。虛願公開討論。務使文字大同。凡海內愛護本報之同志。均可進言指導。有南車之可鑒。庶北轍之不迷。至為慶幸。

▲六▼凡樂讀文藝之同志。或稿件。或意見。均請函致。恕本社不接待延見。祈諒是幸。

▲七▼本報發軔之初。蒙各界廣錫祝詞。受寵不惶。紙限於篇幅。統以紗籠。俟後續登。請百諒是幸。

▲八▼本報首期。出版忙迫。一切排列。難免有未盡善處。祈閱者鑒諒。

投稿簡章

本報各種記載。均取公開。不分界限。皆可投稿。惟有▽攻擊私人的稿件。揭人黑幕的稿件。存意不正的稿件。抄襲舊作的稿件。本報概不登載。不必惠賜。

最歡迎的稿件是

照片　△以具確未在他報披露者中選▽

小說　△以短小生趣非抄襲者中選▽

文稿　△以趣味橫生雅俗共賞者中選▽

畫稿　△以玲瓏巧妙者為中選▽

給酬暫訂章

▲各來稿本社均有刪改權。不願者請預先聲明▼

△照片▽選中者。贈送攝影材料。不受酬者則為攝影會員。

△小說▽選中者。函商酬金。不受酬者。本報贈以文具。

△畫稿▽選中兩張以上者。略奉薄酬。

初訂簡章。俟後仍可修改。

朱柏廬夫子治家格言

紅壽山石

朱柏廬夫子治家格言

撫小篆作硬刀法

◀退思堂藏▶

昭華女子職業學校——平民化的李鐸卿大夫」

时为文坛名宿的樊山老人曾为名不见经传的齐白石亲手撰写治印润格："常用名印，每字三金，石广以汉尺为度，石大照加，石小二分，字若黍粒，每字十金。樊增祥"。为齐白石的人品、画艺做了一个最好的广告，一时传为画坛佳话。此后，齐白石的诗也深得樊山老人的精髓。故而，齐白石非常感激他、敬重他，不但时常到他家看望，而且还在寒冷的冬季为他送去了温暖的鹅绒被。为此，樊山老人在画报第26期撰写了律诗《樊山老人谢齐白石先生赠鹅绒被歌》，表达了自己的欣喜之情和对齐白石的谢意："狂飚吹沙白鹅鸣，雪毛忽绁弋人矰。舍身已入头鹅宴，颈绒腹毛柔不胜。天地生材必有用，食肉寝皮人所能。毡毛付予弹花手，长弓槌做霹雳声。净拣欲过杨花白，厚积逌如灯草轻。短发四从赛龙女，布衫七斤美衲僧，长可八尺宽五尺，六十四铢犹未盈。踏里不裂棋子布，作面须用独窠绫。白石山人怜我老，珍重卷赠如瑶琼。固南一生好独睐，非人不暖徒虚名。得此便抵热玉暖，貂狐宁识有霜冰。雪夜乌薪万钱值，亦如白衣送酒倾。今夕奇温胜缯絮，如兰中蛹绷中婴。体着林敷柔若面，卧闻哈呓甜甚饧。绳床纸帐拜君赐，更胜笼鹅道士情。梦到借山梅花下，直待八甎红日醒。"这首诗见证了樊山老人与齐白石先生的深厚情谊。

而第36期刊登的数件吴稚晖、廉南湖、孙寒涯之间的往来书信，讲述了他们三人之间一段鲜为人知的故事。其中吴稚晖致廉南湖函称：

南湖先生：

弟先赔一千个头、一万个头，以赎久不候起居之罪。然先生知弟不善写短信而善写长信。我要写上先生的信，估量未免太长了，不知从何写起。所以一天因循一天，只请寒涯先生随时附候，实在太荒唐了。但时局之兀突与小儿之长病，弄得绝无好怀，所以更无

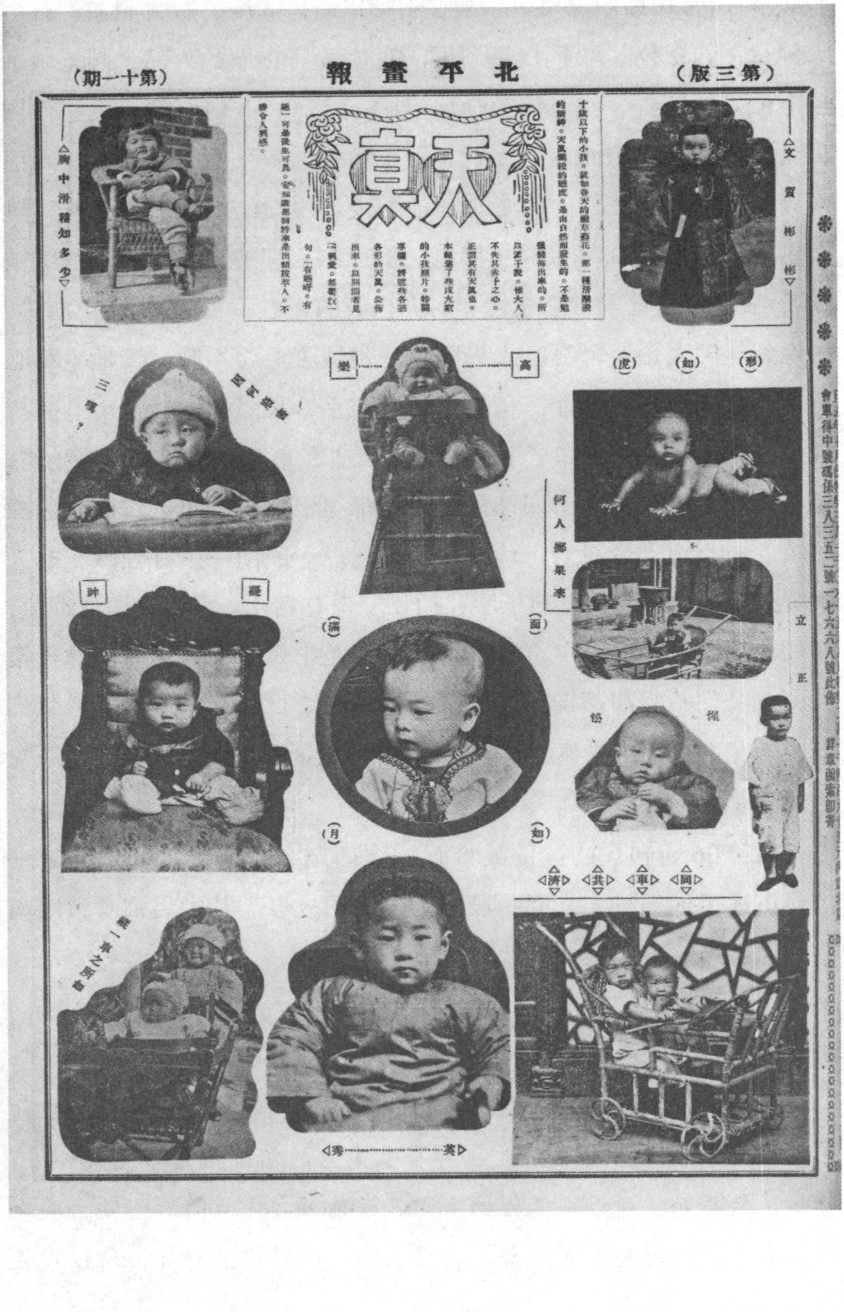

天眞

十歲以下的小孩。就如春天的嫩草鮮花。那一種活潑潑的精神。天眞爛漫的態度。是由自然而發生的。不是勉強裝飾出來的。所以孟子說。惟大人不失其赤子之心。正謂其有天眞也。本報集了些友家的小孩照片。特闢專欄。特選些各滋各彩的天眞。公佈出來。以與閱者見「可親愛。都要說一句。「有趣呀。有趣」可是後生可畏。安知這那個將來是出類拔萃人。不勝令人興感。

△胸中滑稽知多少▽

△文質彬彬▽

（形）（如）（虎）

高……樂

因何愁苦 三嘆？

何人擲果來

凝眸

面如滿月

惺忪

立正

△同▽△車▽△共▽△濟▽

統一車之所由

英……秀

會車得中號碼係三八三五二號一七六六八號此佈

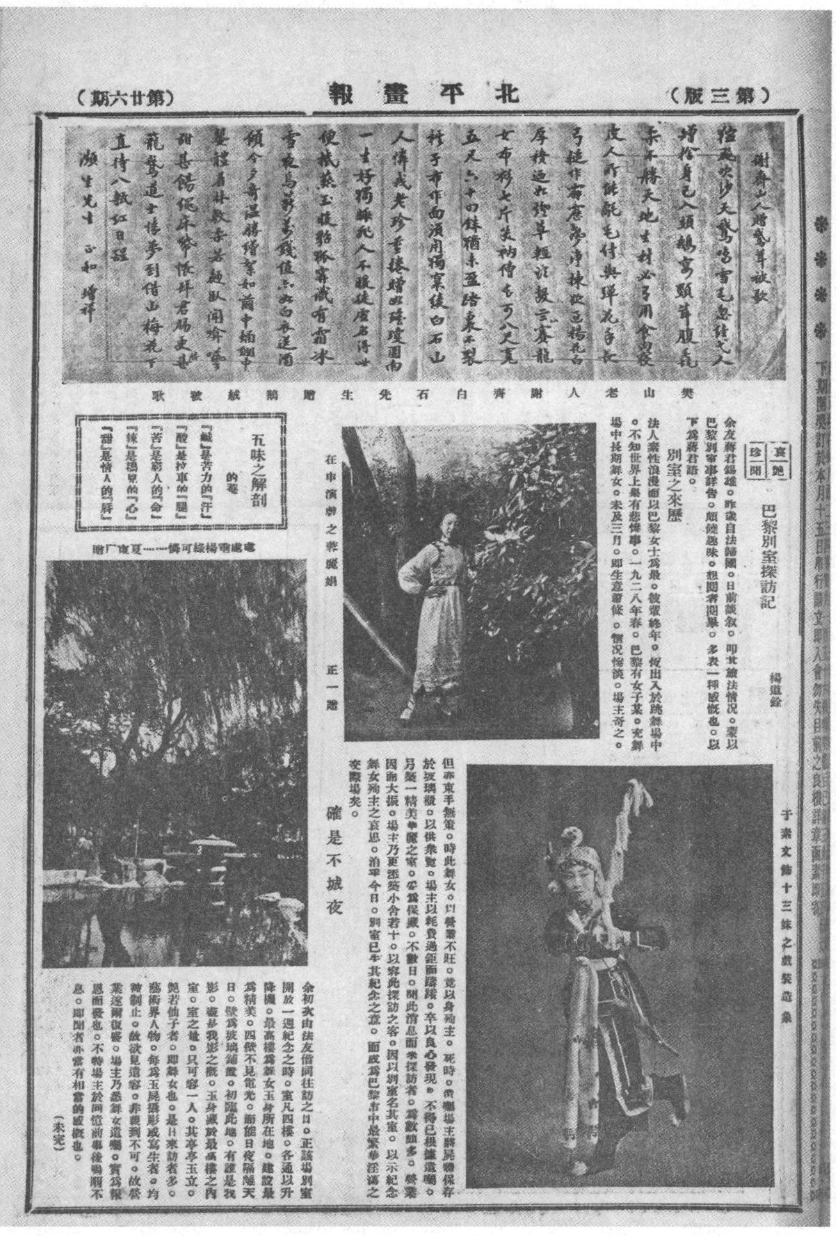

（第三版）　北平畫報　（第廿六期）

謝齊山人贈鵞茸被歌

獵風吹沙天鵞鳴雪毛忽墮文人增修身已入頰鵝窩顆茸腹毳柔不勝天地生材必可用食肉寢皮人所誑氄毛付與彈花手長弓挺作霜麾淨揀紅豆楊花白厚積過如鋪草輕誼報言賽龍女布彩七斤裝衲傳長可八尺寬五尺六十四銖猶未盈踏裹不裂移予布作面須用獨窠綾白石山人情戒老珍重裁贈似瓊瑰園南一生好獨歸死人不瞑徒虛名得此便擬蘇玉蜷貂豚穿藏有霜冰雪夜烏弱篹錢值六如白香送酒傾今夕奇温勝繒絮如繭中蛹繃中晏被有餘敷亦若翹臥聞喚嗋甜甚錫俶床帶帳弄君腸更甚花鶯道士傳夢到借山梅花下直待八紙紅日昇

瀕生先生　正和　增祥

樊山老人謝齊白石先生贈鵝絨被歌

巴黎別室探訪記

揚道銓

【哀艷珍聞】

余友蔣君錫雄。昨歲自法歸國。日前談叙。叩其旅法情况。蒙以巴黎別室事詳告。頗饒趣味。想閱者閱畢。多表一種感慨也。以下爲蔣君語。

別室之來歷

法人素性浪漫而以巴黎女士爲最。彼輩終年。恆出入於跳舞場中。不知世界上槩有悲慘事。一九二八年春。巴黎有女子某。充舞場中長期舞女。未及三月。即生意蕭條。情况慘淡。場主奇之。但亦束手無策。時此舞女。以營業不旺。竟以身殉主。死時。曾囑場主將屍體保存於玻璃櫃。以供衆覽。場主以耗費過鉅而躊躇。卒以良心發現。不得已根據遺囑。另築一精美華麗之室。妥爲保藏。不數日。聞此消息而來探訪者。爲數頗多。營業因而大振。場主乃更添築小舍若十。以容此探訪之客。因以別室名其室。以示紀念舞女殉主之哀思。洎乎今日。別室已本其紀念之意。而成爲巴黎市中最繁華淫蕩之交際場矣。

余初次由法友偕同往訪之日。正該場別室開放一週紀念之時。室凡四樓。各通以升降機。最高樓爲舞女玉身所在地。建設最爲精美。四壁不見電光。而能日夜隔離天日。壁爲玻璃舖置。初臨此地。有誰是我影。誰是我影之概。玉身藏於最高樓之內室。室之墟。只可容一人。其亭亭玉立。艷若仙子者。即舞女也。是日來訪者多。均藝術界人物。每爲玉屍攝影或寫生者。均被制止。故欲見遺容。非親到不可。故營業遂爾復盛。場主乃悉舞女遺囑。實爲報恩而發也。不特場主於回憶前事後鳴咽不息。即聞者亦當有相當的感慨也。

（未完）

在申演劇之蔣麗娟　正一贈

于素文飾十三妹之戲裝造象

確是不城夜

五味之解剖

的毒

『鹹』是苦力的『汗』
『酸』是拉車的『腿』
『苦』是窮人的『命』
『辣』是僞君的『心』
『甜』是情人的『唇』

畫處寫楊綠可憐……夏宙厂贈

見证樊山老人与齐白石情谊的《北平画报》

兴致讲到一切。先生一年来自然亦绪多闷损，但先生并不知南中情形，绝无人理会到先生长短。常在报上见先生对牛弹琴，寒师与弟皆惜先生不破工夫来走一趟，才知俏眉眼，先生之详无非芸轩所设夹缠幺二三，酸得太可怜者。再蒙上青云看屁稿，惭愧无地（南湖先生经常手持吴稚晖文集在青云阁上独自品茗阅读数小时），然先生已得精神病，否则何至七颠八倒如此切重南下走一遭，做十日谈，才知先生所怀一肚皮意影，可云全不是那回事。夜漏已深，聊作不敬语数纸，使先生于惊吴中转一笑。再有工夫当上万言书于短时后也。敬叩。

弟 敬恒

（1929年3月）21日

融合中西文化艺术的《日曜画报》

1926年《北洋画报》在天津的成功创刊并迅速风靡整个华北地区，引起北方报人的极大关注，从而催生了一大批画报的竞相效尤，与《北平画报》同日出版的《日曜画报》便是其中之一。《日曜画报》在编辑形式、版式设计上都与《北洋画报》如出一辙，但内容上轻于时事，重于艺术。

北平《新晨报》副刊《日曜画报》创刊于1928年8月5日，社址在北平宣外大街181号，《新晨报》社负责出版、发行，主编宗惟赓，第14期后因其南下，曾由《新晨报》编辑处一度主持，撰稿人有于非厂、灵隐、修一辙、庄紫石、金义伯、蜀庸、潮音、逸云、吴曼秋、王祖铭等。

旧时称礼拜日为“日曜日”，因画报为周刊，且在每周日出刊，因此叫作《日曜画报》。刊名不定期地由各界社会名流分别题写。“提倡中国文化，融合东西洋艺术”是它的办刊宗旨。在内容方面，创刊宣言中说道：“我们尽我们的能力，向各方面搜罗有兴趣价值之照片和图画，贡献给阅者；我们更尽我们的精神，搜取有兴趣的消息和有价值的文艺，贡献于读者。”

《日曜画报》属艺术类刊物，8开本，4版，道林纸，以图为主，配以文字，四个版面并没有明显分类。画报也曾策划从第5期开始，

第二版　新晨報副刊　第一期

穴中(?)請諸同志　由右至左爲張承懃品鴻暉暗輿桂光三女士　本報攝

五三晚畫會王石之作

日曜画報創刊宣言

記者

在這畫報潮湧期中，我們鼠張畫報，也應着時代的需要，和讀者相見，並且感到現在有許多畫報內容的單調，給予人們閒暇時充分消遣底正當消遣品所以才出版本報。

畫報的名詞是很值研究的，因爲我們感着畫報的範圍很廣，凡是關於藝術文化的東西都是要登載的，也不願拘於本埠也無容以國際，所以這假定名是很不容易，定名太抽象了，也不合適，太具體了吧，又不好，因之現在簡捷了當的就須備每一禮拜出現一張，總以「日曜」二字爲本報的定名。

畫報的材料是不容易蒐羅的，時日過於偏促內容決不能十分精彩，這是一定的道理，我們以爲七天出一張，於編輯方面，似乎寬裕些，或者對於選擇材料一方面，便可以較爲努力，至於本報的內容怎麼，印刷怎樣，實在自己不敢謬贊一詞，好在諸君看畫報的眼光，是很[illegible]的，也無須我們多說了。

總之，我們盡我們的能力，向各方面搜羅有趣有價值之照片和圖畫，貢獻於「日曜畫報」的閱者。

我們更盡我們的精神搜取有興趣，有價值的文藝貢獻於「日曜畫報」的讀者。

同時我們要求「日曜畫報」親愛的讀者，亦代我們搜取些圖畫文字等稿寄給我們，扶誘我們，確十分感謝！

並請諸君指導我們，使我們於[illegible]事業能一步一步高一位價值，這是我們[illegible]在也[illegible]望的。[illegible]是希望我們[illegible]光明！

五三晚畫會總幹事[illegible]作

郭友如篆字

前大總統黎元洪之殯儀　萬國照相館社王小亭君攝

談女人

鳴琦

（一）我覺得天下的女人，只有兩個是好的：一個是我底母親，一個是我的太太。她們都是一樣地待我，并不自私地待我。我是她們之中，更不會不在乎了她們：她們只是無所為地愛我。所以我覺得天下只有她們兩個是好女人。

（二）女人可以分為兩種：一種是母性型，一種是娼婦型。[illegible]可憐而又可愛，[illegible]可愛而又可恨。一般人比較上喜歡[illegible]的多，[illegible]在女人，從此我們可以看出[illegible]。

（三）女人愛人的時期可以分作三個時代，而這三個不同的時代，又常常不同地去愛一種男性。說明白些，就是女人在第一時期愛某種男子，第二時期愛某種男子，第三時期又愛某種男子。第一時期，從春情發動期到二十歲，她們所愛的是「賈寶玉」式的男子。她們所迷戀的是漂亮的面孔，她們所需要的是一種溫柔，嫻雅，纏綿的愛。第二時期，從二十歲到二十六歲，她們所愛的是一類雄一式男子。她們希望對方是英武的，有一番作為的，至少在外表上要有男子的氣概。第三時期，從二十六歲到三十以上，她們所愛的是「[illegible]」一式男的子。他們在性的方面，渴望一種強烈的壓迫，所以他們在這時候，不計較對方的面孔，溫柔，英武有氣概等等，只希望他具有健全的，粗暴的，狂蕩的，在性的方面能給他們以滿足的，甚而由此受一點苦痛都不要緊。

這三個時期的分配，與其所的[illegible]，并不是我「無中生有」，猜想出來的，對於這一層我可以找到事實來作例證：又在現我也曾探過過五六位女人的意見呢？不過，也有許多例外，受過高等教育的女人，常常沒有受過教育的女人，常常不[illegible]這樣。不過他們至少都有兩個時期。

（四）女人常說男子是壞的，而男人亦說女子是不好的。這兩結果自詡的說法，可是在仔細地[illegible]以後，我以為兩方面都有好壞。

談談失戀的問題吧！女人常說是男子[illegible]才拋了她，男子卻說是女子負義才棄了他……這些看來是糾紛的不過，進一步研究一下，我們可以得一個結論。

這結論就是：男女未發生性交關係之前而分離的，負心的常是女人。男女發生性交關係以後而分離的，薄幸的常是男子。

附言：本想繼續寫下去，但是一則因為近來太忙，一則因為沒甚麼寫了——那末就此擱住，以後有機會再寫罷。

七月二十日燈下。

梅逸意 May Mcavoy 女士近影

舞蹈

TW

舞蹈，在我總以為是一種與音樂，戲劇同是一種藝術的表現物，因為，舞者的身體上要有線美，動作是有所表現的，而且在音樂上，是有一種節奏的，所以跳舞是很有值得研究價值，人的動作是與內心相應合，外表一切動作全可以表現情感，跳舞有時候，可以用他的音樂雅有節目動，來傳達很深刻的情感與圖畫，詩歌，舞劇，雖然表現方法不同，可是有線美，節奏與動作的抒情，連合三種的原[illegible]，與這三種同是隨時代而進步的，環境而能變的東西，在現代，是很須要有力的抵抗的表現，由這種運動而能到人身上精神的和步，所以使身體健康，並且能一種暗勢力使民族性變更，偉大的藝術！跳舞，講起來，我們就歷史上說起，知道希臘人的舞蹈，並不[illegible]的真實的經驗，十九世紀的舞蹈界，通過一世紀，都只維持古典的跳舞，不能造成自己的跳舞以 Stgle 反而民眾的跳舞更多對於時代的敏感。各時代都有牠的形相，印在所謂跳舞的成民眾舞之上的 Menuet 和那的 Ormagnole 復辟期的，愉快的 Polka，浪漫的資產階級的浪漫底 Waltz 華美的 Hugo 和最近 Two Step 敏捷的[illegible]跳舞與跳舞巴底歷史的生活底目標，這等舞蹈的舞台運動，與從我代所產生生活經驗而發的運動的不斷，所以現在又有了許多種種新式舞態的發現，上圖是一個法國著名舞蹈明星 Helene Lenizon 之 Fokine Ballet 洋式其服裝極為簡單，但自然美確十分透了。

桃花樹下（油畫）　女畫家[illegible]女士作品

小腳化

張鵬翀山水軸

漫話

汗漫生

從國民革命軍克服「北京」以後，賜予我們最大的恩惠就是中山公園常常開放，使我們一班窮措大可以觀觀光，眞可謂「三生有幸了」，這一天是慶祝會，我因爲不花錢而可以得利益的事，何樂而不爲，於是乎費一小時光陰，自新街口而走到中山公園，入門時臭汗氣把人薰煞了，雖然我自己也出了一身臭汗，可是自己的總聞不出來，別人的我特別覺得臭。

平常雖然沒有到過中山公園，可是「沒有吃過猪肉，也見過猪走路，」平日公園所見奇裝艷服的姨太太們，小姐們，今日都不見了，爲了「望梅止渴」而來的我，無寧大爲失望，是因爲免費入門而怕失了她們的身分呢，是怕臭汗氣呢？

不花錢而可得利益，是人人願意的，所以這天人很多，反之，花錢而不得利益，是人人不願意的，但是從前的「政府」，爲什麼捐名差事那樣多呢？

自己出了一身臭汗，聞不出來，別人的却特別覺得臭，眞是可笑，其實世人誰不是如此，看不出自己的醜，却看得出別人的醜？

‘Garlen Sucipture,’

英國著名雕塑家 Grace Helen Talbot 作

編輯者言

我們這張晨報副刊開始了，蒙各界賜與的祝詞，名作，鴻文等，本報實深感謝，惟本期篇幅有限，不克一一披露，殊深歉仄，容俟來期陸續付刊以答雅意，並希垂諒爲荷？

本報自信讀者眼光，於編者尤有見地，現已繕正付印，諸名簡陋，諸君如有高見，無論任何審查，對於排，編，裝製，種種，敬乞指示一二，無任歡迎。我們計畫的希望，是凡關於藝術及有時代性的新聞攝影片，每期登一兩張，例如國畫，西畫，雕塑，建築，戲劇，電影，舞蹈，金石，漫畫，體育，藝術攝影等等。

關於文字方面，我們分長短篇，小說，小品文字及介紹文字，並每期專列一小欄「漫話」這都是讀者和編者的特有的園地歡迎投稿。要說的話很多，因限於篇幅，容下期再談。

（舞星）馮品珍女士　本報攝

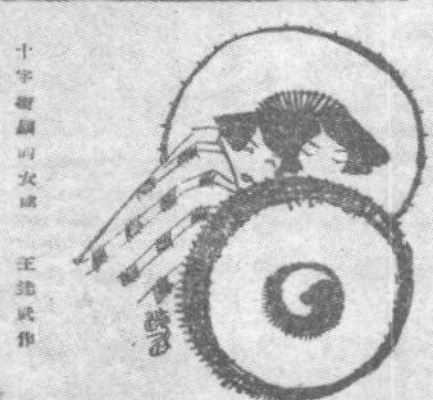

十字街頭的女郎　王浩武作

慎言 著

第一章（一）

九十四度的暑熱，被午後一陣大雨，都冲散了。這時是轉風送涼，暑氣全消，美術家孫仲瑤，白天在畫室裏，埋頭揮汗作了六小時工作，到薄暮時候，他趁着晚涼，走到北海公園散步，滿園新雨之後，仰望蒼翠古柏，俯觀碧綠新荷，在他美術家眼光看來，無一處不含有畫意。正在低徊玩賞之間，忽聽背後有人喊道「密斯脫孫……」仲瑤回頭一看，見叢林中，走出一個少年，穿着一身極時髦西服，雪白硬領，繫了一條玫瑰紫的領巾，還用一隻品字式的小鑽別針，插住了，下面一條西式褲子，褲管又寬又長，拖在足面上，把一雙雪白帆布鞋，幾乎遮去一半。仲瑤認得此人，姓史名俊人，是藝劇專門學校的學生，和自己還是在小學中同過堂上課的老朋友，俊人見仲瑤停步等他，急行兩步一湊了上去，還未走到跟前，仲瑤已覺一股非常香味，由他身上衝了過來，再看他光着頭，頭髮剷得光光，連人面都可照得出，臉上也擦上了不少雪花粉，連眉毛嘴唇，似加了一番塗澤，彷彿看過去，眞是一個女扮男裝的青年。仲瑤見他如此裝扮，不禁笑道「人家都說臉上有戲，我看你一走出來，這一身都是戲，無論走到那裏，人家沒有不曉得你是個戲劇技出身戲劇學專家。」俊人見仲瑤笑他，却一點不生氣，嘻着臉道「你不要文文縐縐挖苦我，我知道你的意思，是罵我愛出風頭，愛吊膀子，我也承認愛出風頭，愛吊膀子，並且自認出風頭吊膀子，是我惟一任務，惟一權利，我雖然不好，在這男女社交公開時代，只罵我一句胡鬧罷了，算不得缺德；不比你們美術家，表面提倡什麼「藝術唯美人生觀」高調，裏面却含「種醜味不可思議的野心，那纔是不對呢？」仲瑤道：「你這話說得太沒條理，提倡美術，有什麼不對？」俊人道，「你還裝糊塗，我要戳破你們黑幕嗎？」你們畫家口頭，動不動就說人體寫生，最有趣味，這是你們畫畫的不懷好意，把赤身露體的模特兒，供你們描寫，供你們玩弄，密實相對，也不曉得瞞過多少人家！我吊膀子雖然胡鬧，在社會交際上，這是公開的。【未完】

第三版改为专版，绘画、戏剧、舞蹈、电影、摄影、体育不定期地轮流替换出版，但一直未见真正实施。

画报出版至第3期时，一周就收到五六十封读者来信，指责画报印刷质量太差，编者自己也为“印刷确是太坏，连我们自己都看不过去，其实并不是底版做得不好，实在因为印油太粗、纸张太薄，所以真是对不住这些热烈读者”。此后，因改用新式机器，印刷质量有所提高。

画报图片部分“凡关于优美的建筑、风景、雕刻、绘画、书法、仕女新妆、讽刺画、人体及金石等，搜罗精美”。文字部分多为介绍各种艺术形式的历史、探讨发展方向的专业性极强的内容。

古今中外名家的书画作品在画报图片中占比最大，每期都要有五至六幅，如多期连载《石涛山水册》《顾复初山水册》、徐燕孙《人物》、吴光宇《人物》、王铎《山水》、宋夏珪《山水》、周怀民《山水》等。

排名第二位的是摄影作品，有世界著名建筑、国内名胜古迹、花草树木、木雕石雕和包括名伶、影星、社会名流、儿童、人体在内的人物等。其中连续刊登的数十幅西湖风光、建筑，生动形象地留存了20世纪20年代杭州西湖的四季美景。画报中刊登的大量德国、日本、法国、美国、印度、罗马等十几个国家的代表性建筑，为读者打开了一扇认识世界的窗口。每期一幅的西方人体照更告诉我们当年画报的开放与前卫。

画报中最有价值的当数艺术性文字部分，长期连载若吏的《黄山画叟纪略》、于非厂的《华萼楼论印》、叶维辉的《三秀草堂印谱序》、钝佛的《摭闻碎墨》、潮音的《鸥梦楼诗话》、汪慎生的《花鸟册》、程瑶田的《我作画之经验谈》、古愚的《隶楷源流》、遐庵的《我国雕塑漫话》、愫倩的《古琴谱指法概要》等，是研究中国近代各种文化艺术的重要理论资料。

文艺作品内容丰富多样，吕碧城、江寄萍、李薰风、慎言、啸云等当年的著名写手，都是画报的常客。创刊伊始就曾连载慎言的长篇小说《心血与黄金》，但不知因何故，第8期就停刊了，从第14期开始连载李薰风的言情小说《春水余纹录》。画报创刊初期，几乎每期都有江寄萍的文章，如《一封信》《寄丽珍妹妹一封信》《少女的迷恋——残零日记》《新女性应注意的一点》及诗歌《春雨之夜》等。画报的第50期除发表了吕碧城的《瀛波梨影》外，还登载了她的大幅玉照。

报道学校消息也是画报的重要内容之一，不仅有北平本地的学校，而且还有全国的校园生活，更有世界各地留学生的图文介绍。如《国立北平师大暑期学校全体教员学生合影》《中国留日学生》《两级女中游艺会琐记》《晋省留德同乡会合影》《关于师范男女生社交问题》等。

此外，作为北平的刊物，突出地方特色、介绍北平当地的人情风物自然也是少不了的，如《北平历史上之酒楼——广和居》等；主编宗惟赓是五三漫画社的领袖人物，因此该社的漫画便一直垄断着画报的漫画版面；时事新闻、电影、戏剧、体育等方面的图文也是画报每期必有内容。

画报终刊时间不详，现存至1930年9月21日的第109期。在出刊的两年多里，画报的风格基本保持不变，只是在细微处有了些许的改变，如自创刊后头版一直是大幅的名人书画，但从第51期开始改为名闺名媛或在校学生的大幅玉照，同时在其他版面上也增加了每期一幅的“新婚丽影”。这或许是为了取悦读者、增加画报发行量，不得已而为之吧！

倡导艺术的《美美画报》

20世纪20年代，《良友》《北洋画报》在南北两地的成功出版，促使一大批文人投身于画报事业。在北京，《北京画报》《北平画报》《丁丁画报》《日曜画报》等十余种画报相继问世，《美美画报》就是在这一时期应运而生的。它以纯艺术画报面孔出现，“抱不与众同趋为旨，提倡艺术为主”，在选材上着重“新颖、美好、真实三端”，自称“是为倡导艺术的发达而设”，并形象比喻为“她的衣服不好，我们应给她穿上更华丽的；她的修容不美，我们应给她装饰更漂亮点，务必使她渐渐成为世界上最可爱、最妍丽的”。

1928年8月18日，《美美画报》于北平创刊，主编陈中川，编辑孙公昭、李翼安、马耕田，营业主任陈小泉，图画主任曹谦、阎铁岭，摄影主任程洁梅。在日本、土耳其、海参崴以及沪、晋、汉、津等国家和地区均派有采访记者。社址在北平宣外米市胡同大吉巷32号。画报虽以倡导高雅艺术而自居，却只出版了21期后就寿终正寝了。这也从一个侧面说明，在当年大众文化水平极其低下，老百姓终日尚为温饱奔波的年代，这样阳春白雪式的画报，只能是孤芳自赏，到头来也只有关门歇业的结局。

《美美画报》为艺术类画报，周刊，逢周六出版，8开本，4版，道林纸。画报图文并重，各占50%。图片有影星、新闻、书画、摄影、讽画、戏剧、电影、体育、人体、治印等，其中最为珍贵的当数讽画和体育类照片。因画报的图画主任阎铁岭为五三漫画会成员，因此画报长期刊登该会会员王君异、钟辛如、曹谦、叶影芦、彦君、孙之隽等的讽画。画报每期都要刊登多幅体育图片，有华北篮球比赛，参加第六、第八届远东运动会的中国代表团，北平师大篮球队，中央队与英兵队的足球对抗赛，北平体育联合球类赛会，华北素负盛名的中央足球队“四大金刚”，东特赛短跑、网球冠军鞠殿魁、徐玉珽，东三省联合运动会中张学良在闭幕式上的训话及其夫人为运动员颁奖等30余幅图片，以及以整版图片报道日本关西大学与北平民国大学足球赛的场景。

文字部分刊登艺术评论、名家简介、散文、小说、小品文、杂文等，有江寄萍的《寄舜华的一封信》、悲慧的短篇小说《拾书记》、钝佛的长篇小说《爱之素》，以及突出地方特色的《学北京话》《吊故友王清源》和记录平津舞业兴衰的《舞话》。而从第1期就开始连载的《海上墨缘录》，较为详细地介绍了“石涛清溪放棹立轴”“文征明山水立轴”“黄鼎山水立轴”“倪元镇山郭幽居立轴”“宋人猫蝶图立轴”“李成雪景立轴”“沈周杨柳渔舟立轴”等数十幅国画的画风、用笔、着墨等艺术特色及作者简介，为我国书画研究提供了可供参考的史料。如对李成雪景立轴的评介是：“咸熙南派正系。有宋名家。尤工于画树，曲折顿挫人莫能学。后世惟石谷得其遗意。此幅古树千章，多用双勾，阳面积雪，不背写生原理，山石亦神工鬼斧，奇态百出。山巅石面积雪，纯由天空用墨烘托，不假铅粉。伫观之际，觉有风瑟瑟自画中出，名字题于树根，亦是宋格。全幅自始至终无一懈笔，古人心地之忠实，精神之充足，真不可企及！”

画报第18期至第20期连载悲慧的《记旅欧之中国两女文人》一文，从康长素之女同璧弱龄游西土而成为中国第一个旅欧女子谈起，

（第三期）　美美畫報　（第二版）

影界兩大明星賈克陸克滑稽合影　綮軒主人贈

Jacg Dempsey and Harold Lloyd, two Movie Stars in funny act.

閃　劉和淑君贈

塔上於今竟有人

（偶尚）

東城有楊？某者。工技術。太福門之鎬涙也。某日赴北海公園納涼。日已向晚。而暑氣蒸人。燥熱殊甚。迨夫華燈乍照。遊人如織。其稍涼爽之地。已爲捷足者先。楊無奈。乃趨小白塔。一躍而登塔身。踞坐其上。以乘涼焉。而遊人末由覩也。時夜已向半。涼風徐來。楊坐其上。胸襟爽然。不忍即去。以爲近水樓台。月光先得。此種佳況。園園遊人。豈能領略哉。忽聞塔頂有人。相對微語聲。響之顛稔。大驚。翹首上覩。則有二人。更出已上。方踞塔顛以談。而彼二人亦已知有人窺覺。乃相將躍下。驚鴻落胯。杳無聲息。楊見狀。大歎服。亦躍下追蹤而要遮之。具道欽由。自慚小巫。二人遜謝云。適自崑崙來。久聞北海勝地。抽暇作此遊耳。楊拜詢姓氏。擬與訂交。二人云。身負要公。實少暇晷。期諸異日。並囑楊切不可以此事告人。忽忽別去。楊悵快然歸。究不審之二人者。爲如何人也。事距今僅月餘耳。此事爲楊之友人崔某語余。言之鑿鑿。亟爲之記。閱者或不以余言爲妄乎。

塔影　閔鐵船君贈

一穟詞錄

怡翁

紅娘子（閱妙萱妹剪髮填此寄之）

笑照菱荷鏡。淡抹輕妝靜。了恨春雲。試情秋事。何干淨。訝拌州寒雪剪刀輕。把愁絲除屏。　革履丁丁勁。況是香肩並。還級衫紅。湘勾扇碧。游期小訂。是昨朝情緒乍拋殘。悄熊熊短剩。

白雲觀前之一瞥　y.n.m君贈

塞北道上　李廷弼君贈

讲述了燕京大学高才生谢婉莹1921年游历美洲学习西方文学的过程，最后详细记述了民国两才女李昭实、吕碧城的家庭、学习、成长经历，她们在新闻、文学上取得的重大成就，在国内文坛上的巨大影响，以及她们作品的风格。后人对吕碧城的记述较为详尽，但对于李昭实的研究文字却极为鲜见。以下将此文关于李昭实的记述节录一部分，让读者领略一下这位才女的风采：

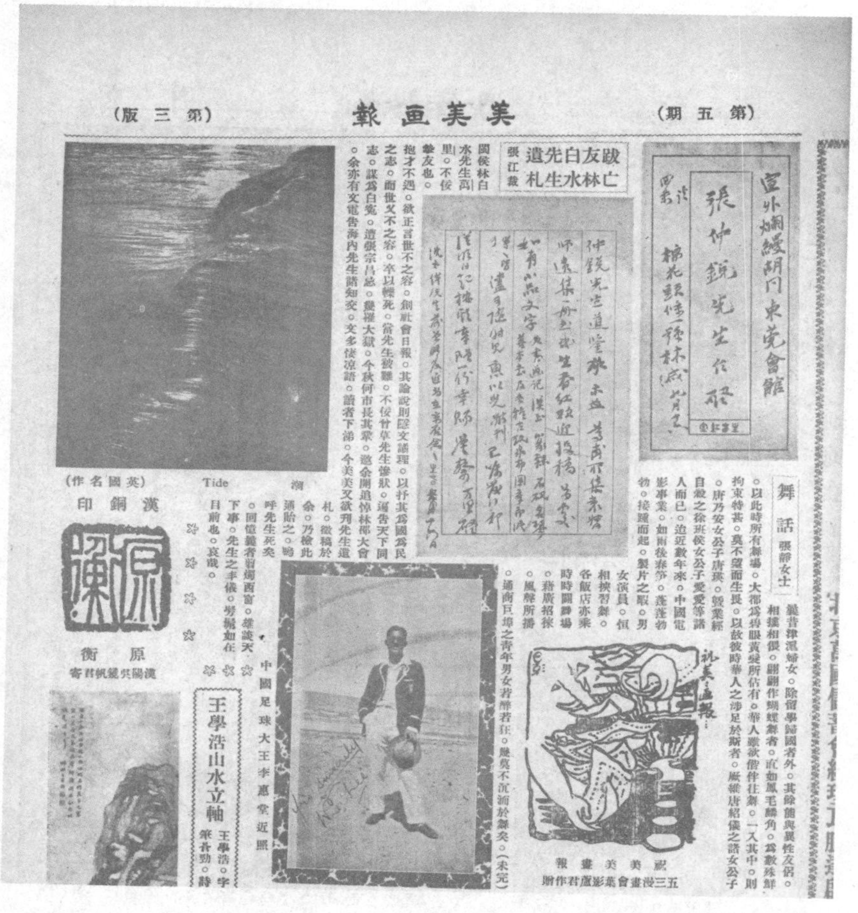

第五期　美美画報　第三版

跋亡友林白水先生遺札　張江裁

閩侯林白水先生為[illegible]里。不佞摯友也。抱才不遇。欲正言世不之容。創社會日報。其論說則隱文譎理。以抒其為國為民之志。而世又不之容。卒以槍死。當先生被難。不佞曾草先生慘狀。遍告天下同志。謀為白冤。遭張宗昌忌。幾罹大獄。今秋何市長其鞏。邀余開追悼林邵大會。余亦有文電告海內先生諸知交。文多悽涼語。讀者下涕。今美美又欲刊先生遺札。徵稿於余。乃檢此通貽之。嗚呼先生死矣。回憶曩者翦燭西窗。雄談天下事。先生之丰儀。髣髴如在目前也。哀哉。

宣外爛縵胡同東莞會館
張仲銳先生台啟

舞話　張靜女士

蓋昔津滬婦女。除留學歸國者外。其餘能與異性友侶。相攜相偎。翩翩作蝴蝶舞者。直如鳳毛麟角。爲數殊鮮。以此時所有舞場。大都爲碧眼黃髮所佔有。華人雖欲偕伴往舞。一入其中。則拘束特甚。莫不望而生畏。以故彼時華人之涉足於斯者。厥維唐紹儀之諸女公子。唐乃安女公子唐瑛。暨業經自殺之徐班侯女公子愛愛等諸人而已。迨近數年來。中國電影事業。如雨後春筍。蓬蓬勃勃。接踵而起。製片之暇。男女演員。恆相挾習舞。各飯店亦乘時時闢舞場。藉廣招徠。風聲所播。通商巨埠之青年男女若醉若狂。幾莫不沉湎於舞矣。(未完)

潮　Tide　(英國名作)

漢銅印

原衡

漢陽吳鍰帆君寄

中國足球大王李惠堂近照

祝美美畫報

五三漫畫會葉影廬君作贈

王學浩山水立軸

王學浩。字……筆蒼勁。詩……

昭实女士为闽诗老李拔可先生之女，适王万业先生一之。万业游美洲，著文纪事，布于上海《申报》。昭实日读之，慕其为人。拔可先生知其意，因使人谏万业乞婚。亦文士之殊荣、艺林之佳话也！昭实之文屡见《北京晨报》之《星期画报》及上海《图画时报》，多记艺术界、社交界之珍闻，佐以影片，增读者之清欢。其体例同于新闻，而其措语之工妙渊雅则非庸下记者之所敢望。盖女士之文，周详委曲，其于写情、叙事无不达之隐，而又韵致清远，读者惟恐其尽。是以当时京中人士值日曜休假，徜徉于公园，辄相问曰：“今

sat. 15 Sept. '28. EXCELSIOR No. 5

海上墨緣錄（續）

夢揚

倪元鎮山郭幽居立軸　此幅布置平實。筆力蒼勁。恐係贋鼎。蓋宋元畫畫。多用紫頴毫。故能硬瘦奇拔。深入紙裏。仿雲林者。於此處尤須致意。後世多以羊毫模倣。宜其無一筆是處也。

宋人蘜蝶圖立軸　宋人作畫。多不題姓名。而價值不損。後人作畫。多假以沽名徇利。而畫道衰矣。此幅全用工筆。一蝶栩栩。飛向花叢。一貓蹲花下。昂首覷之。厥狀發甚。花亦偃正俯仰。各盡其態。而蝶之鬚足。貓之毛髯。尤爲一筆不苟。巽物無殊。可見古人作畫。純師造化。（寫生）且無名利累其心。故能成其精。古人研究藝術具精神。良足佩已。

五三漫畫會主辦暑期學校中畫組凌頌蓀女士之作品

投身影界趣聞

延年

津埠女學界因受電影明星徽識影響，故此欲投身影界者頗不少；曾充英界某家庭教師之某女士，亦有此志，遂函徵家長同意，越三日得其父復電；電文極簡單，僅十餘字：『函悉，汝當先出我家門後投影界。』

短篇小說　拾書記（續）

燕懸

西山霜葉已紅，玉泉亦正清冷。月來爲妄念所惑，必待大自然爲我滌洗。含與公等再作郊遊，以遣此懷耳。不盡縷縷，伏候起居。弟嘉言。

余既爲文記拾書之事且錄其書以布於世，親故見者多引爲附庸之資。日月云邁率亦忘之。暮春之月獨居齋舍，忽有款關求見者。奴子持刺視余，中印「周嘉」兩字。肅客入。其人頎然而長額廣髮密神色挺異，有武士之風，揖余而言曰，「記拾書者即公也耶」？余頷之。曰，「書何在」？余曰，「諸之僕衍矣。」曰「僕即作書人也。緘而未發落於車中。不幸爲公拾獲於世，今已矣。公能檢以歸僕乎？」余曰，「諾，僕之罪也。敢不如命！顧書中影事先生能語我乎？」曰，「徵公請，僕固將言之。僕與此人別將一年矣。無所得其音耗。彼固不知書。然公既已傳斯事，僕亦不能終秘之。意者由公之記，苟有人焉讀而逃之，或因緣達於其耳，彼斷無不知者，則僕之心或竟爲彼所許，非絕不能也。僕誠知此舉至愚，然不能無爲一冀。請爲公卒言之。」余大喜。

（未完）

名伶小生王又荃奇雙會之戲裝

陳君信全贈

諷畫

彥君作

寄舜華的一封信（續）

江寄萍

明朝又是清明節了，媛懸享受了我六個清明的祭祀，時光真是快呀！她的墳墓也不知如何？「日暮狐狸眠塚上」，唉！大蓋荒涼極了，她此時眞是「誰塡爲伴」，只有青松古柏，能長久看着她，螢虫燐火，就是照她的明燈，她此刻恐怕也沒有「蝴蝶夢中家萬里杜鵑枝上月三更！」的雲懷吧！舜姊！她現在只是一堆枯骨，其餘的就是荒土一邱了，細細的想去，人生那個不是如此呢！任你有多大本領也逃不出這圈。

有時我靜默着想：媛跟我眞是一生的奇遇，最難得的就是我們情投意合，心心相印，假若她要不隨淸風一化，我們在花前月下攜手同遊；或是在北海划小船；或是在河岸上五龍亭旁邊的桌上吃茶，一定不知道要有多少人暗地嘖嘖的羨慕呢！「大蓋這是一對多情的伴侶」別人一定要這樣說，那時我也決無疑意的承認。不過…………，唉！她現在棄我而長眠於靑草塚中了！舜姊！說到這裏我想起幾句紅樓夢上的詞：「…………若說沒奇緣，今生偏又遇着他（她）；若說有奇緣，如何心事終虛話？一個是枉自嗟呀，一個是空勞牽掛；一個是水中月，一個是鏡中花，想眼中能有多少淚珠兒，怎經得秋流到冬，冬流到夏？」

（未完）

華英打字傳習所

招生

所址 東北新石橋 內廟
華文打字科（除女子特別班外凡男女資格年齡程度不限）
△速成班：每日練習三小時，一個月畢業，全期學費十二元。
△早班：每日練習一小時，四個月畢業，每月學費三元。
△星期班：每星期日練習三小時，八個月畢業，每月學費三元。
△函授班：自家練習在校實習一週，四個月畢業，全期學費六元。
△女子特別班：每日學習 小時，兩個月畢業，全期學費六元。
英文打字科（男女資格年齡程度不限）
△速成班：每日練習三小時，一個月畢業，全期學費六元。
△早班：每日練習一小時，四個月畢業，每月學費一元五角。
△星期班：每星期日練習三小時，八個月畢業，每月學費一元五角。
所長：王鍾□

華昌製版局

本局承製銅版鋅版成績精美價目低廉交貨迅速

電話南局四八二三

李鐵拐斜街

週年紀念

各種綢品 新式衣料 最新洋貨 化粧用品

各貨一律

特別大減價放尺

北平前外香廠萬明路北口拐角電南三千一百五十號

本報爲增進閱者興趣起見特請張次溪方肖孺玉……

請看 北京畫報 印刷最精美 材料最豐富 全國唯一之

破除寂寞 增進興趣 負載美之神尙使命

佛化美術學會

社址宣外米市胡同大吉巷三十二號電話南局一二二〇號

日已见李昭实文乎?”其为社会所重如此！客岁，万叶先生任职于国际联合会，君夫妇遂旅居巴黎。退食之暇，即握管撰文以寄宗国。凡彼邦之民情风俗及其对于东方文物之嗜好，皆详述之。而更含有鼓舞国人以美术工艺与欧人相见微旨。斯良足尚已。

介绍吕碧城早期作品的《丁丁画报》

1928年9月28日，报人耿钧投资在北平创办《丁丁画报》，聘请郑象山为法律顾问，社址在北平西城南沟沿22号，由北平新华街京城印书局承印，在北平南柳巷永兴寺忠轩派报社、天津南市大街杨记派报社、营口亚洲派报社设立发行所。画报以宣传、研究艺术为宗旨，涉及书画、金石、摄影、戏剧、电影、音乐、文物等方面内容，其中刊登的近代文学家吕碧城数十首诗词、小品文、散文等早期作品尤其珍贵。

《丁丁画报》属艺术类刊物，自称是“纯正而艺术，中外美术界的大本营，寂寞烦闷者的好伴侣”。虽为周刊，出刊时间却不很规律，时而8日一期，时而6日一期，自11月10日的第7期开始固定在每周五出版，至第10期出版后，因画报“内部发生不详事件，一时工作停顿”，直到半月后“内部改组完竣，重加整顿”后，第11期“跳舞专号”延迟一周才与读者见面。画报因存世较少，终刊时间已无从考证，现存至1928年12月23日第12期。

画报为8开本，4版，道林纸，铜版印刷，图片精美，质量上乘。图片方面最多当属配以作者简介的名人书画，如齐白石人物、萧龙樵山水、小仙山水、潘登雷隶书、沈铨的花鸟、王石谷山水、明净墨梅、朱端寒山独钓图、郑板桥墨竹、石溪山水、李小泉扇面、

民國十七年九月二十八日　第一二十期　戊辰八月十五日（一）

丁丁画報

神遊鄧尉一套

水澄

（南呂一枝花）高樓夜氣濃，短榻春寒重。雲來丹障裏，鶴去碧巖中。有客來蓬，漫作江鄉夢。青山在望中，雲時間林表婆娑，見萬梅花妝點得空山無縫。

（梁州第七）沒亂裏東風緲緲，驀地裏紅雨濛濛。春山歷歷，微香送。清癯灑灑，絡脫玲瓏。素馨裏地，香靄浮空。有時節微雲幷拌；有時節淡月溶溶。瑤光殿艷影含風；牡丹亭翰墨春容；香僾闌鶴警春空。花慵客慵，雞雲瑷飄杳天風動。荒雞叫，晨光擁，恰便是太白神遊天姥峯，不辨西東。

（尾聲）則道是離魂誤入羅浮洞，原來是身在邯鄲萬象空。一雲價浮沈悟澈乾坤迥。待將來兩人與共，伊人是從，便斬斷了閒情萬千種。

舞姿

對於今後中國藝術之期望

英保

中國藝術發明最早，舉凡書畫，金石，雕刻，音樂，莫不開世界之先河，然終不能嶄然特立五洲者，豈聰明才力不及昔人耶，抑提倡之道，有所未至歟，提倡維何，首曰打破門戶，蓋藝術精微，堂奧之竅，非一家一派之所能，入主出奴之習，斷不容存於方寸，次曰不分國界，取人之長，補我之短，以人之是，正我之非，三曰變通古法，古法非不善也，特時代不同，趨尚各異，夏忠殷質周文，三代且不相襲，詎墨守不變，欲求進步，不亦難哉，本刊力矯此弊，凡所謂家派人我新舊之見，一切不存，要使國粹發之愈明，揚之愈高，惟是欲求廣益，端賴集思，深願海內外賢達，不棄鄙陋，勿吝敎言，俾藝術前途，大放曙光，斯固中國之榮，豈特本刊之幸哉．

外國電影名星

鄧麗勒夫 Bessie Love 新擬明星也，自演「人間地獄」一片而漸露頭角，最近與曼絲合演「風流皇帝」，及主演「紅顏禍水」，均甚得觀衆歡迎（生）

如是我聞齋筆記（續）

（迷字注釋）吾友某君，善詼諧。一日赴筵，座客咸曰，旅客入深林邃谷，失去歸路，謂之走入迷途。士女信仰不可思議之事物，謂之迷信。沈醉於戲劇奕棋者，謂之戲迷，棋迷。男女相悅者，謂之情迷。迷字之用途，既如此其廣，然舉此字時，不知究何取意。吾友曰，是甚易解，夫迷從米從辵。米以表示飽食，辵乃循道疾行之意。皮囊喫飽，四處亂跑，所謂迷也。

（男女平等）自革命大軍抵平以後，最新標語隨青天白日旗飛到北平者極夥。男女平等婦女解放之口號，亦到處「買丼」。尤其一般失戀之姨太太，每逢其老爺施展雄威時，輒從出最可勤心之警告。然吾不解何以同一家庭，而太太之衣飾必較老爺之衣飾來得奢麗。願豹終日嚷嚷曰，男女平等。是真不曾爲男子呼籲也。

（不能道隻字）齋謙中先生，爲人忠實，不善辭令。客歲有某君自外省來，素仰先生盛名，頗以一聆教益爲快，顧無術自薦。不得已請友人轉爲致意，並宴先生於某飯莊。五六次後，某君乃鞠躬求教。先生窘甚，曰，君若求余作畫，雖十幅百幅不辭。若命余譚畫余乃不能道隻字矣。

（老爺，有客來）齊白石先生之夫人及公子，均呼先生爲老爺。每有客至，其小公子輒大聲呼曰，老爺，有客來了。

低亞　衡君攝贈

蕭龍樵山水

齊白石先生近影

原來是借的中秋節的光

PN女士

自從那位姓李的兎子鉛變以後，二爺們的行蹤，久已不爲社會所注意了。雖然有時在護國寺，隆福寺，或是土地廟，能够看到一隻半隻，可是有誰去撫摩她？有多少人對她垂青？真是不了，不想在此北伐告一段落的時節，在此秋風涼爽秋雲燦爛的辰光，兎二爺的使衣豫，遍然佈滿了九城。你看！前門大街，東西單牌樓，東西四牌樓，東安市場，天橋，凡是熱鬧的所在，那一處沒有小白兎的團體。她們新長成了雪白乳色的毛，紅得像玫瑰似的眼，不但會騙小孩，還會向成年人獻媚。也真怪！遊街的先生們，太太們，愛美的心也太切了，都喜得犧牲幾十個或一百多個銅錢，來捧幾個回去。難道兎子真好玩嗎，除去兎子，便再沒有哄小孩的東西嗎？真是！野兎橫行，這還成什麼世界！寫到這裏，有個朋友告訴我道，不要發脾氣了！這些兎子是泥做的。人家買回去玩幾天，她就會粉身碎骨的！她們現在一陣的威風，無非是借的中秋節的光！

蘆花秋浴冷　立川女士贈

齊白石人物

建設

耽耽

皮黃退化之原因

（飛雲）

承平之世，繁華鼎……

此幅能將美麗玻璃層層透過誠攝影上不可多得之成績

啞叭吃黃連

介绍吕碧城早期作品的《丁丁画报》

文征明山水、胡冷庵山水、张湛湖花鸟、华新罗人物等数十位书画家的作品。值得一提的还有一些名伶的书法，如余叔岩的石鼓、杨小楼的楷书、朱琴心的籀文等。其次是中外摄影，包括世界名胜、国内风景和人体，特别是每期一幅的静物摄影是其他画报所不多见的。除刊登当年盛行的名闺、名伶、明星、舞星等美人照外，齐白石、徐悲鸿、金拱北、刘海粟、陈墨香、吕碧城、林风眠等艺术界

丁 畫 報　　星期五　　（二）

建設

英國攝影名作

中秋節的月餅，是中外聞名的，以廣東做得最好，江蘇的也還不錯，近來北平滿街貼有「錫山西月餅」字樣，但不識其中有酸味否。

兔兒爺一物，是北方特產，相傳八月十五，為兔神的生日，所以家家都要買一位來供奉供奉，就是大人不要，但是小孩子多半要的。

皮黃退化之原因

（聊寶）

太陽仙子李瓔

此幅係將幾重玻璃層層疊… 攝影上不可多得之成績

雜色月餅

呆人

節這種東西，是好東西，也是壞東西，平時很關心的人，節關一到，大人要穿的，小孩子要吃的，除去要賬，就是要錢，所以「節關」也可以說是：「難關」

凝酥

德國攝影名著

海之午

幼韻女士攝

小說

儒林新史

孤蓬

楔子

話說東方有個古國。民生不知外事。糊糊塗塗的。已經過了幾千年了。除去奉行綱常大道，三從四德之外。別的一概不問。所謂科學呀。物質文明呀。全都談不到。自己說：「我們貴國有的是吃的，有的是用的，人來爭奪，我也滿不在乎」。可憐一隻大獅子，却是睡着的，這個來咬一口，那個來咬一塊，只弄得皮肉不全，這隻神聖的老獅子，似乎有一點覺悟了，神色一變，振臂一呼，全國一致革命——尤其是青年，甚麼自由戀愛呀，社交公開呀，一一印到新古國人民的腦筋裏面去了！正是「好的未學到，壞的都會了」。這一番大變之中，也有可歌可泣，可喜可嘆，可愛可恨，可笑可憐的事情，光怪陸離，實非在下的禿筆所能形容，不過有許印多像太深的，就拉雜寫將出來，免得在胸中過蕩得難受罷了，正是：

儒林今日傳佳事，
且聽癡人說夢來。

（未完）

八里莊寶塔之考證

垂雲

近日傳說佛現金身之寶塔，在平則門外，八里莊地方，塔凡十三層，聳出霄漢，夏歷八月初一日，城廂人民，前往燒香者，絡繹於途，是處廟宇已廢，只在塔下空地上燒香，一時火光如炬，火燄四飛，實堪爲此塔危，警察在旁，視若無睹，破除迷信，尚在其次，保存古蹟，關係實重，願當局者，在此點注意也，

按此塔，名永安壽塔，在慈壽寺，建於明萬歷六年，清乾隆年間重修，有御書額，當有明大學士張居正碑，今寺已傾圮，碑亦無存，僅此塔巍然尚在，明陳萬言，有慈壽寺詩，帝城門外剎，含衛國中台，初地三摩入，慈宮萬壽開，午鐘招雉雀，夜雨積莓苔，怪底花間客，浮名逐夢來，

新新聞

近聞歐西各文明國。忽紛紛提倡纏足運動。據稱係仿自中國。惟方式略異。蓋以極尖之高底皮鞋。爲其殺足利器云。（幼）

西愛去女士。於日前應某大學遊藝會之聘。表演可憐的秋香。當時博得觀衆熱烈歡迎。尚屬小節。竟使該校學生。莫不如痴如狂。競作秋香曲之練習。一時樂校一片雌聲。頗新耳目。想係美的印像太深之故耳。（幼）

丁丁專電

香閣電 南下洋黃夫公會會長老王，因老張回國，未持黃，務聚勸老劉出洋考查。（缺）

歸都電 閻羅天子召集無常會議，每夜乂代表西藏土地，建議依據某種原則，將北平城隍廟，與西藏土地廟歸併，北平城隍廟，改稱西藏土地分廟。（缺）

花國電 此間爲順應潮流起見，將原有之海陸軍部，改爲軍事委員會，即以戰功素著之醉仙，擔任主席云，（英）

某君善書，一日有庸醫某，請求法書，某君雅不欲着筆，然不堪糾纏，不得已戲改杜工部詩，漫塗塞責其辭曰，

不明財主藥，
多故病人疏。

◁荀慧生▷

本報每期大洋五分

本報刊登廣告不能指定地位

藝術傑作，不論文言白

民國十七年十一月四日　丁丁畫報　戊辰年九月二十三日　（一）

丁丁畫報

本報價目
每期大洋五分
半年二十六期一元二角
全年五十二期二元三角
外埠郵費酌加

文學家呂璧城女史近影

呂璧城女士

女士皖籍。擅西文，國學如詩，文，詞，曲，音樂，書畫，無所不精。其作品散見於國內各大報紙，想早爲海內所讀賞矣。近從凌楫民先生處借得女士最近作品，特擇尤介紹於讀者。

倩芳集

呂璧城女士

清平樂

冷紅吟遍。夢繞芙蓉苑。銀漢悠悠清且淺，風動雲華微捲。水邊處處珠簾。月明時按歌絃。不是一聲孤雁。秋聲那到人間。

生查子

清明煙雨濃。上巳鶯花好。游侶漸凋零。追憶成煩惱。當年拾翠時。共說春光早。六幅畫羅裙。拂遍江南草。

如夢令

夜久燭堆紅淚。漸覺新寒侵袂。冷雨更東風。又是去年滋味。無寐。無寐。畫角南樓吹未。

南鄉子

雨過淺留痕。新水如苔綠到門。幾處小桃開。泛一前村。寒食東風別有春。重讀斷碑文。宿草荒封舊雨墳。蝴蝶一雙飛。更去春魂。知是誰家裹綠書。

明文徵明山水

自在香館藏

文三橋黃少牧治印

文彭，字壽承，別號三橋，徵明長子。能詩善書畫，其篆刻尤爲世人所欽佩，近年金石家，筆意多尚破碎，以爲剝落乃有古意。其實工而不拔，整而有味，在藝術上正不無相當價值也。黃君小傳已見第三期本報。

玉橋帶雪

N.C.P.S. 金義攝

此爲故宮五鳳樓前之玉帶橋。汙迴曲折，如羊腸，如游龍，金君攝此，蓋所謂純粹的藝品作品也。

北平和平門內北新華街京城印書局承印

名流的大幅照片，也能占有一席之地。名家印谱更是每期必不可少的。此外，还有文物、体育和少量时事图片。文字方面多为文言文和诗词歌赋，如耿钧的戏剧评论《剧谭》、凌楫民的《云巢诗草》、王小隐的诗文、宗静的《读斋琐拾》、钱葆昂的《中山公园读画记》、李薰风的长篇社会小说《落花风絮》等，而连载的王英保的《画镜》一文，对中国书画的用笔、用墨、用气、皴、擦等画法都做了较详尽的记述，是研究中国书画的重要史料。

画报第2期《办报难》一文中提到，因读者的眼光所异，各有所爱，所以，画报"不敢专做书画行，不敢专做古玩铺，不敢专做照相馆，更不敢专做电影院"，尽量做到各种材料应有尽有，并计划从第5期开始，每5期出版一个专刊，戏剧、金石书画、音乐、跳舞、摄影等5个专号轮流出版。但在现存的画报中只能看到第5期的"戏剧专号"和第11期的"跳舞专号"。

画报创刊号王英保的《对于今后中国艺术之展望》一文，虽是画报的一篇广告词，但其中对阻碍中国艺术发展的原因，以及提出的"打破门派壁垒""学习外国先进""与时俱进"三项策略，现在读来仍有借鉴意义：

中国艺术发明最早，举凡书画、金石、雕刻、音乐，莫不开世界之先河。然终不能崭然特立五洲者，岂聪明才力不及昔人耶？抑提倡之道有所未至欤？提倡维何，首曰打破门户，盖艺术之精微，堂奥之窥，非一家一派之所能，入主出奴之习，断不容存于方寸；次曰不分国界，取人之长，补我所短，以人之是，正我之非；三曰变通古法，古法非不善也，特时代不同，趋尚各异，夏忠殷质周文，三代且不相袭，倘墨守不变，欲求进步，不亦难哉！本刊矫正此弊，凡所谓家派、人我新旧之见，一切不存，要使国粹发之愈明，扬之愈高，惟是欲求广益，端赖集思。深愿海内外贤达，不弃鄙陋，勿吝教言，俾艺术前途，大放曙光。斯固中国之荣，岂特本刊之幸哉！

通过固定作者凌楫民的穿针引线，画报得到吕碧城许多诗词稿，并从第6期开始，每期刊登《信芳集》中的近10首作品，另有《念奴娇·为刘豁公题戏剧大观》《洞仙歌》等当时创作的最新作品，而她特为“跳舞专号”撰写的《跳舞考》一文，引经据典地记述了中国跳舞的起源及跳舞的意义，显示了她的博学多闻：

跳舞为国粹之一，非仅传自欧美也。吾国文化之兴，基于六艺。而乐于焉，乐与歌舞常相辅而为用，见礼记及各经传。周礼所谓乐师掌国学之政，以教国子小舞，春夏习干戈，秋冬习羽龠，皆以舞列入学科之明证。八佾两阶，为庙堂祠享之用。又祭祀则鼓龠之舞，宾客享食亦如之。是且推行于宴会间矣。至若项庄舞剑，祖逖闻鸡起舞，公孙大娘舞剑，是古之人几于人尽能舞，非仅乐师、伶工之专技也。且用之于丧葬者，见《山海经》形天与帝争。禅帝断其首，葬于常羊之山，操干戚以舞。此与埃及之死舞，同为最古之发明，亦可异也。西舞输入中土，当在唐代。白居易乐府胡旋舞云：天宝末年时欲变，内外人人学旋转，内有太真外禄山，二人最道能胡旋。按今之Waltz译为旋转舞，当即尔时杨妃所习者也。跳舞为我国之古技，可无疑义。今人不自习舞，而以舞为倡优之技，误矣。惟世界愈文明，则跳舞愈成崭然有统系之仪式。迂拘者目为恶俗，每禁戒其家属，勿事学习，此无异于哀乐发于心，而禁其啼笑。拂人之性，古圣不取。且舞之功用，为发扬美术、联络社交、愉快精神、运动体力。若举行于大典盛会，尤足表示庄严，点缀升平景象，非此几无以振起公众之欢忭也。

拒绝名伶的《中国画报》

“画报之编辑，譬若菜馆之烹饪焉。阅报者遍全界，亦如顾客省籍之各有不同，专为南菜不可，专为北菜亦不可，必须一席之间，罗列众味，既不失之太浓，又不失之太淡，使南北顾客皆能下箸。则其菜馆必发达矣。我们正是循着这个原理，选材必求其新而择其精，书画、雕刻、风景、时事及至奇风怪俗，与艺术家、名闺小影。以使各界士女星期休暇，披阅吾报，皆餍其欲，于高尚娱乐中，而达提倡艺术之目的。”从《中国画报》发刊词的这段告白中不难看出，追求杂而全是它的突出特色。

1928年12月15日，《中国画报》在北平创刊，主编俞梧生，书法家屯甫题写刊头，聘请李宝纬为常年法律顾问。社址在北平东裱褙胡同66号，北平华美印刷公司承印，华北总发行所设在北平新开路17号，华南总发行所设在香港结志街6号。民国文人王石之、王异君、蒋汉澄、孙之俊均为画报的特约撰稿人。约于1929年5月出刊至第23期后停刊。

《中国画报》为艺术类刊物，周刊，每逢周六出版，增刊不定期，8开本，4版，道林纸，铜版印刷，从第15期开始采用上等进口纸，深受读者欢迎，发行量随之翻了两番。其4版并没有明显的内容分工，连载文章不定期地出现在各个版面上。

廣告刊資

本報刊登廣告　紙限于第一四版　及內外中縫　每英方寸紙鉛登五號三十一字　一期每英方寸收洋五角　十二期五元七角　半年十一元　全年二十元　如指定地位　及長期面議　例要先惠

THE CHINA PICTORIAL WEEKLY

中國畫報

每逢星期六日出版一次增刊無定

中華民國十七年十二月十五日出版

Vol. 1, No. 1.　第一期

本報價目

埠別	本埠	外埠	國外
每期	五分	六分	七分
十期	五角	六角	七角
半年	一元三角	一元五角	一元七角
全年	二元五角	三元	三元四角

農商銀行

本行資本總額一千萬元先收五百萬元奉政府核准有代理國庫發行紙幣各特權平津滬漢均各設有分行其他重要商埠均有特約代理機關所有存款放款抵押貼現匯兌利息匯水等項無格不外克己如蒙惠顧無任歡迎

行址：北平打磨廠

電話：南局一〇九，三六〇三

電報掛號：六五九三

源泰興西服莊

大減價一月

呢絨嗶嘰顏色特別鮮艷價值格外從廉男女西服中山服倣法與他家不同式樣雅觀材料堅固永不變色請君一試方知予言之無謬也

開幕在即貨物均已齊備

王府井大街東安市場南門路東

電話仍用源泰祥東局二四三五

法國著名彫刻

法國沙耶傑作

四個問題

要擴張具體之經濟組織……？

要挽回利權輔助國家……？

要鼓勵節險勸勉合作……？

要保障家庭子女及自身……？

答案——速向中華安合羣保壽股份有限公司投保壽險——

因為是 華商組織 專家管理 資本雄厚 公積鉅大的……保壽公司 資產豐旺 營業進步 賠款迅速 手續靈敏

◉總公司上海靜安寺路

◉分公司國內外百餘處

◉北京公司王府井大街二十號電東九〇四號

經理吳澤湘謹啓

（承索章程即寄）

華美印刷公司

各界先生們，你們想印精美的文件嗎？倘若你們的印件要美觀，要迅速，要價廉呢：就請到

華美印刷公司來呀！

特色

本公司備有各國各種文字字體，過光五彩石印，凸光五彩鉛印，專承印各種債劵，支票，股票，華洋賬簿，中西書籍等文件。

設在新開路十七號

電話東局二六四六

茶餘餐後　含「飛福敏糖」　看中國畫報　眞乃是　風趣橫生　津津有味

DR. HILLERS Peppermint

DR. HILLERS A.G. GRÄFRATH GERMANY

中國總經理　德商元興洋行

北平批發處　三和益洋行

東安市場競麗商店

各糖果店食品店均有出售

◀華南總發行所▶

香港結志街六號電話總局四二九六

◉社址北平東裱褙胡同六十六號◉

▶中華郵政特准掛號認為新聞紙類◀

◀華北總發行所▶

北平新開路十七號電話東二六四六

北平華美印刷公司承印

藝術學院高材生劍飛女士（廣攝）

頑皮的女生

孤雁女士

誰都肯承認男學生比女學生頑皮，但是女學生頑皮如男學生一般的，又何嘗沒有呢，而且還可以說，他們的佈置，倒比男學生來得週密妥當，這也許是男學生吃虧的地方，以致蹈上了頑皮的覆轍。

記得有一次，我們校裏訓育主任請假，一切訓育事項，都由我們那位訓育員代理，訓育主任既不在，天下是我們的了，對於這位訓育員，我們却不客氣的對他要放肆了，這位訓育員，他那『差不多，我許，也許，大概，恐怕』，這種不上不下的口吻，已經使我們難以禮相敬了，何況再加上了惹人討厭的粗皮黑膚，和鷺鷥般肥身軀，在他精光的左臂上打一下，我相信右臂亦一定會連帶的動一下，兩道濃眉，每根眉毛至少有三分長，正似人家屋前的懸簷一般聳出在外，要是不知道眉毛的用處的人，祇要一見他，包你不解自明，恍然大悟，如此一位人物本不算希罕，同時閒暇無事的我們，趁着機會與他搭訕，亦無不可。

有一天夜裏，熄燈鈴已搖過了許久，大家都已上床上，同寢室有三十多人，內中有一個人忽然嗚咽起來，女學校裏的哭聲，本來是家常便飯，不是一件希罕的事，所以有幾個人不但不加安慰，反學着他假哭，接二連三的你學我學，以致全寢室都蔓延了，耳朵裏一片哭聲，幾似天災臨頭，同時笑聲當然也有，不過那時已辨不清了，誰知裏面哭得熱鬧，却驚醒了不少同學和先生，我們的訓育員自然是內中的一個，可憐他睜眼朦朧的吁嚕的爬上樓來，透不過氣來似的問你們爲什麼，我以爲你們出了什麼亂子，到底什麼事哭鬧得這樣厲害，讓他嘰哩咕嚕的說，沒有一個人去理會他，都假裝早已入了睡之鄉，偶然也有嘆噓的聲音，他沒法了，問着無人應，他就找着了總組長了，（一個房裏，分成許多小組，每組都有一個組長，

（未完）

白富文女士

路慧芬（右）藍馥增（左）女士

做好婦女的條件

獨生女士

婦女都要做一個好婦女，但好婦女是要婦女自己腳踏實地向好的方面做去才行。學究先生說：「能遵守一切舊道德的婦女，便是好婦女。」政客官僚說：「容貌端莊，舉止超衆，而能以男子之意志爲意志的婦女，便是好婦女。」學校教師說：「能在學校裏埋頭讀書將來學成之後，在社會上做一個良妻賢母的婦女，便是好婦女。」風流浪子說：「美豊姿，善歌舞，而能供男子娛樂的婦女，便是好婦女。」他們處處輕視婦女的人格，把婦女當作一種俘擄或娛樂品，這雖爲幾千年歷史遺留下來的不良制度所造成，然也是婦女自己在社會上甘居弱者的地位，而不努力向上的緣故之所致。以前種種譬如昨日死，以後種種譬如今日生，」從此我們應當洗心革面，矢志做一個好婦女。然則怎樣才是好婦女，做好婦女的條件是：第一要立志，在社會上做一個好婦女，當然以立志爲先，不立志，如船無舵，未有不遺沒者，由此看來好婦女應具有「海可枯，石可爛，而志不可移。」的精神去立志，一方面掃滅侵犯女權和污辱女子人格的蟊賊，一方面抱着犧牲奮鬥的精神，爲全社會謀真正的自由和幸福。第二要戒奢侈，是婦女墮落的根源，譬如食必甘言，衣必錦繡，乘復車馬，其勢不得不仰給於男子了。仰給於男子，就是婦女墮落的起源，也就是被藐視，被被奢，被束縛的開始，現在婦女欲免蔑視，欲拒被奢，欲解束縛，苟不戒奢以儉，爲害不淺，後來雖然悟悔，恐亦不及了。第三要求知識。知識本是天賦，凡自然界之生物，莫不各具有知識，如蜂知釀蜜，鳥知構巢等是，今日婦女的知識落後無庸諱，其故均在不知進求，知識是職業的預備，也是脫離經濟羈絆的工具，故我們應當努力求知。總而言之，婦女問題是要我們婦女自身覺悟，去謀解決的，假使只知乞憐，求恩惠，祈憐惜，不但無益於事，且日見婦女的地位低落，在這種猙獰可怖的社會裏，誰是我們的同情，給我們保障，給我們恩惠，給我們憐惜呢？婦女們！醒悟罷，去腳踏實地的作一個好婦女，得新時代放一道鮮異的光線！

關於德意兩國婦女的批評（徵）

德意志女子的三K　(A) Kind（小孩）養得好，(B) Kuchel（廚下）手段高，(C) Kirche（教堂）常常到，也有用Kleidung（衣服縫紉）來代替最後Kirche一字的。

意大利婦女的四長　髮長，衣長，長於祈禱，長於對付男子。

龐景瑛女士（敏贈）

杜曼麗女士（雲贈）

今是學校畢業生藍馥增女士

倫敦之塔影

上圖右爲Albert（阿爾伯）紀念碑，左爲Nelson艦隊之紀念塔，塔頂直立之Nelson（納爾遜）將軍之像，下爲Victoria（維多利亞）紀念碑

紫薇樓詩話

清某宦迷以女嫁陳寶太師爲妾，欲薦[illegible]彭州府，以紅綃數寸作二十八字，漬淚付與其女，詩云，侯門富貴事風流，莫忘生身老骨頭，因與太師歡笑處，爲吾方便覓彭州，

有人餽乞禪和尚雞子十個，禪食之，人笑其破齋戒，乞禪作謁以解嘲云，混沌乾坤一口包，也無皮血也無毛，老僧帶爾西天去，免得人間受一刀，

美國電影明星尼克遜Miss Nixon之近影

乾爺和乾媽

梟

近世拜乾爺乾媽的人，與被拜的人，及其拜乾的用意和儀式，各有種種的不同，比較起來頗覺有味。

普通拜乾的多是幼小的孩子，拜乾的事情都爲父母所主張，比被拜的亦爲父母所選擇，凡被拜乾的亦以父母所主張的爲多，被拜者的地位家境，常較拜者的爲高，其用意除偶爾爲保孩子長命之外，多爲藉此以結一好（攀地位家境之好）親戚，故某家孩子拜某人爲乾時，鄰居常暗笑其爲巴結，拜乾時，乾兒子除拜乾爺乾媽等人外，還須拜乾爺乾媽的祖宗，乾爺乾媽家各爲極有錢的人家，乾兒子可以得到許多華麗的衣服。

此外，當然還有少數自願拜乾的乾兒，這些乾兒多爲二三十歲的大人，自己有了子女，被拜的人多爲在本地佔有橫行勢力的牢土棍式者，其年齡不一定有做乾爺的資格，做這種乾兒子須時常送東西給乾爺，叫做『孝敬』。

聽說上海有拜老頭子的，都喊老頭子爲『阿爸』，也須常去『孝敬』他，怕即與此同類，但我未確實調查，暫不歸入拜乾之內。

未完

雪（藝術影）　魏守忠攝

陳治麟京兆畫眉圖

陳治麟，號覺初，浙江平湖人，年未弱冠，工人物，筆致雅潔，饒有名韻，孜孜不倦，成就未可量也，

風俗叢談

健厂

（續）

內蒙古

內蒙古人之飲食料，以獸肉，乳類，麪粉，茶，酒爲大宗，視鳥肉爲穢物，不喜食之，頗嗜甎茶，飲時和黃油，鹹鹽，沃以沸湯，飲量或至十六碗，家多畜羊，有全羊席，巧於用刀，食量大者，一晝夜或盡羊一頭，普通以一羊腿爲常例，我國由南而北，食量恰爲遞昇式，實即北強南弱之主因，至於鹿尾，駝峰，山兔，野雉，稱爲此邦之珍味，非特別宴會，不常用也，（士人謂冬食駝肉能禦寒）好酒者頗多，飲不度量，往往醉於酒館，席地臥，口嗚嗚若念經，若醒人，見者無不笑之，內蒙人民通常之飲食若此，然地域廣大，物產不無異同，食料即因地而少殊，邊城北帶，逐見開墾，盛產穀類，故日常食料多用高粱米及雜糧，用乳類者較少，大嶺附近，羣山糾紛，不適農耕，殼類罕有，戈壁南帶，推沙起伏，（俗呼之曰沙坨子）間有水草，只可牧畜，故此地人民，多食獸肉，（牛羊爲多）食乳茶，至小麥粉乾餛飩，非王公高級喇嘛，鮮有用之者，茲述其乳品及其他主要食品之製法如左，

乳皮（奶皮子）榨取之乳，謂之生乳，飲之易致下痢，必入乳釜中，以火煎熬，沸二三次以上，則成爲熟乳，此時脂肪分凝集上浮成皮，是爲乳皮，乃乳中之精華，最爲貴重，款上等客多用之。

牛酪色清澈若水。製法先置牛乳於器中，及其腐敗，水分溶解，然後入金屬罐中，（多用鐵罐）以土泥封固其口，徐煎之，罐上有細管，管上一端垂下，入麄器中，（未完）

千古罕有之雙頭奇胎　（坤儀贈）

烟台海口之擋浪墻　寄萍攝

憶笑軒聯話（續）

陳嘯紅

曩者曾閱某書內載一聯係贈諸娼妓者語氣頗堪發噱今亟錄於此以博讀者一粲並實吾聯話句云『一世爲人只憑着兩條大腿』『半生衣祿全靠那一口小田』觀此聯真絕倒極矣但未免稍涉及淫褻耳

余有鄉友龍佐才者年雖已龍鍾曲背而却嗜色荷治遊於八埠之中渠平日曾自作挽聯一副曰『生想陽間多快樂』『誰知地府更逍遙』

可憐的他

狄志傑

他好似枯朽的木，
風雨無時不來摧殘他，
鴉雀無時不來踐踏他，
殘軀還要供樵夫的砍伐、
他如同汪洋中失舵的舟，
漫漾在濤濤的波浪裏的，
渺茫的前途充滿了恐懼，
希望中的燈塔何在？
他是個落伍者，
受盡人們的凌薄，
聽盡人們的嘲笑，
人生的樂趣他無從領略！

一七，一〇，七日，

汽車大王多財善賈

退公

美國汽車大王福德，現已允出資爲何牙利國修一碎石道路，自何京至蔡爾甸，計長一百二十基里，汽車大王平日商略縱橫，深沈縝密，右手有所與，左手必有所取，果然其交換條件，爲福德汽車輸入何牙利，當免一切稅捐，汽車大王又有與勃加利亞國訂立此種商約之說，蓋道路平坦如砥，汽車方可馳騁自如，汽車暢行，即汽車之銷路自然推廣，汽車大王商略之神妙如此，可稱多財善賈矣，

秦淩九君之女公子艾玲之影　志傑寄

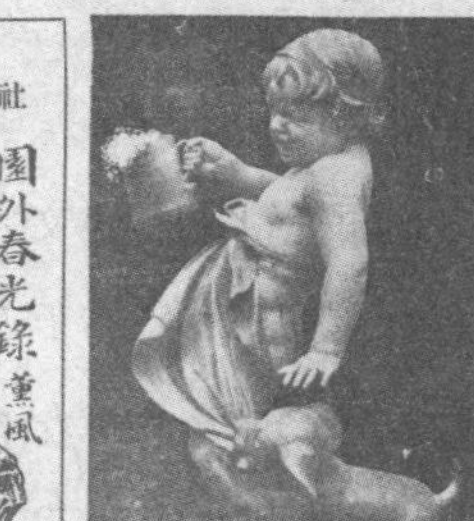

影刻　狄志傑贈

社會小說

園外春光錄（四）

薰風

珠蘭問周鴻道：『方才老頭子講書，你那裏寫的是什麼？』周鴻笑道：『我趁老頭子祇顧講書，却做了一篇很短的小說。明天交給報館，賺幾元稿費，請妹妹看電影。』珠蘭把嘴一披道：『想看電影，我自己會去。誰要你的錢？』周鴻笑道：『妹妹話不是這樣講法　錢是有得是，但不是費自己力量賺來的。我文字的代價，純粹用真本事換來的。拿來請你玩，正是表示我一片實意。』珠蘭微微一笑道：『你休要得意，難道你文字有代價，我們女子就一文錢賺不來麼？』周鴻道：『如此說來，妹妹一定也有稿費收入，可是我從來不見你做甚文。』珠蘭笑道：『你怎麼知道，前天有個私立小學開籌欵游藝會，請了我們學校跳舞社，做一齣全本月明之夜。我祇擔任指導指導，並未上台表演。上台演員祇有嫦娥和快樂之神，是我們中學學生。其餘那八個小孩子，是附屬小學的選手。焉知游藝會的招待不周，連化粧品都不齊全。我們老大不高興，當時要全體罷工。虧了那主席，奔過來，跑過去的勸解，我們才答應下來。演完了，却要他們每個演員開兩元車馬費。在我們因招待不般勤，藉此來給他們一回厲害，誰也不當真要敲他們竹槓。不意主席給我們嚇昏了，惟恐我們生氣，真個挖腰包，每人開發下兩元車錢。我接過兩塊錢，心裏又氣又笑，到今天也沒有花去，還放在書袋裏呢，我想這不和買賣一樣了麼，這般幹下去，太不好了。他們有的收了車錢，笑得口也不能合攏，還盼望再有幾回，才如晚。倘要看電影，明天是星期六，下午學校不上課，我做回東道，請你上真光好了。』周鴻呆了一呆，忽問道：『你們校中有跳舞社麼？』珠蘭道：『怎麼沒有呢？有十多位社員呢。』周鴻道：『那更妙極了！我們仁道大學一部分同學，組織了個藝術團體。（未完）

北平華美印刷公司承印

天津 商報北平分館啓事

图片方面有名闺名媛、电影明星、名人书画、人体美术、世界名胜、国内风光、雕刻、漫画等。但画报因将伶人视为登不得大雅之堂的下九流，“绝不刊载妓女照片和淫诲文字”，从第6期开始也不再刊载名伶照片，并将读者寄来的此类照片通过邮局全部退回。这在当年画报均以名伶作主打的时代，可谓独树一帜。

文字方面多侧重文学作品，小说、小品文、散文、诗歌占有画报的重要地位。每期都有江寄萍作品，如《残痕》《溜冰》《游春碎片》《失恋》《杂纂》《情书之一》《可怜的残花》等；有小品文《紫薇楼诗话》，李薰风的长篇社会小说《园外春光录》、陈啸虹的《忆笑轩联话》、俞诚之的《玉楼春语》《秦素珠》等；还有报道国内外各界奇闻逸事的“无线电话”“国内珍闻”“国外珍闻”“一周间各国有趣儿的新闻”等。

画报从图片到文字，妇女问题占据了较大篇幅，第8期“北平北海化妆溜冰会专刊”，第15期“女生特刊”，第18期“人体美特刊”，第21期“妇女专号”。画报还向女性读者广泛征求“我的情史”“我的婚史”“我的生活”等揭秘私生活的作品，并从第20期开始陆续刊登。因而，深得北平女界的广泛青睐。她们纷纷给画报投稿、寄送图片。为此，1929年4月，画报曾结集出版了《闺秀影辑》《人体美专集》两本画册，订阅全年画报者可获赠两册，订阅半年者可获其中之一。

让民众通过画报了解世界，是画报的一个主题内容。除登载国外雕刻、外国影星、各国代表性建筑外，《美国最近盛行之原始舞》《巴黎花絮录》《伦敦之塔影》《西人结婚的迷信》《风俗丛谈》等文章向国人传递了西方文化、西方文明的讯息。

画报第18期刊登的《某君的征婚小启及征婚条件》是一个名叫觉空的文人替一个丧妻两载的友人撰写的征婚广告，读来颇有电影《非诚勿扰》里葛优的调侃味道。

牝牡相配，本万物之自然；夫妇同居，实五洲之公例。而况旧京佳丽、密丝之裙屐诸多。新式潮流，曲线之形容毕集；逢场跳舞，艳称欧化明星；到处风流，妒煞阳台行雨。谁不恋美，我亦多情。每当蝶梦蘧蘧，追忆鼓盆之戚，鸳盟杳杳，久无举案之人。有此文王所以辗转之思，逸少所以有东床之愿也。某也，弦断两年，未逢嘉偶，客中只影，谁是知心？爰歌鸣鸟之诗，聊当求凰之曲。然而，温峤傲岸，当老奴实有未能；卓女风流，若私奔更难将就。诚以女权膨胀，妇德衰微。主自由则远陵野马，说平等则厌倒干纲。甚至裸体游行，赤条条而示众，随缘野合，白望望而之他，是直兽性人形，安可同牢共枕哉？然而，泉分清浊，草有薰莸，尽管英雌，岂无贞淑？荆钗裙布，伯鸾之望非奢；咏雪迎风，道韫之才更妙。抱大海捞针之愿，非捕风捉影之谈。如肯赏脸应征，请看下方条件。谨此告白，幸冀垂青。

征婚条件：1. 平素不穿素纱以引人；2. 不涂脂以饰池；3. 不作回头之浅笑；4. 不现斜视之妖形；5. 不识旅店、酒舍之会，确无桑间朴上之私；6. 不吟“月上柳梢头，人约黄昏后”之句；7. 向不研究张竞生博士所著之书；8. 从前绝不露曲线美、模特儿等怪状；9. 未染“入水能游，出水能舞”等恶习；10. 舞场、冰场之内未与异性相抱而取乐者。

这样的征婚启事，不是在找理想的侣伴，分明是在败坏时代新女性的形象，是在指责女性的不检点，是在挑战她们的忍耐极限。相信她们看了以后，定会送他一句话：“这男人，变态吧！”

提高人群艺术兴趣的《华北画刊》

1929年元旦，国民党中央直属党报《华北日报》在北平创刊，社址在王府井大街，李石曾任社长，安馥音、沈君默任总编辑，以政治、经济和党务要闻为主，附出《华北画刊》《现代国际》《边疆周刊》等专刊。

《华北画刊》于1929年1月13日创刊，大多随《华北日报》附赠，少数分销、零售。画刊以"提高艺术兴趣，增进人群美感为最高目的"，同时在国民党的指导下，以"阐扬党义，唤起民众，为唯一职志"。1930年3月1日至9日，《华北日报》因积极宣传南京国民政府"讨阎（锡山）"旨意，被地方军警严加检查，出现15处"天窗"。3月18日中原大战爆发后，随着阎锡山军队对《华北日报》的查封，《华北画刊》随即停刊，共出刊96期。

《华北画刊》属综合性画报，周刊，每周日出刊，8开本，4版，道林纸，铜版印刷，以艺术内容为主，时事政治为辅，"图画精美，材料丰富，趣味浓厚"。各个版面没有固定栏目和内容，艺术方面有绘画、书法、金石、雕塑、建筑、音乐、戏剧、诗歌、小说、小品文等的图文，体裁上既有白话也有文言，文字篇幅长短不一，图片大小错落有致。如齐白石的《菊》《农矿部长易寅村诗笺》、清杨西亭《风雨归牧图》《立法院长胡汉民书法》《书画家姚茫父为杜铸言篆联》等，并配发书画家小传；摄影作品有《美国白列维山公园》《归帆》《荷花》《天津马厂道竹桥》《古固关》等。时事类图文有《粤主席陈铭枢及将任航空署长张惠长由广州乘机来沪》《编配自治街区第一班人员在崇内大街工作时情景》《沪大雨两小时后英租界望平街积水三四寸，此片在时事新报馆门前》《上海兵工厂送旧迎新

第一版　華北畫刊　中華民國十八年六月九日

▲本刊每星期日出版▼
▲購華北日報者附送▼
▲單售每份大洋四分▼
▲半年二十六期一元▼
▲全年五十二期二元▼
▲外埠郵票每期半分▼

▲本刊中縫專登廣告▼
▲每英方寸三十二字▼
▲一期一寸收洋五角▼
▲十二期五元四角▼
▲二十六期十元四角▼
▲五十二期十八元二▼

（中華郵務局特准掛號認爲新聞紙類）◀第二十二期▶（社址北平王府井大街電話東局四九九）

華蓋樓古印舉（續）　于非厂

緙絲周文矩大禹治水圖

文矩南唐句容人，善丹青，仕爲待詔，儘畫冠服車器人物子女，本幅構圖尤富想像，有歷史畫價值。現藏故宮博物院古物館第十一陳列室

垂綸

法國學生夏日課餘生活之一般

心舟自法國棠達爾城寄贈

于非厂作畫治印

收件處北平阜內橫水車胡同六號本寓及公古齋淳菁閣倫池齋榮寶齋文古齋

眞眞照相館

本館在崇內大街路東專照古玩名人字畫美術攝影兼售各種照相材料最新法冲洗印晒放大縮小着色幻燈片定價從廉顧客諸君駕臨一試決不須言

閩縣林實馨藝例

文例

畫例

齊白石己巳年作畫刻印規例

上海图书馆藏书

第二版　　**華北畫刊**　　第二十二期

清楊西亭風雨歸牧圖　　賢山堂藏

楊晉字子鶴，號西亭，常熟人，善畫山水，兼工人物花卉，康熙中內廷供奉王石谷高足弟子。左圖爲賢山堂陳氏家藏。清金石家翁方綱跋云：西亭爲石谷弟子，尤長於畫牛，石谷每作畫，凡遇牛馬之類，皆倩西亭爲之……故翁氏題是圖有句云：天然石谷畫中來……

是，則吾所嘆唆於古鈢印者，在吾之一知半解中，差幸尚不爭於大錯而特錯。吾於中濟儕道習之深者。吾實不屈辨；獨至於吾儕青年，奉生此天不愛道，地不愛寶之今日，致使金石篤實，與夫古鈢印，徒爲好事者之秘閣古董，受派別之說所拘束，而不肯力取之；斯則吾所深致惋惜者也。

吾擬搜錄古鈢印，擇其菁英，以類相從，文何以來，各家所謂規秦摹漢者，亦次於各類之下，並附評說，詳其所自，用爲茶餘飯後，朋友消遣之資。當此印刷大興，鋅製各版，絲毫原形，俱面爲之，當易爲力，惜吾時與力之尚有待也。附於此，以當鼎展門之大嘅。

魏晉以後吉語印，漸趨突泛，南北朝時，其吉語始漸由「大利」「長年」……而漸及於新乞蔭秩，皆以上無有也。北魏南西朝，其所用印，有豪文，有其時通行之文，如「扶保高位」「日升喬遷」……諸文，但已由平民的，進而爲官僚與貴族矣。

怡簃詞話（六）　　翁麟聲

吾人填得一詞，姑無論是否能被諸管絃；即以詞文之起承轉合言之，果能盡如其度乎？文章之事，求精兼雜。文以彩飾，章以法度，無法度不得謂之章，無彩飾不得謂之文；大而言之：詩詞賦曲，無一不在文章之例，卽無一不有法度與彩飾，特其面目有別耳！以賦言：荀卿賦，開北賦之端；屈子離騷，肇南賦之音。按其所作，極自然，極流動，極參差，極曼衍。讀之一過，覺其氣如曲徑柳陰，隨人宛轉；小溪細流，傍堤而瀉；自然極矣。有曲無面精析之，則于錯落繽紛中，則有規矩法度在。是最難耳！殆後律賦風厲，仕林作者，趨以奉之。則於整齊之句法，工麗之詞意中，復雜之以某段起，某段轉，更某段展而拓，某段合而蓄，審審然嚴駢于肆也。惟其章法雖完，而詞句必板，此今賦不如古賦之耐人咏也。推之於詩，何莫不然。予嘗謂詞出於樂府，樂府者，古詩之宗也。故詩與詞，詞與樂府，名異而實則一。善倚聲者，咸知一詞拍出，依韵腳與字句之轉移，而分起承轉合以及開拓煞尾補餘等境之變化。此種不期然而必然之化境，卽所謂法度者也。然則詞之法度，果何所例？姜白石詩說云：「載始末曰引。體如行書曰行。放情曰歌。悲如蛩螿曰吟。通乎俚俗曰謠。委曲盡情曰曲」。此古詩中之有別也。若夫詞，則始末亦載，放情亦抒，委曲亦盡，其爲物，超蹤上者耳！求其法度之所在，則因所持情緒之不同，而所抒之情感亦各異。苟以古人所傳之名作爲法，細研殫極精，亦徒見其誠樸移人，語澀可近，味之有法度在，讀之有法度在，柏以歌之，倚以聲之，亦有法度在，究其法度如何？機抒如何？反不得言矣！欲救此短，惟宜多讀古詩，取其法度，施以詞飾，佐以聲音，齊以節奏，斯純粹也。古詩十九首，如天衣無縫，神化攸同，已不可學。陶徵士之作，自寫胸臆，純任真率，爲千古一人，亦不易學。六朝則二謝鮑照何遜，唐人則岑參曲江韋蘇州數家，最可宗法。抑有進者，詞之法度氣韻，多以韻行，故用韻亦一重要關鍵，大抵通篇平韻者，貴飛揚。通篇仄韻者，貴矯健。而其一承一轉，尤以韻腳爲轉移。如虞美人之「春花秋月何時了，往事知多少？小樓昨夜又東風，故國不堪回首月明中！雕闌玉砌應猶在，只是朱顏改。問君能有幾多愁？恰似一江春水向東流！」此詞「東風」句爲一轉，「猶在」韻爲一承，「多愁」韻爲一轉，「東流」韻爲一結，合篇行氣之宛轉，法度之整齊，無一處不以韻腳出之也。又如菩薩蠻云：「平林漠漠煙如織，寒山一帶傷心碧、

【下文接第四版】

油畫　　日本木下義謙作

美國白維列山公園之一隅　　賈心哲君攝贈

白維列山公園，爲荷來塢 Hollywood 名星聚居之地，去荷來塢十餘英里，兩年前不過一荒地，今則金碧輝煌，風景都麗，建設完備，爲山上平原別開生面。新大陸銀幕名星，點綴風景，游覽至此者咸稱羨之。

徵求文字影片

本畫刊以提高藝術興趣，增進人羣美感爲最高目的。同時在黨的指導之下，以闡揚黨義，喚起民衆。爲唯一職志。凡有關黨的偉大歷史的描繪。或革命過程中及現在各方面含有重大意義之各種攝影或紀錄。本刊皆格外歡迎。關於藝術方面：如繪畫雕塑建築圖案之各種攝影或文字。音樂戲劇　詩歌小說之各種有系統的著作或小品。無論體裁新舊（白話或文言篇幅長短大小大幅圖畫或照片）皆在徵求之列。如藝術方面，有非當代或本國作品。請於每幅影片後。畧叙作家事畧。或名勝風景照片地名及名勝建築年代。尤所歡迎。文字方面：如係譯述。請將原著書名。及出版書局地址。附帶註明。以便攷查。投稿或介紹照片信件。均請蓋本人圖章。及詳細地址。無論文字或照片。一經登載。皆致薄酬於每月終結算一次。如以本刊爲報酬者官投稿刊佈日起分期致送。一切來稿如不合用。恕不作覆。附有郵票者不在此例。其他未盡事項。請隨時用書面或直接與本刊編輯室接洽。電話東局二八四。

图》《平汉铁路局庆祝双十节大会》《国立北平图书馆展览会闭幕式全体职员合影》等，第22期更为“总理奉安大典专载”，以图文的形式报道了追悼、安葬孙中山先生的全过程。

画刊中缝多刊登于非厂、齐白石、林宝馨等著名书画家的文例、画例，也是研究中国近代书画家的史料之一。如齐白石己巳年

（1929年）作画刻印规例：

大费洋红之画随价每元加收一角，用汪六吉料，半纸、厚纸不画。近有定画不带纸来者，纸价另行注加：二尺条幅每幅6元，以四方一尺为度，宽者注加；三尺9元，四尺12元，五尺16元，六尺20元，中堂幅加倍。扇面大者6元，中者4元，小者不画；如有先字已写好者，画墨浸透至污不赔偿。册页六寸以内4元，一尺以内6元；山水、人物、工细、昆虫均加二倍；指名画图，无论属何故不画。刻印每字2元，字以三分大为度，字小不刻，字大酌加；晶属、玉属、牙属不刻；一石只刻一字者加倍。润金先收，随价加一。

画报在头版和二版曾长期连载于非厂的《华萼楼古印举》。于非厂（1889—1959）出生于北京，并长期居住北京，早年在家读私塾，后成为清末贡生，民国时期曾任教于私立师范学校、私立华北美术系等学校，兼任古物陈列所附设国画研究馆导师，擅长绘画、治印、书法，绘画以工笔花鸟闻名于世，在20世纪40年代曾与张大千不相上下。《华萼楼古印举》不但列举了中国古印的各个类别，而且还记述了它的产生、衍变、盛行、衰微的过程，更有作者对各个时期古印特点、优劣的点评。文词高雅，内容翔实，是研究中国古印史的珍贵史料，也是研究古印家于非厂的必读文章。

培养在艺术上崭露头角的新人是《华北画刊》的勇气和胆识，翁偶虹、孙之俊的早期作品都曾在《华北画刊》上刊载，可以说他们的艺术生涯是从《华北画刊》开始的。翁偶虹（1908—1993），家学渊源深厚，攻读经史，深通音韵，自幼喜爱京戏，少年学戏，不时粉墨登场，29岁时编剧的《锁麟囊》，经程砚秋演成经典久享盛名，一直流传至今。他曾为李少春、袁世海、李玉茹、王金璐、宋

第二十二期　華北畫刊　第四版

北平各界總理安葬紀念大會將開前之主席台下　鄧孤鴻攝

北平各界總理安葬紀念大會熱烈參加之羣衆　鄧孤鴻攝

華北運動女會員準備比賽時影

徐蕙游攝

第十四屆華北運動會正會長張學良偕其夫人于鳳至女士（即該會副會長）入場參觀時留影　徐蕙游攝

東北健兒五千米決賽獲勝者　李致禹攝寄

于非厂作畫治印　收件處北平阜內橫水車胡同六號本寓及松古齋淳菁閣倫池齋榮寶齋文古齋

眞眞照相館

齊白石己巳年作畫刻印規例

德珠等艺术家编写100余个剧本，是中国京剧界著名的剧作家。而他在《华北画刊》连载的《怡簃词话》，不仅是研究中国古典诗词及著名词人的重要文献，更让读者领略到他在研究中国古典诗词方面的较深造诣。

20世纪40年代，国画界曾有“南叶北孙”之说，南叶指上海的叶浅予，北孙则是北京的孙之俊。孙之俊（1907—1966），河北藁城市东四公村人，1927年毕业于直隶省立第七中学，1930年毕业于北平国立艺术专科学校西画系，在校期间参加北平漫画社和中西画会吼虹社，开始发表作品。他是中国现代漫画和连环画的先驱之一，现存漫画、连环画作品4000余幅。他的漫画涉及范围甚广，针砭时弊，态度鲜明，造型生动，线条流畅，是研究近现代漫画史的重要资料。1929年1月13日的《华北画刊》上的漫画《饭碗问题》，是孙之俊早期关心国计民生的作品。在军阀混战的年代，民不聊生，流离失所，是社会常见的现象。尤其青年学生，毕业即失业，有多少人在为饭碗问题发愁啊！孙之俊以独特的构思，简洁的笔法，深刻的寓意，将这个问题反映得尖锐而明确。而在《华北画报》四版上连载30余期的《冬烘先生》，是孙之俊早期的重要漫画作品，共计128幅，对腐儒冬烘先生种种保守思想和做法进行了尖锐的讽刺和抨击。

《春明画报》里的北京掌故

1929年4月3日，北平《成报》创办了星期画刊《春明画报》，由《成报》负责编辑出版，随《成报》附送，北平及外埠也设分销处零售。画报仅有近一年的刊龄，于1930年3月30日停刊，共出刊21期。尽管刊期不长，但其开设的“春明社会”专栏和傅芸子撰写的《北京戏园写真》《春明杂记》等系列文章，记述了老北京的市井文化，是研究清末民初的北京民俗掌故、风土人情、街巷变迁、人物景色等的珍贵文献。

《春明画报》属综合性刊物，周刊，逢星期日出版，8开本，4版，铜版单色印刷。以记载“老北京习俗风尚、市井坊巷、民生日用”为主要内容，极具地方特色。“春明”是北京的代称，典出唐朝都城长安东面正中的城门“春明门”，后多用“春明”代替帝都。取名《春明画报》也就明确了画报的地域性和主要内容。

画报的4个版面各有侧重，头版报头下刊登一幅人物肖像，以名媛闺秀、电影明星、学校高才生、交际花为主，连续刊载凌霄、一士兄弟的随笔和李小石所著的《中国艺术家征略》。二、三两版以文化古迹、风俗掌故、山川名胜、金石书画为主，刊发了樊樊山、黄秋岳的手迹，梅兰芳的明信片，陈师曾、陈半丁、王梦白、齐白石等名家的绘画作品，还有新文学作家田汉与夫人黄大琳的合影、

本報價目

天津王女士近影

記劉師培（續）

近讀況蕙風首都某名流論，謂涉及劉光漢所以由革命少年而變爲端方幕客又助袁稱帝之故，由於家累太重，覽之慨然，案劉氏初名師培中壬寅江南鄉榜。本學業中人，惟涉獵頗富，所爲文多平留無異采而歸於典實，後與鄧實章炳麟黃節田北湖等主撰國粹學報於上海署名光漢多敘宋明亡國遺恨由種族上歷史上挑動國人對於愛辛之惡感，並不攻擊當時之政治，而所以衝激感情之潛力甚大，端方患之，且欽其博學，乃以厚幣延爲講客，劉之歷史的革命工作於焉中止，辛亥民軍既克江南，章炳麟特電營救，援姚廣孝救方孝孺語調護書稱子將絕，劉卒無恙，後又北上附袁，爲聯邦烈號，共和解等文皆希旨之作，友人阿嚴曾作打油詩嘲之曰「家家革命劉光漢，又上條陳請改元」袁氏既殺，益無聊賴，末路自是可悲，綜其一生似誤於書本，又困於經濟之壓迫，敗行失檢之處骨頭而易見，視雄奸大猾陰謀不測之政客，猶可末減矣。

其壬寅之榜中第十三名，首場題有「元初遣速不台拔都等西征，其兵力之盛直至斡羅斯以西論」劉文長至千六百言，取材本大多取材於元史，中有一節行以排偶云，「當蒙古西征之時，正十字軍遠征之後，羅馬宗教從此衰微，猶太故基，儕於異域，希臘之內亂未弭，拉丁則王國無存。人民希苦役之餘，國運值戰爭之後，故蒙古乘其隙，鈞以張兵力於西方，是曰金帳，且當此之時歐東小國棊布星羅，處黑海之北者爲撤吉剌，處黑海以東者爲端可薩斯，處額濟勒河之旁者爲不可阿耳。處裏海之西南者爲兗歹的，乇歹的與欽察康里之勢，若輔車之相依，蒙古知其然也。或餌之以利或迫之以威，使小蠻請邦，奪其居國，是爲招撫」云：主試者蘇鴻慈黃均隆皆器其以駢文論時勢，劉故選學派，四六句搖筆即來，然此等處固非其經意之作也，國粹學報所列諸文則獅子用全力矣。

劉爲揚州儀徵人，本其鄉先達阮元之說，力主非偶語韻語不爲文，博引劉勰雕龍及六朝文家之說欲立儀徵派以與桐城抗。自頃數年新文學興，乃以選學妖孽與桐城謬種並見譏於語體文之巨子矣。

中國藝術家徵略（十七）

贛州李小石先生著　衡水孫鈍錄

摘川朱氏，其先本新安人，宋世遷松郡，有名鶴者，始分居於嘉，鶴字松鄰，通古篆，善刻印章，兼精雕鏤，不守之習，作山水人物樓閣鳥獸，罔不因勢象形，由人意表，稱良工者見之，咸謂非所幾及也，鶴性孤潔，與俗寡合，其製作當時已不易得，今所傳松鄰篆者，猶其手澤，好古家寶之。子名纓字清父，能世其業，深得巧思，務求精詣，故其技益臻妙絕，人咸呼爲小松，仿佛吳道子筆意刻畫佛像念珠一串，其刀法細若蚊睫，無不須眉欲動，各具情態，所製筆筒器皿，爲世珍異，然性孤方，言動以禮，羽冠時求其藝，復於宮中，招之入，面緘其戶，纓卒不爲動，人以是重之，性嗜酒，中年後輒入醉鄉，有所造作，須半入酒家，子名稚征，字三松，亦精其技，然不輕作，偶製一器，動經旬年，或迫之，則曰我豈作利者，奈何類庸夫諸市入間耶，入酒小松亦而名掩松鄰，三松出而名掩小松，其實松鄰之名，晚年始噪，至小松而盛，三松則襲其餘耳，今嘉邑竹刻之名獨盛者，云得朱氏之傳也。（對山書屋筆談錄）

於按初月樓聞見錄亦有朱鶴小傳，既以爲國朝人，又誤嘉定爲吳縣，松鄰爲鶴，故不錄。

雕鏤竹器，始於朱小松，製作精巧絕倫，爲世所珍，後之能其技者，實繁有徒，然前人刀法，傳久漸失，今市中所鬻筆筒臂閣竹杯等之類，不過作器玩，以規一時之利，不足貴也。（嘉定縣志）

嘉定竹人錄（金元鈺堅齋著）

明

朱鶴　鶴字子鳴，號松鄰，世本新安，自宋建炎徙於華亭，又六世而東徙，遂爲嘉邑（稍嘉定）人，雲間陸孫潛云詳風流，高朋滿座，興無松鄰子不樂也，工韻語，愛玩鐘鼎彝之技，所製積藏，世人寶之，幾於法物，得其器者，不以器名，直名之曰朱松鄰云，爲人孤介絕俗，長洲祝希哲作松鄰子歌贈之，稱其操重。　鈺案劉竹縱自松鄰子，自前明至今二百八十餘年，流傳不廢，前人製度渾朴，今則漸趨新奇，失古意矣，嘗藏山人手製竹銀荷，高猶古朴，斷非近今作手所能夢見也。

朱纓　纓字清父，號小松，鶴子，與諸視鑑，說古神博，工小篆，及行草，畫尤長於氣韻，仿王摩詰諸名家畫格，紆曲盤折，遠超化工，刻竹木爲古仙佛像，鑑者比於吳道子所繪，性嗜酒，故得酒家能致得之，他求者弗即應也，沒後，里子柔先生爲之作傳。

朱稚征　稚征號三松，小松仲子，稚美之弟，細父兄弟三世，以高尚稱。松鄰子又以刻竹名家，至三松而技藝妙，三松性簡，蒼竹過山，俊石，叢竹枯木，尤其擅絕，其運刀，刀不苟下，興到始爲之，見有惰慢，則任其移去勿惜，意所不屬，貲以多金，弗顧也，所刻筆筒及人物秘閣，或製或續翰之類，當時即已寶貴，今日則更不啻五瓊矣。

朱氏擅名竹刻，蓋猶新自有別也，當日嘉定一派三竹以此，大抵花鳥規摹徐熙，寫意人物山水花鳥夏之畫，蓋猶以南宗爲正法，刻竹則多參用北宗。蓋以刀代筆，惟蒼老朴茂，悠悠後生一派，最具神韻也。

瀟鐙談往（續）

包儀莊閑河日記云：阿井周圍有[illegible]，隸東阿，故東阿有貢膠役。[illegible]山東有二寶，東阿驢膠，陽穀虎皮。虎皮今藏陽穀庫，相傳爲武松打死于景陽岡者。景陽岡在阿城東南二十五里。土人又言，明初有陽穀知縣武姓者，其貧甚，有二妻，一潘一金。門有蜿大戶，尤被其[illegible]，呼之爲武皮匠，言[illegible]呼爲買餅大郎，言[illegible]過來利也。據此作者不爲无本。耐庵爲元人，明初，可備一說。

林寶箴畫箑　何稿樵贈刊

孟錫三君與張英瓊女士結婚儷影　吉游俠君贈

北平女青年會俱樂部之接待室

袁珏生雪中西山游記（續）

山跌一寺曰靈光，燬於庚子之變，近爲忠敏公（端方）昇樹舍五楹，顏曰歸來庵，余等逢憩於此，寺僧出迎，色然驚訝，亟爇榾柮煮棗，[illegible]寒棗風味，逈然別饒清冷之趣。森齋懷秦西酒一瓶，出以饗客，寒威少歛，飯後奇興勃發，各解長裘，或著半臂，或披短後衣，嚴束輕裝，愈形矯捷。於時朔風翦雪，大片如掌，紛紛而下，積至七八寸許，陰嚴深窄，漫漫一白，不辨夷山，路爲雪所淳，石級都隱，[illegible]作凸凹之形，始悟[illegible]子[illegible]「千山鳥飛絕，萬徑人蹤滅」之句，非親歷者不能道也。[illegible]鐘聲，出自上方，[illegible]見三下石相離立，知已至三山庵矣。庵門深閉，叩良久，僧始出，以爲益四人者，乃空谷足音也。僧房寂靜，爨火無溫，[illegible]片時，復努力沿線而上。同人皆柱杖探雪之深淺，路之有無，惴惴然始敢踏足，躑躅亂山深處，峭石壁立，叢柯蔽天，景至逸寂，驀見精藍一角，掩映於山麓者大悲寺也。僧故愛竹，復得佳種，竹幹黃潤如玉，[illegible]

藝術攝影　樹影

春郊外之風凌波全景

馬宇瀛贈刊

上圖爲山西汾州東關外舊救寺[illegible]塔，係明代[illegible]

[illegible]

臺灣人之水上生活（參觀下說明）（江翊雲君贈刊）

碎玉．趨其力之所聚，仰視噴泉庵，高枕巖實．蒼松雲頂，是晨時白，陰森僻人．隨山數轉，到寺門，僧人城未歸，童子肅客入．余徑登臥游閣，古松蟠拏．蔭覆數畝，松針承雪，微風撼之，隨瀉聲護覆而下．院中鑿一方，池泉曲折潤入，聲冷讙，如帶斷冰，琤琮不絕，最為幽勝．復循平東廊，還檻遠眺，晴霽時，都城隱約可辨．今則花花粉素，浩無津涯，玉塵亂飛，銀海生鄉．已而暝色漸近，匆匆下山，余稍短視，雪深路滑，左右手各持一杖，且探且柱，中途誤循秘魔巖之捷路過一橋．憶非所來徑，復折回故道．久之，乃至光寺，精力已疲，額汗涔涔下，飛雪沃之，薄物如釜上氣．蓋晨上山時，恐蹈沒脛之苦，著硬靴之．比下山，靴底如桶底脫，踵趾皆露，中間綴屬者，僅寸許耳，細視大半為雪融．汽車入城，市燈已上，同登酒樓買醉，藉酬鄉者踏雪之勞也．

日本東京之中央車站全景（天鷗白寄）

春明雜記（十七）

耆子

高粱河，在西直門外半里許，為玉河下游，玉泉山諸水注焉．高粱閘建於元至元二十九年，上覆石橋，曰高粱橋．水激而清，自此以上，即為長河也．遼時耶律沙與宋兵戰於高粱河即此．

高粱橋一帶，楊柳夾道，河流縹碧，明人清明踏青，多在此地．觀明劉侗、帝京景物略所記：「⋯夾岸高柳，絲垂到水．綠郵紺宇，酒旗亭臺，廣畝小池，蔭爽交匝，歲清明日，都人前往踏青，輿者，騎者，步者，遊人以萬計．浴佛日，重午，遊亦如之．」可見當日遊覽之盛．至清初則風俗一變，高粱橋春遊，已成過去時代．王漁洋有小憩高粱橋詩云：「昔日高粱道，綺羅春上橋．依然煙柳渚；不見探蘭人．新水生魚樹；輕絲漾蜻蜓．不妨成漫興，青草正如茵．」蓋是風景猶是，已無明時之熱鬧矣．厥後清帝於倚虹堂建船塢，帝后於此登舟，始形熱鬧．沿河高樓多茶肆，昔年之著名者，有荷花深處，四合軒，荷香塢，稻香館等處．夏日遊人多有至者，然無復踏青之俗．今倚虹堂久已坍傾，高粱橋更蕭條不堪回首矣．

鄭玉青（疑紫教父）

北平女青年會兒童賽美會獲得獎品之兒童

臺灣之日月潭

谷崎潤君之公子與女公子

江翊雲君攝贈

日月潭在臺中州萬山之中，化蕃棲居之處也．台灣原為生蕃所據，鄭氏人及我國經營，漸退至山中居住．生蕃現存種族七，其歸順化者，日人稱之曰化蕃．此族移居日月潭畔，在百五十年以前．相傳之神話，謂昔有滿羅大埔之生蕃四十餘人，偶大獵中山，追一白鹿，西至水社大山，而鹿失蹤．彷徨山中者三日，發見此潭，在茲．詳志其地形，歸報酋長，以為天賜之樂園．刳木為舟，得登彼岸，遂歷居於山麓焉．化蕃中亦有以筏為家者．（見上圖）菜蔬之圃，亦在筏中．雞犬之聲，時聞水面，身臨其境者，有世外之感焉．潭上交通，土人現仍用獨木所刳之舟也．（圖見下期本刊）

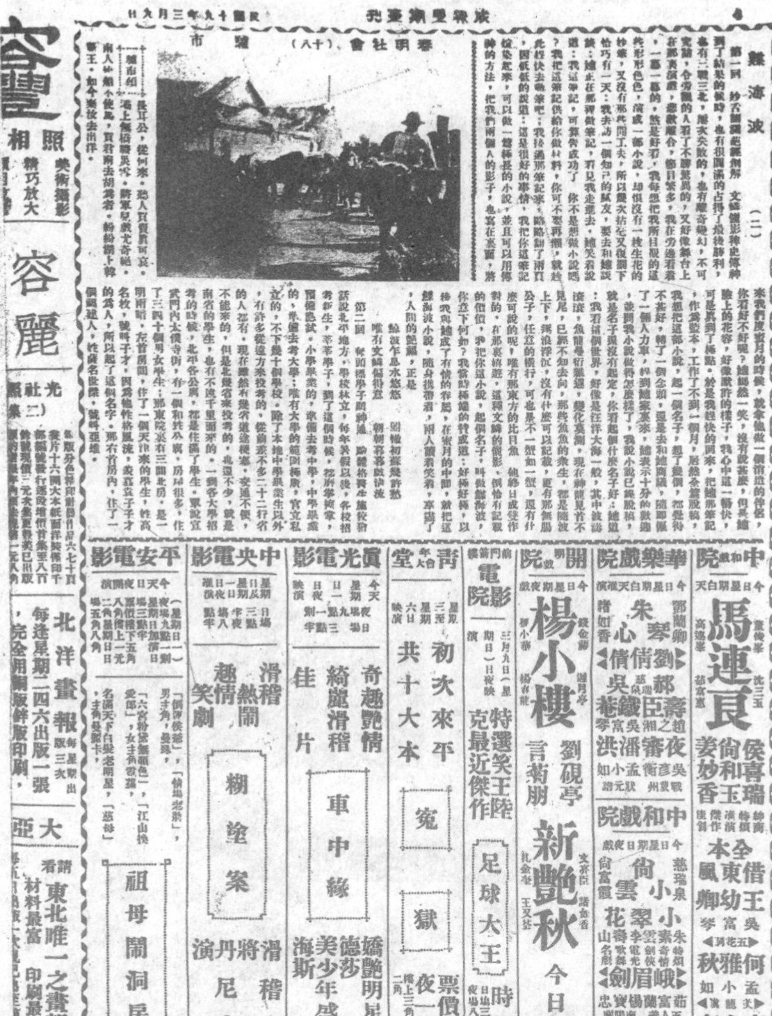

民國十九年三月九日

鯨海波 （二）

第一回 紗帘圍攏起羅帷解 文鋒 儷影神史傳神

到了結果的時候，也有很圓滿的占得了最後勝利，或有三戰三北，屢次失敗的，也有離奇變幻，不可究詰，令旁觀的人看了不勝驚異的，又好像舞台上在那裏演戲，悲歡離合，節目繁多，我在旁邊看着，一幕一幕的，煞是好看，我每想把我所目覩的這些形形色色，演成一部小說，却恨沒有一枝生花的妙筆，又沒有那些閒工夫，所以幾次拈毫又復擱下，恰巧有一天，我去訪一個知己的賦友，要去和她談談：她正在那裡做筆記，看見我走進去，她笑着說道：我這筆記，可算快成功了 你不是想做小說嗎？我把這筆記供給你做材料，你可不要再擱，就趁此趕快去動筆吧：我接過那筆記來，略略翻了兩頁，因低低的說道：這是很好的事情，我把你這筆記做染起來，可以做一篇極長的小說，並且可以用傳神的方法，把我們兩個人的影子，也寫在裏面，將……

春明社會（十八）、驢市

驢市句

長耳公，從何來。賤人買貴貴可哀。……

容麗照相 美術攝影 精巧放大

容麗 光社照集（二）

北洋畫報 每星期出版三次

中和戲院 今日星期日夜戲 馬連良 侯喜瑞 尚和玉 姜妙香 全本借東風 王幼卿 吳富琴 五花洞 何雅秋 孟小如 美人龍 李多奎

華樂戲院 今日星期日白天夜戲 郭仲衡 朱琴心 劉倩倩 吳彥衡 郝壽臣 鐵鏡公主 趙湘之 吳富琴 夜審潘洪 孟小如

中和戲院 今日星期日夜戲 慈瑞泉 尚小雲 小翠花 朱素雲 李寶櫆 峨眉劍

開明戲院 楊小樓 劉硯亭 言菊朋 新艷秋 今日休息

真光電影院 特選笑王陸克最近傑作 足球大王 時間 日場三點 夜場八點一

青年會大堂 初次來平 共十大本 冤獄 票價日夜一律 樓上三角 樓下二角

眞光電影 奇趣艷情 綺麗滑稽 佳片 車中緣 嬌艷明星溫德莎 美少年盛廉 海斯

中央電影 滑稽熱鬧 趣情笑劇 糊塗案 滑稽上將丹尼主演

平安電影 祖母鬧洞房

請看東北唯一之畫報 大亞

与《苏州夜话》主角唐叔明女士的合影。第四版为纯文字版，小说连载和广告各占一半，连载觉厂的《红姑娘的日记》和蛩庐的《蝶海波》等；广告则是各大戏园上演的戏目，对研究中国戏剧史具有一定的参考价值。

《春明画报》的“春明社会”专栏，每期刊登一幅反映市井生活的照片，照片下附以短文予以说明。其中有《耍花缸》《傀儡戏》《驮煤驼》《钉掌》《驴市》《卖佛花》《唱话匣子的》等。如《书春》是旧时常见的一种风习，过去每年到了岁末，首先出现在街头的年景，便是书春摊，俗称“对子摊”。它大都在商号、铺面的前面，寻一块不妨碍交通的地点，用红纸写上“书春”。书春摊上设个小供桌，供桌上铺着红毡，摆放着笔架、笔筒、小铁铛、小樟木箱等器物。笔筒内备有大小毛笔若干，小铁铛用来盛墨汁，下面还有个小火炉儿，烧两块小炭，免得墨汁结冰。樟木箱则用来存纸及放写好的春联。春联的内容无外乎是些“出门见喜”“日进斗金”等吉祥语言。旧京文人张醉丐曾专门写过一首咏春联摊的打油诗，诗曰：“招贴街头翰墨缘，红笺写得好春联。文人到底闲情甚，借纸学书不出钱。”诗写得风趣，也很口语化。随着社会的变迁，往昔这种妇孺皆知的景致，今天见不到了。“春明社会”还刊发了一些下层百姓生活的照片，如《瓦匠》《卖炭者》《卖烧饼麻花》《电灯匠》《人力车》等，为记录下层百姓生活提供了形象的资料。

画报曾连载傅芸子《北京戏园写真》和《春明杂记》，图文并茂地记述了北京戏园的沿革衍变，北京民俗掌故，文献价值很高。傅芸子（1902—1948），满族，北京人，原名宝坤，字韫之，别号餐英、竹醉生，戏曲理论家傅惜华之兄。自幼酷爱国学，早年在燕京华文学校图书馆任职，又为《京报》记者，曾主编《北京画报》和《国剧画报》，并与梅兰芳、余叔岩、齐如山等发起成立“北平国剧学会”，作品散见于天津《国闻周报》《益世报》和在北京出版的日文汉学杂志《文字同盟》等。1932年赴日任京都帝国大学东方文化研究所讲师，主讲中国语言文学，在此期间，考察日本皇家宝库正仓院，遍访公私各家藏书，撰就代表作《正仓院考古记》和《白川集》，并为日本中国文学研究会会员。他博识旧京名物掌故，喜治京师历史方舆之学，对于京师近代以来的风土人情、街巷变迁、人物景色稔熟，或叙一事，或述一人，或状一物，皆能如数家珍，涉笔成趣。文章短小精悍，文笔流畅，与史书相比，增加了活泼生动的元素。如《春明杂记·十一》一文，曾被称为“民国时期最好的掌故记述之一”：

北平朔风甚厉，寒冻之后，水泽腹坚，于是护城河、什刹海等处，皆有冰床。冰床俗呼为拖床，即今之凌床也。（江邻几杂志：雄霸沿边塘泊，冬月载蒲苇，悉用凌床。又沈存中笔谈：信安沧京之间，挽车者衣苇裤，冬月作小床，冰上拽制，谓之凌床。）今制形亦如床，长约五尺，宽约三尺，底有铁条，取其滑而利行。一人拖之，其行甚速，每雪晴日暖之际，如行玉壶中，洵岁寒中之一快事也。倚晴阁杂抄云：“明时积水潭曾有好事者，联十余床，携榼篮酒具，铺氍毹其上，轰饮冰凌中。”豪情快举，致足乐也。惜此风不传，令人向往系之。清时西苑门内，亦有冰床，盖为王大臣设也。床甚华美，上有盖如车篷，可避风雪。驶行太液池中，不啻置身小瀛州也。读乾隆腊月坐拖床渡太液池志兴诗云：“破腊风光日之新，曲池凝玉净无尘。不知待渡霜华冷，暖坐冰床过玉津。”可见此种冰床之风趣也。近年三海开放为公园，每届冬令，亦有人在太液池设冰床载客，虽无往昔之设备，然坐床驶行，足乐也。

《故宫周刊》记录珍妃之死

1924年冯玉祥发动“北京政变”，将末代皇帝溥仪逐出紫禁城，组织摄政内阁，修订《清室优待条例》，同时成立了“办理清室善后委员会”，负责清理清室公、私财产及处理一切善后事宜。同年国立北平故宫博物院宣告成立，昔日供一人独享的秘殿宝笈，正式向民众开放。为了传承中国悠久的历史文化，让这些稀世珍宝传播更加广泛，在院长易培基的倡导下，故宫的工作人员开始拓印古器、影印字画，并出版了专刊《故宫月刊》。但由于博物院经费奇绌，不能连续支付印刷精美的《故宫月刊》的高昂出版费。借1929年10月10日故宫博物院成立四周年之机，《故宫周刊》问世了。

《故宫周刊》由故宫博物院编辑出版，首任主编吴景洲。刊名初由易培基题写，沿用至1933年因易培基被控“故宫盗宝案”辞职后，自第351期至第475期，刊名是集《史晨碑》而成，从第476期至终刊，刊名乃集元文史殿记。画刊初由北平商务印书馆印刷厂——京华印书馆印刷，后来故宫博物院从德国买来了印刷设备，开办故宫印刷所，画刊遂收回自印。1936年4月25日，连续出刊至第510期停刊。同年5月1日改出《故宫旬刊》，至1937年3月11日出刊至第32期后终刊。

院长易培基在创刊号上撰写的《故宫周刊弁言》明确该刊的办

刊宗旨："……周刊者，取资既微，流传自易，一方以故宫所藏，不分门类，不限体例，陆续选登，以飨国人；一方以故宫工程建筑以及本院先后设施、计划工作情形，公诸有众，期以唤起全国人士之艺术观念，又使讲艺术者多得古人名迹奇制，以资观摹，俾恢复吾国固有之文明而发扬广大之，则庶乎温故而知新，不致数典而忘祖矣。是此一周刊之微，他日者或将谓为吾国文艺复兴之权舆，亦奚不可，斯又岂独本院及本刊之幸哉？"

《故宫周刊》属艺术类刊物，周刊，逢周六出刊（但时有脱期），8开本，4版，道林纸，米色铜版纸铜版精印，图文并重。图片部分以介绍院藏文物为主，包括周朝的青铜器，隋、唐、五代、宋、元、明、清的碑帖、印壁、书法、绘画、瓷器、玉器、织绣、工艺品，以及帝后画像、名臣画像、戏剧行头道具、铜印、故宫建筑、匾额等；文字部分有专著、考据、史料、笔记、校勘、目录、剧本等。改为《故宫旬刊》后，只是出刊时间延长至一旬，从形式到内容到风格均没有显著变化。

全面、系统地报道故宫馆藏是《故宫周刊》的最大特色，因而深得世界文博界重视，也为收藏界所青睐，且有较高的文献资料价值。而画刊中大量珍贵的历史照片，更是中国古代史、近代史研究不可多得的珍贵史料。尤其是在新中国成立前，北平故宫的不少藏品流入国外和台湾，且大多为精品，今天入藏在台湾故宫博物院的宋李公麟的《兔胄图》、陈居中的《文姬归汉图》、仇英的《汉宫春晓》、王羲之的《快雪时晴》等，《故宫周刊》都有详细记载和评论。因此，《故宫周刊》以其突出的文献性、艺术性，成为研究故宫藏品的唯一可靠资料，弥足珍贵。

画刊还曾出版《故宫周刊二周年双十号增刊》《故宫博物院五周季及本刊周年纪念》《恽王合璧》《宋四家真迹》《明陆治蔡羽书画合璧》《唐徐浩书朱巨川告身》等六种新年增刊。

宋緙絲朱熹行書

朱熹、字元晦、一字仲晦、登紹興進士第、歷事高孝光寧四朝、累官轉運副使、煥章閣待制、秘閣修撰、終寶文閣待制、慶元中致仕旋卒、嘉泰初諡文、寶慶中贈太師、追封信國公、改徽國、原籍婺源、婺源於梁陳時爲新安郡、故署款多稱新安、居崇安時勝處事曰紫陽書堂、故稱紫陽、又雲谷老人、晦翁、滄洲病叟、遯翁、均其別署也、考亭爲講學之所、故人稱考亭學派、著述甚多、爲有宋一代大儒、

元柯九思秋林曉色

柯九思、字敬仲、號丹邱生、台州人、文宗置奎章閣、特授學士院鑒書博士、山水筆墨蒼秀、邱壑不凡、墨竹師文同、亦善墨花枯木、凡內府所藏法書名畫、咸命鑑定、又善鑑識金石、博學能詩文、善書、皇慶壬子生、至正乙巳卒、年五十有四、

明文徵明松下橫琴

文徵明、初名璧、以字行、更字徵仲、號衡山、長洲人、信國公裔、以貢薦試吏部、授翰林院待詔、舉鄉飲大賓、山水遠學郭熙、近學松雪、而得意之筆、往往以工緻勝、至其氣韻神采、獨步一時、又善寫花鳥竹果、楷書師二王、古隸師鍾太傅、詩得中晚唐格外趣、父林、爲溫州郡守卒、吏民醵千金爲賻、徵明時年十六、悉却之、吏民修故却金亭、以配前守胡文淵而記其事、爲人和而介、寧王宸濠慕其名、貽書聘之、辭病不赴、正德末、入仕待詔、侍經筵、歲時頒賜、與諸詞臣齒、後乞歸致仕、四方乞文詩書畫者、接踵於道、惟富貴人不易得片楮、尤不肯與王府及中貴人、曰此法所禁也、周徽諸王以大寶玩爲贈、不啓封而還之、外國使者過吳門、望里瞻拜、以不獲見爲恨、文筆徧天下、成化庚寅生、嘉靖己未卒、年九十、贈南京國子監博士、私諡貞獻先生、著甫田集、

明惲格山水

惲格、字壽平、以字行、又字正叔、號南田、又號白雲外史、雲溪外史、又自號東園客、武進人、（[illegible]）山水清腴、別具秀致、見王翬、乃讓之獨步、自學沒骨寫生、以北宋徐崇嗣爲歸、一洗時習、獨開生面、海內學者、咸宗正派、然其山水別具天真秀骨、其實與翬不同、是以得其片楮者、尤珍若拱璧也、所居有甌香館唱酬皆一時名士、詩譽超逸、書體法王而秀、時稱三絕、其歿也家貧不能具喪、翬爲經理之、明崇禎癸酉生、清康熙庚午卒、年五十有八、著南田集、

上方題云、故山何處最關心、屋外遙岑入翠深、卻憶舊遊江海上、幾教猿鶴守空林、煙樹重遮翠裏蹊、青山層疊路高低、依稀記得曾行處、不省是谿是澗溪、雨後深林生白烟、山中處處有桃巢、因尋陸羽幽棲地、總遍鐘聲思惘然、檢點平泉筆降雜、緊添宛轉水迴衙、高情不讓陶元亮、落日臨流自賦詩、戊午長夏擬常王兩家法、雲溪外史、印一、惲正叔、白文、

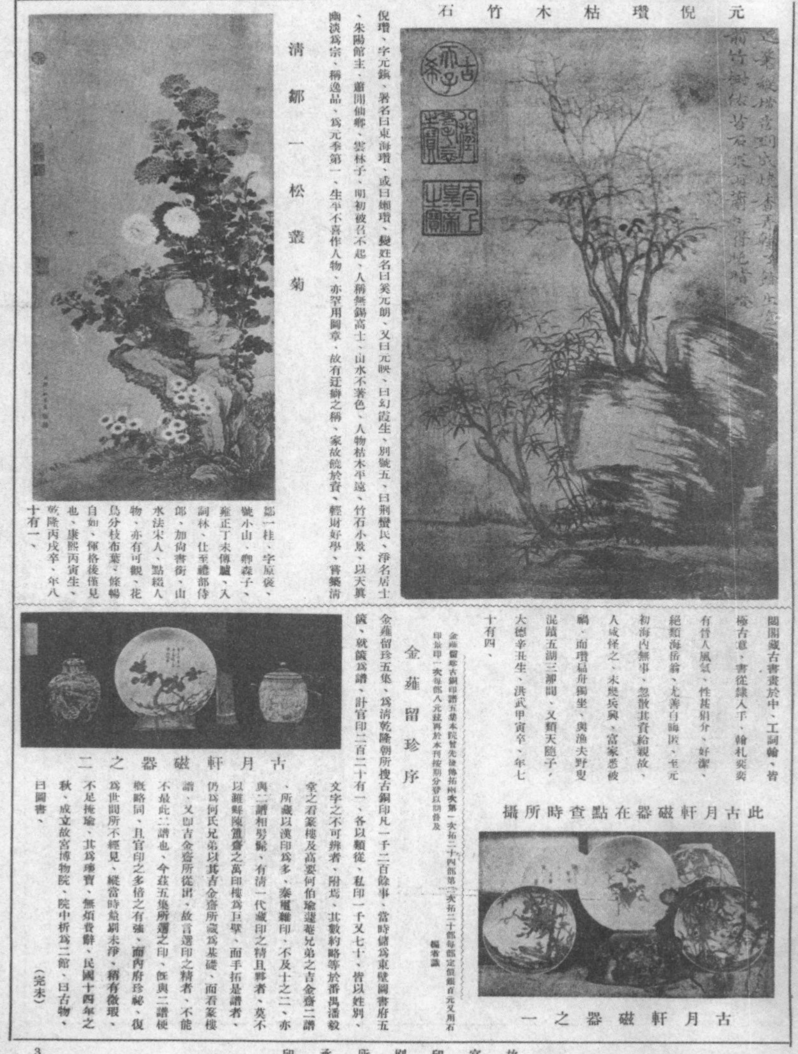

第三版　故宮週栞

元倪瓚枯木竹石

倪瓚、字元鎮、署名曰東海瓚、或曰嬾瓚、變姓名曰奚元朗、又曰元映、曰幻霞生、別號五、曰荊蠻民、淨名居士、朱陽館主、蕭閒仙卿、雲林子、明初被召不起、人稱無錫高士、山水不著色、人物枯木平遠、竹石小景、以天眞幽淡爲宗、稱逸品、爲元季第一、生平不喜作人物、亦罕用圖章、故有迂癖之稱、家故饒於貲、輕財好學、嘗築淸閟閣藏古書畫於中、工詞翰、皆極古意、書從隸入下、翰札奕奕有晉人風氣、性甚狷介、好潔、絕類海岳翁、尤善自晦匿、至元初海內無事、忽散其貲給親故、人咸怪之、未幾兵興、富家悉被禍、而瓚扁舟獨坐、與漁夫野叟混跡五湖三泖間、又類天隨子、大德辛丑生、洪武甲寅卒、年七十有四、

淸鄒一松叢菊

鄒一桂、字原褒、號小山、卿森子、雍正丁未傳臚、入詞林、仕至禮部侍郎、加尙書銜、山水法宋人、點綴人物、亦有可觀、花鳥分枝布葉、條暢自如、惲格後僅見也、康熙丙寅生、乾隆丙戌卒、年八十有一、

此古月軒磁器在點查時所攝

古月軒磁器之一

古月軒磁器之二

金薤留珍序

金薤留珍古銅印譜五集本院曾先後傳拓卅次第一次拓二十四部第二次拓二十部每部定價銀百元又用石印版印一次每部八元茲再於本刊按期分登以期普及　編者識

金薤留珍五集、爲淸乾隆朝所蒐古銅印凡一千二百餘事、當時儲爲東壁圖書府五箴、就箴爲譜、計官印二百二十有一、各以類從、私印一千又七十、皆以姓別、文字之不可辨者、附焉、其數約略等於番禺潘毅堂之看篆樓及高要何伯瑜蘧菴兄弟之吉金齋二譜、所藏以漢印爲多、秦璽雜印、不及十之二、亦與二譜相髣髴、有淸一代藏印之精且夥者、莫不以維縣陳簠齋之萬印樓爲巨擘、而手拓是譜者、仍爲何氏兄弟以其吉金齋所藏爲基礎、而看篆樓譜、又即吉金齋所從出、故言選印之精者、不能不數此二譜也、今茲五集所選之印、既與二譜梗概略同、且官印之多倍之有強、而內府珍祕、復爲世間所不經見、縱當時椎拓未淨、稍有微瑕、不足掩瑜、其爲瑰寶、無煩費辭、民國十四年之秋、成文故宮博物院、院中析爲二館、曰古物、曰圖書、（完未）

3　故宮印刷所承印

十四年雙十節故宮博物院成立演說攝影

李理事長煜瀛演說

鹿理事鍾麟演說

此民國十四年雙十節本院成立、在乾清宮門開成立大會時攝影也、是日亦即故宮開放於民衆之第一日紀念、當時中外士女、空城來觀、無不亟欲一睹此數千年之秘藏、誠一時之盛也、今值四週年紀念、當時情形、在本院歷史上、自有重要價値、特以成立大會演說攝印四紙、刊登於此、以資迴顧、

王理事正廷演說

黃理事郛演說

故宮博物院前後五年經過記

栗亭

故宮博物院者、其爲由清宮嬗遞而來、夫人而知之矣、夫由一故宮蛻化而爲博物院、此爲國體變更應有之結果、若法、若俄、若德、何莫不然、則故宮之爲博物院、一刹那頃之事耳、何有於若干年之經過、又何有於記、而不知吾國之有故宮博物院、旣非由國體變更而一蹴即幾、則故宮之成立爲博物院、自非有其相當之曲折而以演成其若干年艱難締造之經過、且耗費若干人之心血不可矣、茲者、故宮博物院、自辦理清室善後委員會接收故宮以來、已達五年、基礎已漸臻鞏固、而其若干時艱辛之過程、即身歷其境者、亦日即於淡忘、此胡可以不記、余於十三年攝政內閣時期、即曾追隨同人參加服役、一轉瞬間、由攝政時代嬗遞爲段執政時代、余厠身部曹久、其事又適隸所掌、自不得不與之多所接觸、其時清室善後委員會、以李石曾先生爲委員長、委員如黃膺白、蔡孑民、吳稚暉、汪精衛、易寅邨、張溥泉諸先生、均國民黨之彥、而鹿瑞伯爲驅逐溥儀出宮之執行者、同時爲京畿警衞總司令兼爲委員、故當時參加同人、多數爲國民黨或接近國民黨者、政府初雖號稱與民黨合作、而實則不然、清室乘之、且以故宮一事爲直接衝突之的、致有石曾溥泉兩先生面折當軸之舉、自是北方政府、與清室善後委員會及其嬗遞之故宮博物院、遂時時立於相對地位、直奉繼之、情勢所趨、如出一轍、第以故宮事業、名正而言順、社會民衆、同情合作者衆、同人復多純盡義務、皆以保存數千年文化淵藪爲職志、初未有絲毫自利之事、故亦未肯冒大不韙而摧毀之耳、然而天下之事大凡不能率直行者、則無不曲折以赴之、施之者固較爲難、斯受之者愈感其艱辛、且以故宮事業之重大、與其同處一地、手握最高權勢之政府、立於相對地位、軍事鏖午、懷璧其罪、圖存之難、又豈尋常可比、至若經費之窘、建設之艱、猶其小焉者耳、其不至因以失墜者亦幾希、知此始可語故宮博物院成立之經過、不可與以不記也、余嘗以一身介乎其間、覩其錯綜之妙、其中曲折、亦知之較詳、事過境遷、前塵如夢、亦不復多所省憶、茲就故宮事實、以先後五年之經過、大致分爲五期、（一）辦理清室善後委員會時期、（二）故宮博物院草創時期、（三）維持時期、（四）奉方管理委員會時期、最後則國府接收以後直至現在之漸進建設時期、以余所能省憶或有記載可憑者、約略記之、不能備也、或亦他日研求博物院史料者之一助乎、

（未完）

坤寧門會封攝影

此溥儀出宮時各機關會同封門之景、其封條一爲國務院、一爲京畿警衞總司令部、一爲清室內務府、其時辦理清室善後委員會尚未成立、故未加封、此開始點查時攝取之影以資憑信者、（舊例每處第一次開始點查時必將門封攝取一影）

東集

軍司馬印之一　鼻紐

軍司馬印之二　鼻紐

4

故宮週刊

培基

珍妃專輯

小引

帝運將終、宮庭多釁、牝晨肆虐、麟蘖啓災、懵彼賢妃、適交凶會、維妃玄亭問字、椒壁迷枚、積見忌於東朝、遂橫摧於西狩、幸全斑寵、未傳紈素之辭、不待陳亡、遽葬胭脂之井、名流托詠、本事熟聞、用次專刊、張其幽怨、比方環燕、宜有取焉、

編者識

珍妃傳略

珍妃姓他他拉氏爲瑾妃女弟、光緒十四年姊妹同選入宮、十五年册爲珍嬪、二十年進珍妃、以忤西太后、諭責其習尚奢華屢有乞請、降貴人、逾年仍封珍妃、居景仁宮、二十四年、復因事觸太后盛怒、幽禁於北三所、二十六年太后出巡、沈於井、二十七年德宗還京、追進皇貴妃、葬西直門外、後移祔崇陵追封恪順

百鍊齋談故一則

予於庚子歲暮、在閩海長門軍次、得友人張蟄父運魁書、言聯軍入都、官民怪狀、及兩宮西幸、珍妃殉國諸異聞、嗣復陸續鈔寄一時留都諸文人詩詞、多隱約其辭、實則慈禧令人擠妃墮井也、按妃姓他他拉氏、爲總督裕泰之女孫、侍郎長敍之女、瑾妃之同懷妹、生光緒二年丙子、十四年選爲珍嬪、二十年晉珍妃、二十六年死於宮井、年僅二十五、二十七年、清德宗還宮、追晉爲珍貴妃、妃姊妹嘗文道希女弟子、昆弟中如志銳、志鈞、志錡、均一時聞人、戊戌之案、深爲慈禧所惡、予與吾友蜺園賃屋城西、卽妃未入宮時妝閣也、往往於槐陰竹下、猷聞當日軼聞瑣事、蓋德宗之變法、妃實有以贊助之、一時有殉國之說、殆爲尊者諱耳、茲將當時流傳詩詞、於妃死事有關者、撮錄於後、僅得十之一二、餘則付諸蠹鼠之吻矣、朱古微彊村詞、聲聲慢、和味聃落葉云、

鳴蟹頹感、吹蝶咨枝、飄蓬人意相憐、一片離魂、斜陽搖夢成煙、香溝舊題紅處、拚禁女憔悴年年、寒信急、又神宮凄奏、分付哀絃、終古巢鸞無分、正飛霜金井、抛斷纓綿、舞起迴風、纔知恩怨無端、天陰洞庭波闊、夜沈沈、流恨湘絃、搖落事、向空山休問杜鵑、（接第二版）

珍妃遺像　（劉宮女言照於宮海）

珍妃未入宮前之妝閣

（卽現粉子胡同四號）

中華郵務局特准掛號認爲新聞紙類

故宮週刊

珍嬪金冊

珍妃金冊

又南家詞中、金明池詠扇子湘荷花一首、其後闋亦指此事、王云、
忽涌飛塵驚埌彎、恂水佩風襟、舊情難問、芳時換、哀蟬曲破、花夢短、野鷺睡穩、梟香燼複道垂楊。望太乙仙舟、歸期難準、瀝泣露欲餐、飄零鉛淚、悄共銅仙偸擡、朱云、
拗折西風綠十十、漫覓醉仙漿、碧簫深引、霓裳舞、今宵獨、幾淚影、明朝吹盡、儘相思、太液秋容、但噴粉空房、石鱗沈恨、怕玉井蜂頭、月昏烟淡、翠被餘香芳損、又李亦元湘君云、
青楓江上古今情、錦瑟微聞嗚咽聲、遼海鶴歸應有恨、鼎湖龍去總無名、珠簾隔雨香猶在、銅輦經秋夢已成、天寶舊人零落盡、隴鸚辛苦說華清、
又曾重伯有庚子落葉詞之作、亦悼妃也、詩凡十二首、並錄之如左、
(一)甄宮一夕淪秦璽、疏勒千年出漢泉、鳳尾檳榔陪玉椀、龍文璵珞殉金鈿、文鸞去日紅爲淚、輕燕仙時紫作烟、十月帝城飛木葉、更于何處聽哀蟬、(二)赤闌迴合翠淪漪、帝子精誠化鳥歸、重璧招魂傷穆滿、漸臺持節召眞妃、清明寒食年年憶、城郭人民事事非、湘瑟流哀彈別鵠、寒魚哀雁盡驚飛、(三)銀床玉露冷金鋪、碧化長虹轉鹿盧、鮎燕聲聲嗁苦竹、子規夜夜叫蒼梧、破家亘耐雲昭訓、殉國爭憐李寶符、料得佩環歸月下、滿身星斗泣紅叢、(四)朱雀烏衣巷最塲、白龍魚服出邊牆、嗚波亭外風光慘、魚藻宮中歲月長、水殿可憐珠宛轉、冰綃贏得玉淒涼、君王莫問三生事、滿驛梨花繞佛堂、(五)王母傳籌擁柱旗、閶門宣謝肯教遲、漢家法度天難問、敵國文明佛不知、十宅少人籌白柰、六宮同日策青驪、玉蝶湖上粘天草、只託微波殺卷施、(六)天文正策王良馬、地絡先摧蜀后蛇、太液自來涵聖澤、水仙從古是名家、蕙蘭惇彩傷瓊樹、河漢回心濕絳紗、欲女也憐人薄命、繞欄爭挂可生花、(七)十海停歌山罷舞、芙蓉纖纖鯉魚風、攙槍戰鼓驚朱鷺、璀璨新香制綠蘼 魂魄暗依秦鳳輦、聖明終闕皙鮫宮、景陽樓下胭脂水、神岳秋茫事不同、(八)簾外曉風吹碧桃、未央前殿咽秦簫、石華廣袖誰曾覺、沉水奇香定未燒、荷露有情攙粉淚、凌波無賴舉纖腰、雲袍汪繡留仙褶、白石清泉任寂寥、(九)姊弟雙飛侍翠仙、鳳闈原自賜恩偏 賞花處處陪銅輦、鬬草朝朝費玉錢、秦苑綠蕪臨夕照、梁園春雪憶華年、姓名只合埋青史、何水何山認墓田、(十)蝙蝠驚風起綠萍、幽憐明滅掩春星、白楊新開山鳥、紅藕行殊度冷螢、山驛夢回悲羽檄、水亭愁思接丹青、鸞輿縱返壞橋鵲、咫尺黃姑隔畫屏、(十一)鶴市山花蕚鏡臺 魚燈求海落粧梅、三泉縱洒悲寰寒、五勝空成恨未灰、驪海生牛愁似鼎、秦陵迴望繡成堆、如何齊女門前塚、惟有寒鴉喙冷苔、(十二)橫汾天子家何在、姑射山人雪未消、恨海萬重應化石、柔鄉三尺不通潮、青羊領底憐珠襟、白馬潮頭弔翠翹、八節四時佳麗夕、倩魂休上補溪橋、

珍妃金印

珍妃金印文

珍妃金印面

宮中人語

以下各節、關於珍妃入宮被難各情形、爲本院得諸舊宮監及白頭宮女之口者、分別記之如左、

(接第三版)

到北京故宫参观过的人都知道，故宫东北角的贞顺门里有个“珍妃井”，那是光绪所宠爱的珍妃当年被慈禧太后叫人推下去淹死的地方。为了纪念珍妃之死，所以后人称之为“珍妃井”。至于珍妃因何而死，迄今尚无定论。从现在所流传的各种稗官野史及小说、戏剧看来，关于珍妃之死，大致有两种说法：一说珍妃是自杀，也就是说，她之所以会在井中淹死，是由于自愿投井而非他杀；一说是在慈禧太后的威逼下被迫投井。后者传播最为广泛。

《故宫周刊》第30期曾出版了“珍妃专号”，这是画刊的唯一专刊。画刊编辑为了求真求信，多方查访当时还在世的故宫太监、宫女等人，结果查访到了白姓、刘姓两位宫女和当年的太监唐冠卿。但白姓宫女早年曾为珍妃之侍女，在珍妃被慈禧责罚幽禁之后即被逐出宫，故而对于珍妃被幽禁以后的事迹并无所知，投井之事亦只是得之传闻。刘姓宫女的出宫时间在光绪二十五年五月，其时尚未发生义和团之乱，对珍妃入井之事亦只是得之传闻。但唐冠卿自称不仅目睹了珍妃之死，而且还听到了慈禧与珍妃的对话。为此，画刊对他做了专访，并将谈话记录公之于众。其内容是：

庚子七月十九日联军入京，宫中惊惕万状。总管崔玉桂率快枪队40人守蹈和门，予亦率40人守乐寿堂。时甫过午，予在后门休憩，突观慈禧后自内出，身后并无人随侍，私揣将赴颐和轩，遂趋前扶持。乃至乐寿堂右，后竟循西廊行。予颇惊愕，启曰：“老佛爷何处去？”曰：“汝勿须问，随余行可也。”及抵角门转弯处，遽曰：“汝可在颐和轩廊上守候，如有人窥视，枪击毋恤。”予方骇异间，崔玉桂来，扶后出角门西去。窃意将或殉难也，然而亦未敢启问。少顷，闻珍妃至，请安毕，并祝老祖宗吉祥。后曰：“现在还成话吗？义和团捣乱，洋人进京，怎么办呢？”继语言渐微，哝哝莫辨。忽闻大声曰：“我们娘儿们跳井吧！”妃哭求恩典，且云未犯重大罪名。后曰："不管有无罪名，难道留我们遭洋人毒手么？你先下去，我也下去。"妃叩首哀恳，旋闻后呼玉桂。桂谓妃曰："请主儿遵旨吧！"妃曰："汝何亦逼迫我耶？"桂曰："主儿下去，我还下去呢。"妃怒曰："汝不配！"予聆至此，已木立神痴，不知所措。忽闻后疾呼曰："把他扔下去吧！"遂有挣扭之声，继而砰然一响，想珍妃已堕井矣。斯时，光绪帝居养心殿，尚未之知也。后玉桂疽发背死。

"珍妃专号"中还曾附有一张根据唐冠卿的证词所绘制的《珍妃最后幽禁处及投井经过路线图》，此图上标明了慈禧与珍妃对话地点和唐冠卿所处的位置。于是，有人在此图中找出了唐冠卿谈话的破绽：慈禧与珍妃对话地点与唐冠卿受命把风的颐和轩外角门转弯处相距颇远，以这样的距离，他怎有可能听到他的证词中所提到的慈禧、珍妃及崔玉桂三人的对语呢？

由此，"珍妃专号"中记录的珍妃之死，也因遭到质疑而成为了一家之言，珍妃之死仍是一个未解之谜。

连载《鹰爪王》的《三六九画报》

轰轰烈烈的画报热因抗日战争的全面爆发而逐渐变冷，上海、北平、天津的众多画报纷纷停刊，在这一时期创刊的画报更是寥寥无几。所以，在北平沦陷时期问世、抗战胜利前夕终刊的《三六九画报》，就显得格外珍贵。但正是由于它生存在日伪黑暗统治下，多有亲日言论，甚至“在画报的边边沿沿常见亲日标语”，因此，今天我们应该以扬弃的态度对待它。

1939年11月9日，《三六九画报》创刊于北平，编辑兼发行人朱书绅，社址在宣外永光寺中街3号，郑证因、耿小的、翁偶虹、戴愚庵等长期为该刊供稿。画报于1945年5月终刊，共出版35卷（除第2卷36期外，其余每卷18期）。

《三六九画报》为三日刊，每月逢3、6、9、13、16、19、23、26、29日出版，故名《三六九画报》，16开，每期内文24页。虽称画报，但以文字为主，间有照片和漫画，且纸质较差，图片模糊不清。虽在创刊号征稿时即宣称“含政治色彩者希勿见惠”，但时事内容却占了较大的比例，所以有人说它是纯娱乐性刊物是不准确的，它应该属综合性刊物。

画报的“时评”栏目关注时局变化，追踪时事新闻，兼谈教育和民生问题；“海外时报”热衷报道美、英、苏、日等国的军事消息，尤其关注世界先进武器装备，载有《美国最近内情》《脱出战火之巴黎》《欧洲的最近决战》《安哥岛战记》《从苏联归来》《舰载机威力及其性能》《攻击舰船用敌美之跳跃炸弹》《对战车兵器》等。“青年文艺”专栏刊载小说、杂文、小品文等。“趣味生活”“说东道西”“信不信由你，真不真管他”和“听说过”等专门刊登一些捕风捉影的八卦消息。“漫画之页”刊登宋小翔、高炳华、黄媛、金叶子、非非等人的讽刺漫画。“戏剧”有评介剧目的《看守南艺的〈殉情〉》《〈雷雨〉观后简评》等，新人介绍如《赵艳秋》《侯玉兰首演〈王宝钏〉》《高嗓新人朱鸿声今后应怎样》等，名伶行踪有《真忠实的林默予与顾也鲁》《尚小云改变作风》《哭周瑞安》《李洪春之五雷阵》。“三号信箱”“六号信箱”“九号信箱”专门解答读者提出的一些家庭婚姻问题。“小说连载”载有郑证因的《鹰爪王》，刘云若的《云霞出海记》，耿小的的《喜迁莺》《摩登济公》，以及何海鸣的《癸丑金陵战纪》等。

值得一提的是，民国武侠小说家郑证因正是从《三六九画报》声名鹊起的。天津人郑证因自幼家境贫寒，曾任新闻从业员，以卖文为生，写过一些短篇武侠小说。《鹰爪王》完成后曾在天津的两家小报上连载，但终因报纸停刊而夭折。1941年初，《鹰爪王》开始在《三六九画报》连载，小说虽然情节单一，但却以150万言的篇幅巧事铺陈，情节曲折，险象环生，尤以虚实相生的武打场面独擅胜场，同时对绿林道上的帮规、门槛、切口极尽渲染之能事。深得读者青睐，轰动一时。从此，郑证因一发而不可收，连续写作长篇小说88部，终成一代武侠小说巨匠。

《三六九画报》虽在北平出版，但其中却有很多天津的内容，难怪不少人误认为它是“天津的《三六九画报》”。画报刊登了众多天津企业的绸缎、鞋帽、香烟、药品的广告，大量介绍童芷苓、吴素秋、赵燕霞、李少春等名伶、名票在津的演出活动和生活逸闻，尤

第十一卷
第十四期
第二零七號
369
畫報
30·10·16
30 CENTS

言菊朋為什麼吐血？

早晨還相敬如賓呢

老和尙｜言菊朋，從上海回來之後，愈發從「和尙」那條道兒上走，晚上一本經，低聲喃喃念過一遍，才能上床入睡。對於太太當然也走上「相敬如賓」的那條道兒，沒事兒見面，總是「三奶奶長」，三奶奶短嘚，生人絕看不出他們以前有過什麼裂痕來。在那天早晨，夫妻二人起床見面之後，還是那們照例客客氣氣的呢？當做飯的時候，並且「三奶奶」還要親下廚房，給菊朋做兩樣兒「順口」的菜，但；但是到晚晌菊朋唱完「二進宮」卻由一點小意見不合，居然就吵吵起來。

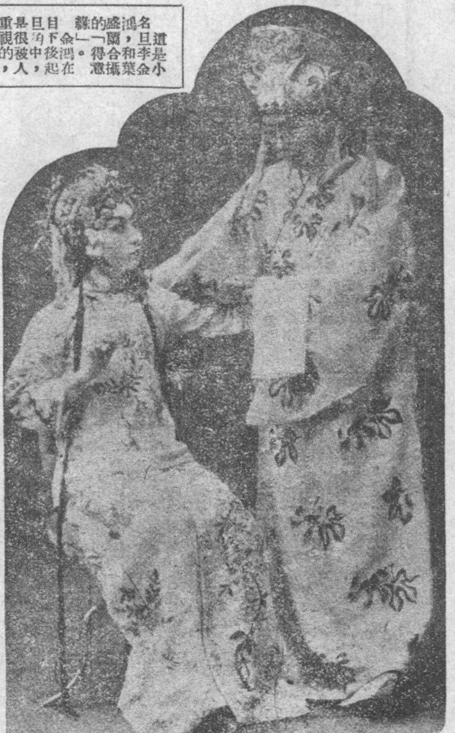

本來他們老「公母倆」，平常也有個小小的「頂撞」，可是「頂撞」兩句也就算過去了，還回有人說也是「該著」，先是小吵着，後來竟會越來越激烈，菊朋是臉氣了個「煞白」，拍着棹子一通大嚷，嚷得嗓子都有點「[illegible]」了聲兒了，三奶奶當然也不示弱，最後：言三奶奶鬧得穿着睡衣就跑到派出所喊告，所幸剛走出街門不遠，就碰見常上她們家串門兒的熟人，算是勸了回去。

這是小名旦李金鴻，和葉盛蘭合攝的「得意緣」。金鴻在目下後起旦角中，是很被人重視的，不過我希望他能多注意藝事，別作了「名士」沽名的工具。

在——吵起來的時候情形相當激烈！

她不讓我唱戲

據說這是兜兒的事

當然這樣激烈的吵法兒，常到那兒串門兒的，和他們的兒女不能不竭力來排解，菊朋的理由是：「從上海回來她就老擱護着我唱戲，我一唱戲他總要我「磕兒」，愍說這是什麼事！我早就聲明過，我不唱戲得到了時候，少朋能够「頂」得起來，我再不唱也不晚哪，可是她總不諒解。」說着說着，除了氣喘嘘嘘之外，跟着就是一頓咳嗽，在嗽的最後的結果，居然吐了兩口令人心鶩的鮮血，這一場糾紛，也就因為菊朋還兩口鮮紅的血，而漸漸安定下去。

最後是忙着請大夫

天下事就是這樣，雖然鬥爭的如何激烈，結果多是平淡，像劇場吹過尾聲那種平淡悲慘的樣子。言氏夫婦吵過以後，自然也脫不出這個常例，那天吵後露了這個悲慘的結局，為補救這個悲慘結局，惟有忙着請大夫」。據「大夫」的診斷說，菊朋是肝氣上衝

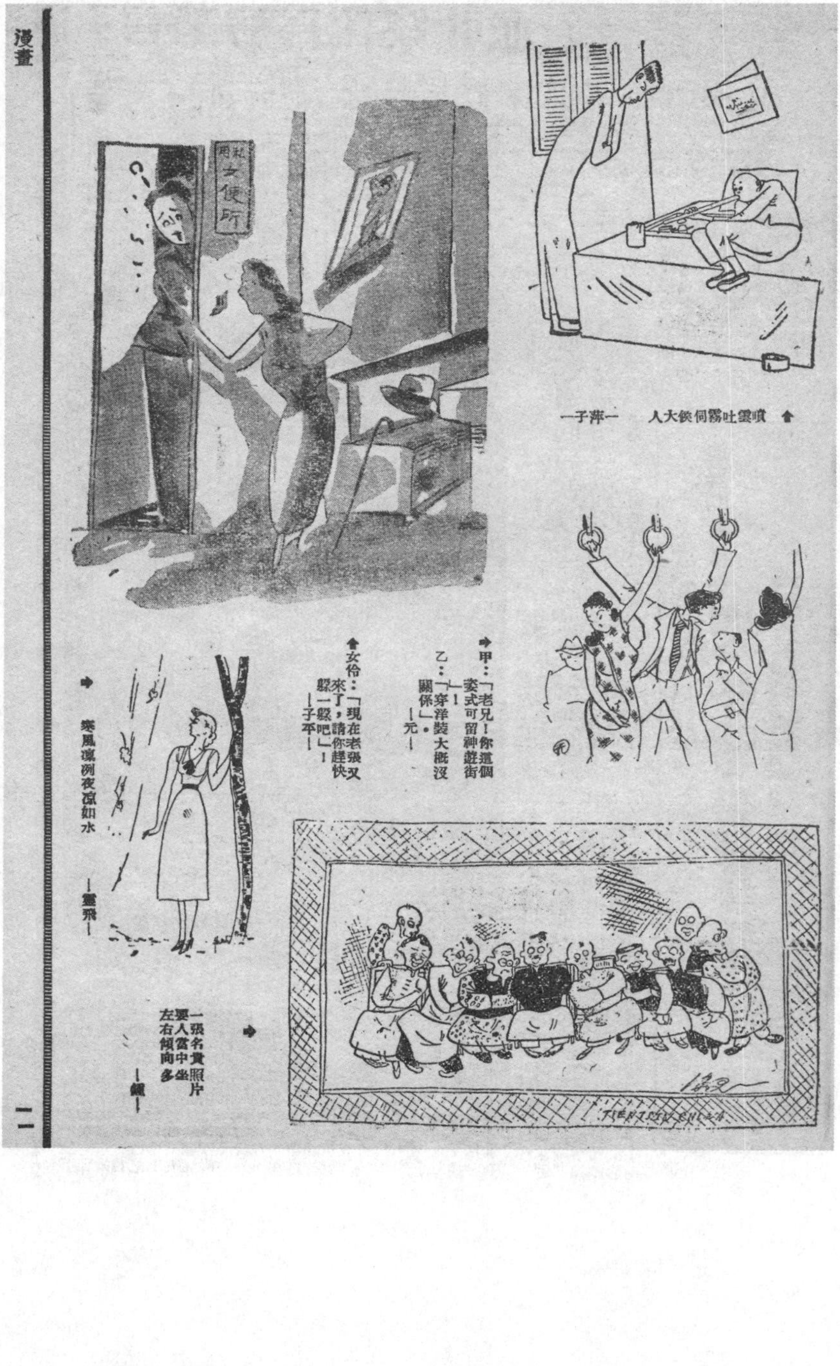

漫畫

⬆噴雲吐霧伺候大人　—萍子—

➡甲：「老兄！你這個姿式可留神逛街」！
乙：「穿洋裝大概沒關係」。
—元—

⬆女伶：「現在老張又來了，請你趕快躲一躲吧」！
—子平—

➡寒風凜冽夜涼如水
—靈飛—

➡一張名貴照片
要人當中坐
左右傾向多
—鐵—

二

鷹爪王

鄭證因

【二七五】

[illegible]

於武幫主一身絕技，超凡絕俗的武功，不冀求從征，藉
慰多年景仰之心。我王道隆粗野成性，不諳江湖儀節，

[illegible]

其是长期开设“天津游艺动态”专版，刊登《小白玉霜胜诉矣》《群英改演话剧》《天津小姐将入绿宝》《沽上歌场史诗》等，“天津社会素描”则有描写下等妓女生活的《〈湖〉上之游——藕孔中的销魂场和以落马为名的湖地》，有记录天津浴池业的《红绳》，有描写天津掌故的《天津卫三宗宝》，有描写天津现实生活的《天津现时的煤球》等。

突出地方名胜的《北晨画刊》

1931年5月，《北晨评论及画报》在北平创刊，同年11月，出至第1卷第26期更名为《北晨画报》，1934年5月复更名为《北晨画刊》，卷期另起，社址在宣武门外大街181号。画刊主编不详，约于1937年4月出至第11卷第13期终刊。

《北晨画刊》属侧重艺术类的综合刊物，周刊，逢周六出版，8开，4版，道林纸，每期各版由黑、棕、绿、红、蓝等颜色轮流使用。画报图文各占一半，图画有时事、书画、金石、雕塑、摄影、漫画、地方名胜、旅游等，文字有新闻报道、小说、杂文、小品文、补白等，各版没有明确的分工。时事专栏多刊登“这一周”的最新要闻、政要往来、名流行踪等；书画、漫画等专栏刊登的是上至唐宋，下至民国初期书画家、漫画家的名作；金石、雕塑、摄影等专栏刊登的是中外名家的艺术作品。从1935年8月3日的第5卷第3期开始，开设中国戏曲音乐博物馆主编的“戏剧专页”，与“地方名胜”专栏轮流出版。

画刊主编不详，作者有恨水、朱小峰、济公、闲人、苍苍、冰流、于非厂、凌霄汉等。画刊前期每期都有署名“闲人”的小品文，如《赚兰亭图》《兰花》《食活鱼》《论楷书》《记福氏大观帖》《书张氏昆仲扇展》等，继“闲人”之后是凌霄汉的杂文《成名的瞎子》

The Pictorial Supplement of The Peiping Morning Post

北晨畫刊

第五零五期
中華民國廿四年五月五日

蘭花

聞人

我這日患病，我還病態地生分析，有些肝鬱，有些懷疑，有些憤慨。大概怒氣會傷肝，疑懼不免疑懼，憤慨至於毫無辦法，也只好聽之。據醫生說：所幸忍耐性尚自過人，所以不至於有什麼大不了。而尚有辦法。我於是把已灰的心，重復燃起來，勉強掙扎着几自寫

民國十四年間，曾寫了一篇「藝門藝蘭記」，寫不過將我曾經培植過的蘭花，很淺薄地寫一些我的經驗，其中錯誤幼稚自所難免，然而也占據了我寫東西的一些時間和篇幅。

日前承蔣酒時先生見枉，他原來對於蘭花是很有研究的。自然，凡是福建的朋友，至少也都懂一些養蘭花。蔣先生是福州人，他對於蘭花的搜集培養，差不多各地的名產，都弄到了，而尤其是龍巖的名種。我們談了許久，我很慚愧地覺得小巫見了大巫，只自欣欣地望着他。

比及到了蔣先生家裏，差不多一個很大很大的庭院，都給蘭花占據着，只留了兩條走道。我大略數一數，總在一百盆以上，有曾經失過的二十來盆，也都欣欣地發苗燃芽。大凡看蘭花藝得好壞，在未看花的時候，尤其是九六七三個月，只要蘭葉上綠葱葱而有光澤，那末，他的工夫也就可以看出，秋多開花，就不必問了，自然會好的。蔣先生的藝術很得法，我是從它那葉子上光油油的看出來。

養蘭的土，自然是福建的好，但是北方的土，也不是不可用。蔣先生曾由福建運來的土，以至於橡木土，累累堆積着十來麻袋，這種愛蘭的勇氣，很值得使人佩服的。

我見了蔣酒時先生這種愛蘭法，使我的病，差不多根本治療了，不一定關乎什麼告一段落。

清王石谷畫箑

明姚公綬畫松竹立幅

姚綬字公綬，號谷菴，又號雲東逸史。天順中爲監察御史，成化初官永寧郡守。解官後，築室曰丹邱，嘯咏其中，人稱丹邱先生。善畫，工詩，著有[illegible]。

吳廸生刻竹

山東省立諸城中學盛開之杜鵑花

諸城初級中學附刊

小說

逸樵

明季自天啟崇禎後，小說繁興，傳奇野乘，乃於其時紛然雜出。推其原因，良以當時風氣，崇尚科舉，而玉堂金馬，究容不了若許英俊。至東林復社，篤附雖或成名，然入主出奴，禍翻正難逆料，於是窮無所歸之文士，乃發其翻空之理想，成爲諷議之文章，小說一道，於焉稱盛。於至今日，流風愈暢，坊間出版，小說居其大半，排月新著，如過江鯽，光怪陸離，目不暇接。然考其所以至此，要以社會經濟日蹙，此種游戲筆墨，既易招青蚨之飛來，（罪過）乃莫不搖筆伸紙，絞腦汁，竭精思，互相角逐。且[illegible]詞歌賦，凡百文藝，皆須十年攻苦，始可爲之，若小說則急[illegible]

[illegible]後之視今，亦猶今之視昔[illegible]時，冷眼人觀之，自有[illegible]

秦陽陵銅兵符

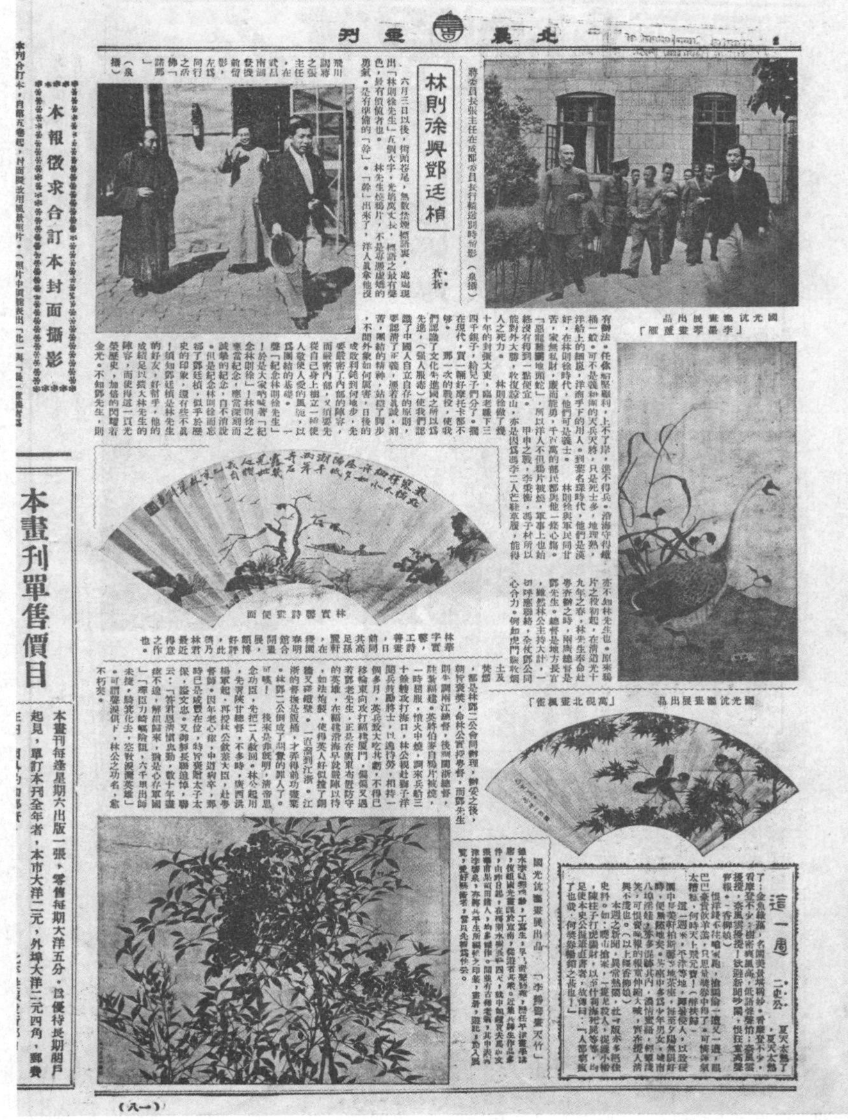

北晨画刊

林則徐與鄧廷楨

蔣委員長張主任在成都委員長行轅出發時留影（泉攝）

國光社藏畫展出品 「李嵩蓼汀蘆雁」

國光社藏畫展出品 「高視北雀楓雀」

林寶馨詩畫便面

本報徵求合訂本封面攝影

本畫刊單售價目

這一週

（一八）

突出地方名胜的《北晨画刊》

這一週

⇩綏遠蒙濟聯歡大會，四烏王靖國歡宴各王公時所攝。自右至左，康王，潘王，王靖國，阿王，沙王，林王，額王。（綏遠新聞社）

⇧菲律濱上議院院長奎松，運動菲島獨立成功，離美返國過滬時留影。圖左爲奎松，中爲任菲島總督哈立遜，右爲菲島下議院院長巴黎蒂斯。（國際）

⇩名畫家王君異與黃警影女士新婚儷影（記事見十日北平晨報第六版）（同生攝贈）

⇩燕圖新婚之北大小姐石之瑮本週南下在車站留影（范任攝）

⇩新時代影片公司新出品「王先生過年」之一幕。圖中係表演小陳在百貨公司買了一個聖誕老人，該老人爲王先生所飾，乍見之下，小陳和王小姐驚疑莫名。寄目爲湯傑，曾賣絲，黃韜雷。（瀛予寄贈）

⇩南京平民住宅之建築式（張澄甫攝）

⇧平學自然科成績觀摩會出品之一「飛船」聞此船係仿美國陸軍康號飛船製成，船身十二呎，橫長三呎，全身銀色，其推進機及一切零件，均按陸軍康號比例縮小，經王壽皆指導製成者。（符琴仿樣贈）

本報徵求合訂本封面攝影

本刊合訂本，自第五卷起，封面擬改用風景照片。（照片中須能表出「北」與「晨」意義者爲合格）收件原訂本月廿日截止，茲以應徵照片無多，改至六月底爲截止期，酬金特別從優。

本畫刊單售價目

起見，單訂本刊全年者，本市大洋二元，外埠大洋二元四角，郵費在內，國外酌加郵費。

北平晨報發行部白

桂湖

卧遊專頁

桂湖，在四川成都北四十里之新都縣城內，現已闢爲「桂湖公園」。湖之四周，桂樹成林，其大者，六人未可環抱，每當秋七八月桂花盛開之際，香聞十數里！以故北方盆中所栽之桂花，實不啻霄壤之別，因是得名曰「桂湖」。湖水清冽，夏季特爲荷塘，其中名勝甚多，舉其要者，如交加亭，觀稼亭，香世界，桂花橋，[illegible]南橋，每當春夏二季，遊人甚多，絡繹於途，亦有肩摩踵接之勢，蓋成都人士每以此爲唯一遊賞地也。本刊以此爲寄，各片均爲廖君攝寄。

⇧桂湖公園正門

⇩桂湖中之南橋

成都一陋習

康君

搶鴨子，是四川成都人的一種風俗。搶鴨子的時間，每年兩次：一是陰曆的四月八，一是陰曆的五月五。搶鴨子的地點，是在成都東門外的一條江上——錦江的支流。差不多每年都以此江上的「九眼橋」爲中心。四月八到了，江水正在漲齊岸之際，有許多船商，紮起「花船」，滿船上都裝飾滿了綵綢，其中大小不一，大的可坐十幾個人，小的可坐四五個人。是日自清晨起，即有人包租了船，約請親戚朋友，或備着「花船」，遨遊江上；同時有的在裏面吃野餐，有的在裏面唱留聲機，以至於打麻雀……，形形色色，這是無美不臻。普通每一隻大的花船，包一天，少十幾元，小的也要七八元，不用說，這是本地人的貴族享受了！但是這種貴族人的「乘花船遊大江面」的享受，並不僅是上面所說的幾種。其中唯一的欣賞，乃是來看「搶鴨子」。看搶鴨子有兩種：

⇧桂湖中之桂花橋

⇩桂湖中之荷塘

⇧桂湖中之桂樹林，亦稱香世界

《勇哉山东人》《旧京之口头人语》等。每期连载恨水的《三万里山水人物志》，主要介绍国内的地方名胜和名人逸事。

画刊最显著的特色是每期都要以图文并重的形式刊登地方名胜，有国外的夏威夷、伦敦、北海道等，有上海、天津、故都（北京）、西安等国内大都市，也有遵化、桂林、通县、泰山、颐和园、香山等风景名胜，以清晰的图片、生动的文字，形象地介绍了该地的历史、文化、风土、民俗等。有记录异域风情的《西班牙美女》《印人捕蛇记》《同性恋爱在日本》《日耳曼民族健身运动》《加拿大中国文艺展览会之页》等，有介绍国内风物的《鄱阳湖中王八庙》《南昌之三村桃花》《其小无匹之潼关县境》《关于黄河鲤》《软性之苏州生活》《成都一陋习》《重庆三宗宝》《蒙人风俗之一斑》等。

出版专刊是画刊的第二大特点，第6卷第4期为记述1935年8月黄河水灾的“黄灾专号”，第6卷第9期为记录清代著名建筑世家“样式雷”家祖的“样式雷遗迹专号”，第7卷第2期为介绍几位沟通中西文化先锋的“国史研究专号”，第7卷第9期为记述明代历史的“亡明史迹专号”，第8卷第10期为记述国民党元老和早期主要领导人之一胡汉民生平的“北平公祭胡展堂先生”，第9卷第11期为突出西藏民风的“西藏研究专号”。此外，还有“伊斯兰教专号”“唐古忒研究专号”和“儿童节纪念专版”等。

作为北平的刊物，突出地方特色是画刊的又一特点。载有《呜呼北平艺术学府》《北平青年会会员的活动》《旧京之口头人语》《故都扩大植树节》《中画学会画展》等，而《故都三绝》一文生动形象地描述了北平的典故，是研究北京民俗的重要史料：

从前好像有人谈过：故都有三宗宝——鸡不叫、狗不咬、十七八的姑娘满街跑。从“三宗宝”而联想起故事还有“三绝”，也是为人所乐道的。所谓“三绝”，解释起来可以说是故都的三种绝巧手艺。第一绝是抬杠的“杠夫”，因为故都在死人出殡时候所用的一切仪式，既为外地之所罕见，而载棺椁的杠，以及抬杠的杠夫，尤为外地难于寻觅者。所以，当年袁项城故去的时候，曾用故都的杠夫抬着故都的杠，一直送到项城。后来孙总理奉安大典，又是北平的杠夫护运到南京，就可见一斑了。本来，故都的杠在全国各地真可以说首屈一指的讲究。譬如湖北大出殡，最讲究的是一种“独龙杠”——棺的上边中间穿上一根木杠，杠头扎有龙头，杠头扎有龙尾，前后各用一人抬着走，因此而谓之为“独龙杠”。把棺木系在杠下，假如去掉龙头龙尾，则不异于故都之所谓“穿心杠”。

第二绝是搭棚的“棚夫”，故都的棚夫也称棚匠，他们的手艺特殊极了，平地上边不用掘坑，不用叠石，就可以搭起很大的棚来。这种手艺尤为旁的地方之所未有。譬如奉天人称席棚的“阴棚”，在搭阴棚的时节，棚匠来了，你先要给他预备好了铲、锄头之类，否则他便不能搭起。

第三绝是抬轿的“轿夫”，从前北平没有汽车、马车的时候，当时一般公卿大夫多是乘轿，就是外国的公使们也极喜欢乘坐故都的轿子，因为一顶轻轿，四人抬起，走来既“速”且“稳”，舒适异常。可惜现在这种轿子已被淘汰净尽，所可见其余技的，只有北平现在娶亲用的轿子，不过这种轿夫，只能做到“稳”的工夫，而不能有从前轿夫的速度。此之谓“故都三绝”。

1935年7月27日，第5卷第11期中的《叶浅予脱离时代》一文记载了著名漫画家叶浅予先生的一段逸事：

以画《王先生》驰名之漫画家叶浅予前游北平备受平津艺术界之热烈欢迎，最近忽以脱离时代公司，记之如下：时代图书公司原为张光宇、邵洵美、叶浅予等合组，年来因国内经济衰落，沪出版业大受打击，邵洵美因营业不振，先与时代脱离关系，嗣以叶氏北游，遂因之无形拆股，时代公司自出版迄今，亏累甚巨，迩来更无法维持，张光宇不得已，有复挽邵出，邵则主张仍挽叶为助。

名流萃集的《国剧画报》

1931年12月21日，梅兰芳、余叔岩等在北平发起成立了京剧界学术团体“国剧学会”，会员多为戏剧名伶、剧评家、书画家、金石家等社会名流，邀请李石曾、胡适之、徐永昌、刘半农、刘天华、傅西园、梁思成、焦菊隐等担任顾问，设指导、编辑、审查三组，分掌教学和刊物等活动，创建国剧陈列馆和国剧传习所，并于1932年1月15日创刊《国剧画报》，刊名由著名昆剧、京剧艺术家红豆馆主溥侗题写。社址初在前门外虎坊桥45号国剧学会，1933年4月30日因学会改组迁址琉璃厂海王村公园内。在天津华昌报房、青岛上海申报分馆等地设立代派处。

进入20世纪30年代后，虽然已有一些戏剧画报先后问世，但大多只注重戏曲的研究与批评，更不能做到文图并重。为振兴国剧，发扬文化，补助教育，国剧学会在学习和借鉴欧美舞台画报*Theatre*和日本演艺画报的基础上创刊《国剧画报》，以图为经，以文为纬，用忠实的态度，科学的方法，对国剧进行整理与研究。其文字“悉以戏剧全部原理为标准之客观平衡之批评，毫无派别及个人成见，纯以绝对的真善美为归宿，而成一公共研究国剧之公开机关，期于戏剧刊物中辟一新途径”；其大量戏剧、戏楼、戏剧团体等图片，形象直观地展示了京剧从发轫、发展到兴盛的清晰历史脉络，对研究

本報價目
本報每星期五出一版 零售每份大洋六分 每月一元 定閱十七期 預定廿五期大洋一元四角 預定五十期大洋二元八角 預定一百期大洋五元四角 蒙古新疆每份另加郵費分半 歐美每份另加郵費三分 郵票代價按九五折 現以一分半分者為限 先付款者概不作覆

國劇畫報

紅豆館主署

社址
北平前門外虎坊橋四十五號國劇學會 電話南局二一二一號
代派處
北平永豐報房 電話南局四六二九
天津南市華昌書報社 電話二局二二零
青島上海中報分館

故宮寧壽宮倦勤齋之小戲臺

倦勤齋小戲臺誌

壽如山

臺建於寧壽宮後，倦勤齋之西間，全體皆木質。除天花板畫藤蘿外，其餘如窗壁欄杆楹柱等等，無論何處，皆繪竹紋，蓋與風雅存小臺繪畫略同。臺深一丈零二寸。臺寬一丈一尺。臺高七尺。柱上有聯曰：「籌添南極應無算」「壽在嘉生兆有年」旁有小注「御製詩句」四字。正臺之前，又有一小臺，只有欄杆而無頂。臺深九尺。臺寬七尺。倦勤齋西間，另有一門，即在竹香館院中。門內又設一層竹柵欄，承應人等，

（接下版）

（故宮博物院贈刊）

△劉鳳樵（均自右起）茹錫久 張彩仙 秦五九 唐朵芝 五君琴屏山之彩照▷

△郁文女士（右）靜文女士（左）之起解▷（旋文攝）

國劇畫報出版

揚風扢雅

王少卿祝

△王少卿君之祝詞▷

演目蓮戲（上）

胭脂褶之重述

△名票孫君（左）及錢寶森君之青石山▷

△碧雲霞之劇照▷

△余叔岩君（右）梅浣華君（左）在本會試驗樂器之合影▷（詠西先生弧光攝）

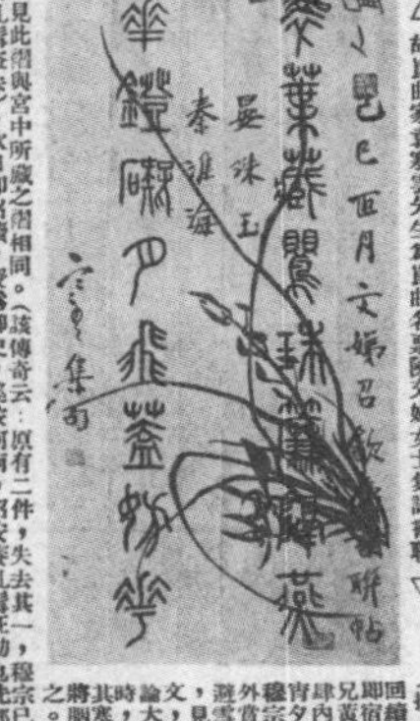

△故崑曲家袁寒雲先生爲崑曲名票陳文娣女士集詞書聯▽

(接上版)回續至京，即宿在伊表兄黃一庭酒肆內，值元宵夕大雪。穆宗微服出外賞燈，因避雪入酒肆，見回續讀文，因與談論，大悅。歸時，回續恐其寒冷，故將胭脂帽贈之。穆宗回宮，見此帽與宮中所藏之帽相同。(該傳奇云：原有二件，失去其一，穆宗已知爲大盜賽虬髯盜去)。次日即召續，授爲御史，巡按河南，招安賽虬髯征勦也先部，並令整理河南吏治。續因父爲盜，未敢逕本名籍貫，更名爲明遇天。拜命即日出京，行至河南洛陽境內，聞人言縣令金環係酷吏，因携印上岸私訪，路遇二流氓揪打倪愛秋，(因倪欲往冷青蓮家探訊)向其索要資費。續見二人扭打一人，不平之至，向前勸解，人衆擁擠，印信爲一小兒石耀撿去，續回船始知失印，懊悔之。至石耀與冷青蓮爲比鄰，拾印後即向青蓮母女言之；青蓮雖不知爲印信，亦知是寶器，以賤價買得，煩倪愛秋往贖父罪，始歸今之胭脂帽矣。早年皮黃中老本，亦有封官失印。余家昔年即藏有此本，係梆部老名宿小生沈五先生所贈。緣遇龍封官一劇，在開場戲中，無人重視；即胭脂帽，昔時亦祇於第三四戲碼演唱，自譚英秀演此戲，人始重視之。若將此傳奇翻成皮黃，亦罕得之本也。

崑曲酒令百則(七)

伯駒

認我做賠錢貨(踏月)　經商者飲

改換當年破損貂裘(封贈)　御新衣者飲

只爲名和姓相同(漫猜看狀)　同姓者飲，同名者飲，同姓名者飲雙杯

我與他中表姻聯(趕車)　中表親者飲

園林芳草多(踏月)　連鬢鬍者飲

(完)

陳鴻喜，唱梆子花旦。係楊小朵之弟子。歌喉清脆，與當年羅小寶不相上下。庚子間，負名一時者也。

◁陳鴻喜君小影▷

△孫怡雲君畫軸▽

京劇之變遷(九)

齊如山

明朝人傳奇裏頭，常用很臟很下等的話白，如金雀記第四齣，及十二齣，懷香記的第十七齣，八義記的第三十齣，錦箋記的第十五齣，獅吼記第四齣，蕉帕記的第二十一齣等等，皆有之。

雜劇中之諂媚小人，多用柳隆卿，胡子轉兩個名字，如殺狗勸夫，寃家債主，東堂老等雜劇，皆用之。金雀記傳奇亦曾提及。

梆子腔中，無論生旦淨丑，於繞場的時候，往往念行：行行去去，轉灣抹角等句，恒有人譏爲太俗，其實此皆來源於傳奇之舊規矩。如霞箋記，精忠記，焚香記，懷香記，運甓記，白兎記，三元記，投梭記，水滸記等等，皆有此種句子。

目下戲界中人說話，凡臺上一切舉動舞式，都叫作身段，不知身段二字，始自何時。按劇說載：「江斗奴演西廂記於勾欄，有江西人觀之三日，登場呼斗奴曰：『汝虛得名耳』！指其曲謬誤，并科段不合者數處云云。」戲界名姿式曰身段，當即此意。

崑曲中小花臉，非說蘇白不可，此本毫無道理。(未完)

◁綴玉軒所藏明代臉譜之一九馬神▷

譚劇雜憶(八)

懶翁

那餓二字，有潦倒之意。)天寒冷，你就該，把帳棚來燒。你餓了，腹內飢，你就該把戰馬斬了。那石虎，把我的生騎絞倒。爲大將，無良騎，怎把兵交。叫老軍，看過了寶刀，青銅刀大道來找。(案交字疊宴，緊接叫老軍，殊覺得勢。此時執刀在手，耍一懶刀花，姿態橫出，此處不可以言語形容，觀者自知之。找字且行且唱絕好。)尋一個避風所，再作計較。(案計字高勁，轉到較字毫無痕迹。)當年從鬧五台山，志空長老對我言。他說道虎口交牙遭大困，難到如今果應了他的言。老漢說話理不通，分明說的是楊令公，手執寶刀望下斫，霎時間失卻了我的護身龍。(案四句皆鼻音，高勁不在汪大頭之下，其後向空連拜，從容就死，神情慘不可言。)(未完)

△昇平署扮像譜之十二一五臺之韓昌▽　(綴玉軒藏)

◁梅浣華君(左)朱桂芳君(右)之樊江關▷

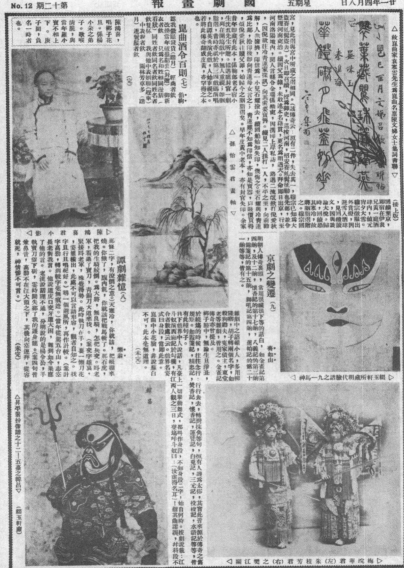

崑曲 虹霓關總本（綴玉軒藏）（十二）

今夕成何好。佳期在今宵。（辛文禮上）一似黃金費盡譯無計。身歸泉壤何遭際。留之由我藏春意。此後歡娛難已。（打四更）聽玉漏沉沉莫把良宵虛棄。（黑帳鬼魂嘆）（拉帷）【五供養】何來鬼魅。妖形兒在我床幃。（白）原來心自知。爲着淫相起。（白）噯喲，是了。敢是與我索命而來麽。（鬼嘆）（白）不是。（鬼）啊呀，是見你妻子失節，嫁我仇人，你心懷不忿，要借我手殺你妻子，與你洩恨可是麽。好，高叫三聲，去罷。（鬼叫）啊呀，且住。我想辛文禮，與他乃是結髮夫妻，尙然如此，俺王伯黨，日後豈不作今日之辛文禮。（唱）幌然心疑。絕情流斬他昧己。娥眉似虎。一則是古語留題。夫人，夫人，微微鼻息睡似迷。（白）夫人看劍。（殺介）淫婦已死，俺不免迎接元帥進城。（吹打）衆將官聽者，將四門大開，隨俺迎接元帥進城。（衆下）（衆引秦上）（王接上）（白）參見大哥。（秦）愚兄開路，你與辛夫人成親，眞乃可喜可賀。（王）這等淫婦失節，嫁我仇人，故而將他斬首了。（秦）言之有理。（王）請元帥一仝進城。（衆擁內白）賊將休走，俺袁浩來也。（秦）你家夫人已死，爾還不快投降，趕來則甚。（袁）我等前來，要與我家元帥夫人，報仇雪恨。（秦）休得狂言，放馬過來。（起打）（打介）（方勝殺）（袁修德走）（秦）二將已敗，我等就此進關。（衆）虹霓關已得，乃王賢弟之功也。後帳擺宴，與賢弟賀功。（衆）謝元帥。（衆同下）

（終）

本報啓事（一）

本報於直接訂戶，每期槪由郵寄，有郵局日戳爲憑，絕無漏寄。邇來各方，多有來函聲稱並未接到，要求補報者。本報因成本關係，茲特啓事，嗣後關於補報一節，請按每期六分，將款寄下，即行補寄。郵票九五折，以半分一分爲限。

本報啓事（二）

閱報諸君，如對於本報有訂閱，或諮詢之處，來函封面，務請書明「國劇畫報」字樣，以免輾轉延誤，致稽答覆。

北平國劇學會會員章程

第一條　會員　凡贊成本會宗旨者，得入本會爲會員。

第二條　會員類別　本會會員，分左列三種：

（一）基本會員：每年捐洋二百元者，爲本會基本會員。

（二）特別會員：一次捐洋一百元；或捐助物品圖籍，價值在一百元以上者，或勸募本會基金著有成績者，均得爲本會特別會員。

（三）普通會員：每月捐洋四元者，爲本會普通會員。

第三條　會員權利　本會會員，權利如左：

（一）基本會員負共同計劃發展本會之責任。並有被選爲本會理事資格，及選舉權。

（二）特別會員：得享受本會閱書，聽講，觀演，樂器諸利益，並有被選爲本會理事資格及選舉權。

（三）普通會員：得享受本會閱書，聽講，觀演，樂器諸利益，並有被推爲本會辦事人員資格。

本會約請戲劇專家，及本會理事會指導股敎授，講述戲劇學術，以備會員研究。每週一次，其日期與時間另定之。

本會備置樂器，以備會員清唱。每週一次，其日期時間與手續另定之。

本會會員如有文字意見，願在本會出版物刊登者，應於事前與本會理事會編輯股接洽。

本會一切出版物，會員購買，皆按半價，外埠會員因不能時常享受閱書聽講觀演聚樂諸利益，本會以一切出版物槪行寄贈。

第四條　[illegible]……入會後，須遵守本會一切章程規則。

第五條　繳費辦法　會費須於填寫會證時繳納。凡基本會員，特別會員，以年度計算，按季交納；普通會員以每季計算，按季分交。

第六條　改充辦法　如普通會員，欲改充特別會員，或基本會員者，特別會員欲改充本會基本會員者，均得隨時聲請繳費改充。

第七條　外埠會員　凡外埠同志，欲加入本會爲上列三種會員者，可直接致函本會，應依其情形特別辦理之。

第八條　公佈辦法　本會開全體大會時，及特別事項，應有專函通知。其例行公佈事項，（如講演，聚樂日期時間，及其他應行通知事項。）於本會畫報公佈之。

第九條　附則　本章程有未盡事宜，由理事會議決修改之。

民国时期社会民俗、文化、戏曲史、剧场史等都有着极其重要的文献价值。

《国剧画报》为艺术类专刊，周刊，逢周五出版，8开本，4版，道林纸，套色印刷，精美别致，图片清晰，文字典雅。头版多为戏楼、舞台及戏剧团体图片，配以说明文，创刊号为“1912年正乐育化会全体欢迎民党要人黄兴、陈其美等来京（南京）纪念合影”，从第2期开始刊登北平精忠庙壁画，先后收录了北平精忠庙梨园会所、故宫漱芳斋风雅存、颐和园德和园、宁寿宫倦勤斋畅音阁、四川万县桓侯庙、自流井南华宫、山西万泉四望村元代等全国各地戏楼、舞台图片50余幅。二版以报道国剧学会活动及国剧传习所消息为主，间以戏曲图片。三版介绍京剧历史、传授戏曲知识、刊载名伶剧照。梅兰芳、朱歇先、余叔岩收藏的《明清脸谱》《升平署扮像谱》《程徐画像》，齐如山拍摄的精忠庙壁画等稀世珍宝，占据了三版的大部分版面。齐如山撰写的《京剧之变迁》、张伯驹的《昆曲酒令百则》、懒公的《谭剧杂忆》等在该版连载。此外，还刊载了余叔岩、梅兰芳、杨小楼、袁寒云、张伯驹、王瑶青等名人书画作品和陈半丁的篆刻等。四版连载《虹霓关》剧本和广告。

《明清脸谱》是缀玉轩的珍藏，为了提高画报质量，提升画报品位，梅兰芳化私为公，在画报上连载，与所有戏剧爱好者分享。脸谱是京剧艺术的基础。缀玉轩巨资购藏内廷供奉脸谱，数量大，年份长，设色绢本，着色鲜明，绘画工细绝伦。周仓、判官的老成，狮精、从神、庞德的慈憨，包公、关公、程咬金、天王的威严，马神、白额虎精、火神的凶悍，杨七郎、尉迟敬德、铁拐李的恬静，赵匡胤、廉颇、钟汉离的睿智，个个粉墨登场，栩栩如生。

《国剧画报》共出刊两卷70期，于1933年8月终刊。

铁路沿线出产货品展览会与《铁展画刊》

从1933年至1935年，国民政府铁道部共举办了四届铁路沿线出产货品展览会（以下简称铁展会），以宣传国货为号召，以促进沿线实业发展为动机，以复兴铁路运输事业为最终目的，向世人展示了铁路部门变被动经营为主动经营的决心，对沿线农工商业的发展、各地商品的流通均有一定的促进作用，加强了铁路部门与社会各界的交流。其中尤以在北平举办的第三届铁展会规模最大、影响最深，这届展会还出版了两期专刊《铁展画刊》。

《铁展画刊》属专业性刊物，铁道部全国铁路沿线出产货品展览会主办，《铁展画刊》特刊编辑委员会编辑出版。画刊以图片为主，兼有文字，封面彩印，内文为彩图纸铜锌版印刷，8开本。因为临时性刊物，故而仅于1934年5月、8月出版了两期。画刊以图文的形式全面记录和报道了第三届铁展会概况，是研究中国铁路史的珍贵历史资料。

画刊第1期主要刊登了第三届全国铁展会会场路线图，铁道部部长肖像，铁道部业务司司长兼全国铁路沿线出产货品展览会主任俞棪的《发刊词》，蒋介石、汪精卫等国民党政要的题词，以及北宁铁路、道清铁路、粤汉铁路、平汉铁路、平绥铁路、津浦铁路、陇海铁路、京沪沪杭甬铁路、胶济铁路等各铁路沿线特产、建筑、风景、名胜等，封底为各铁路行车简明时刻表。第2期刊登了第三届全国铁展会会场路线图，第三届铁展会全体职员合影，于右任等各界社会名流题词、各路首领肖像、第三届铁展会会场纪实、会场鳞爪，以及名产馆、北宁馆、道清馆、粤汉馆、平汉馆、平绥馆、津

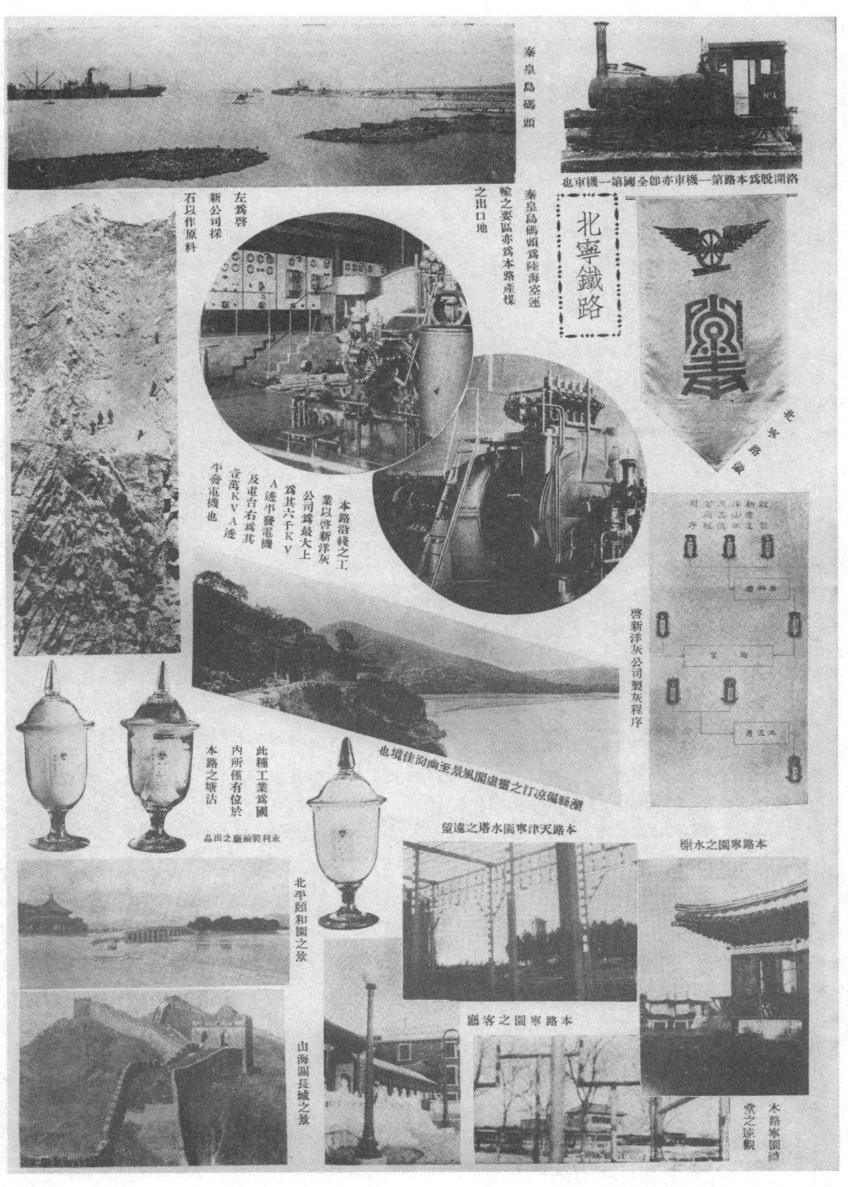
秦皇島碼頭
洛開脫爲本路第一機車亦即全國第一機車也
秦皇島碼頭爲陸海交運輸之要區亦爲本路產煤之出口地
北寧鐵路
左爲啓新公司採石以作原料
本路沿綫之工業以啓新洋灰公司爲最大上爲其六千KVA透平發電機及重台右爲其壹萬KVA透平發電機也
啓新洋灰公司製灰程序
灤縣偏涼汀之盤虛閣風景至幽而佳境也
此種工業爲國內所僅有位於本路之塘沽
永利製鹼廠之出品
本天津寧園水塔之遠望
本路寧園之水榭
北平頤和園之景
本路寧園之客廳
山海關長城之景
本路寧園詩堂之遠觀

北戴河海濱

海濱浴客

北戴河橋北面風景

西山老虎石下之浴場

西山浴場之北面

西山浴場之南面

北戴河海濱

北戴河之勝，厥爲海濱，三面環海，風景絕佳，爲夏日避暑勝地。夏令氣候，以華氏表測之，午時在八十度上下，晨暮在五六十度之間。本路每年於五月間，開行客車，直達海濱，以便利旅客之逭暑其間者而勝跡名區，雅足游賞，尤以海水浴場，爲游人集中之區。本編所列各影，僅爲一斑，已足令人神往矣。

東山東南之南天門

東山之金山嘴

蓮花石公園之一角

京滬杭甬鐵路

南京雨花台

在南京中華門外，相傳梁武帝時，有雲光法師築台說法於此，感天雨花因以得名。山中產五彩石頗堪賞玩，上有泉可通江心。

嘉興三塔

硤石東山

西湖鳥瞰

無錫錫山

振華油漆廠

爲上海創立最早亦最大之油漆廠黃虎商標質料純潔，光可鑒人，顏色凡數十種，應有盡有，耐用不退色爲純粹國貨取價尤廉該主人爲欲供獻北地人士此次參加展覽，極具熱忱，并爲兩路專館擔任義務油漆所耗頗鉅，爲特介紹數言，于愛用國貨諸君。

浦馆、陇海馆、京沪沪杭甬馆、附设杭江馆等各馆概况。

铁展会是20世纪30年代国民政府铁道部改革的一部分，一共举办了四届，分别为1933年4月10日至5月10日的上海铁展会，1933年10月10日至30日的南京铁展会，1934年5月20日至6月30日的北平铁展会，以及1935年7月10日至8月10日的青岛铁展会。铁展会是“中国历史上第一次由铁道部举办的，以铁路沿线出产货品为特色的全国规模的展览会，体现了铁路对沿线农、工、商、矿诸方面发展的积极影响，反映出了各路沿线地区发展的差异性，对反思中国现代化中存在的问题有着珍贵的启示”。

“九一八事变”后，国人的爱国热情高涨，争相以抵制日货相号召。但近代以来，历次抵货运动的实践表明，空有一腔爱国热情是远远不够的。在同外国侵略者的经济斗争中，只有变消极为积极，主动宣传国货，使国人认识到国货的质优、价廉足以满足民众日常生活的需要，不必依赖洋货，这才是爱国、救国的有效途径。鉴于此，国民政府将1933年定为国货年，全国提倡国货的呼声很高。铁路沿线出产货品展览会正是在这样的氛围渲染之下召开的，展出铁路沿线出产的国货产品自然也就成了宣传的亮点。

画刊在发刊词中明确指出了举办铁展会的目的：是为了使社会各界了解铁路沿线物产及实业发展状况，以便在商品贸易中有的放矢、贸迁有无，争取铁路与各界在更大范围内的合作，结果也是出人意料的好，各大城市不但积极欢迎铁道部前来举办展会，莅临展会的各界人士还建议在各埠设立铁路沿线出产货品永久陈列所，以方便各界随时观摩。

第一届铁展会于1933年4月10日在上海开幕，会场规模宏大，蔚为大观。初期陈列产品总计近万件，开幕以后，又有各路商人陆续送到货品，要求该会陈列。所有运到商品按种类的不同分为15个展厅，计为农产品、林产品、禽畜品、药材品、水产品、矿产品、工业品、建筑材料、料器、瓷器、金属、漆器、织物、苏货、运动器具、油纸、艺器、草织品、五金、食品、日用、电器、帽鞋、文具、化妆品、棉织、毛织、布匹、呢绒、机械、绸织等。但第一届铁展展品的征集是以路为单位完成的，商品运到后还要再进行分类，不但增加了工作量，也违背了铁展会宣传铁路运输的初衷，参观者根本无法对各路沿线所产一目了然。鉴于此，从第二届铁展会开始，采用各路设立专馆的形式，分京沪沪杭甬馆、胶济馆、平汉馆、北宁馆、道清馆、津浦馆、平绥馆等，几乎囊括了全国各主要线路。除此之外，铁道部还设立了名产馆，专门陈列各路沿线出产的名贵之物。

相比之下，北平第三届铁展会无论规模还是参展数量和参观人数，都远盛于前两届，也超过了青岛第四届铁展会。这届展会参展商品多达10万余件，展品虽多，但在评审上却极为严格，属同一用途者就为数不少，铁道部为了保证评审工作的公正性、准确性，特别聘请了农、工、商、矿及各种国产研究专家担任此次展品的评审工作，“网罗在平之专家学者达39人之多”，评审工作极为专业、客观，评审的结果也就更具说服力。为了满足参观者购买商品的需求，这届展会开始设立售品所，362家售品所从5月21日至6月5日交易额就达184340元，以此基础数据推算整个展期交易额约40万元。开展期间参观人数达百万之多，每日平均接待四五万人。而5月27日一天，竟达到了10万人！

按照铁道部原本的计划，在第四届铁展会之后，还要在西安举办第五届铁展会，但或许因政治因素的影响，或许由于铁路部门自身的问题，这一计划并未付诸实践。历时三年余，盛极一时的铁路沿线出产货品展览会就这样无疾而终了。

中国科学化运动的产物《儿童科学画报》

1932年11月，国民党政府高官和研究机构学者联合发动了中国科学化运动，并在南京成立了中国科学化运动协会，创办了《科学与中国》半月刊，在全国主要城市相继建立了分会，提出“科学社会化，社会科学化”的思想理念。为了实现协会“以500万人受科学知识之直接宣传为最低要求”的目标，普及科学知识从娃娃抓起，

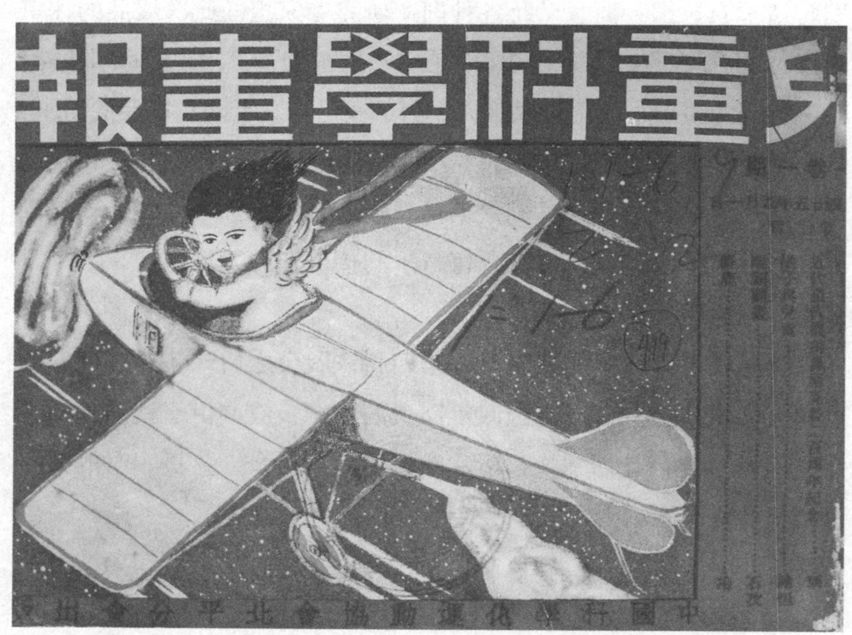

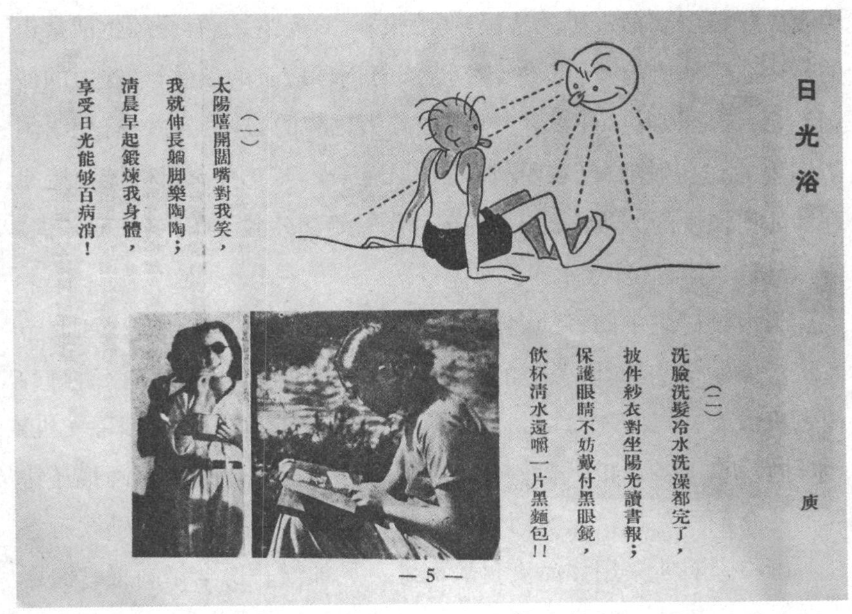

中国科学化运动协会北平分会随即创办了《儿童科学画报》。

《儿童科学画报》于1936年5月1日在北平创刊，社址在西单牌楼报子街76号，中国科学化运动协会北平分会编辑、出版、发行，北平京华印书局印刷，上海天章造纸厂提供纸料，全国各大书局设立分销处。画报属科普类刊物，月刊，每月1日出刊，16开本，18页。1937年4月1日出刊至第12期后停刊。

日光浴
（一）
太陽嘻開闊嘴對我笑，
我就伸長躺脚樂陶陶；
清晨早起鍛煉我身體，
享受日光能够百病消！
（二）
洗臉洗髮冷水洗澡都完了，
披件紗衣對坐陽光讀書報；
保護眼睛不妨戴付黑眼鏡，
飲杯清水還嚼一片黑麵包!!
庚
— 5 —

画报内容以“对于儿童、青年日常生活上予以科学指导及介绍各种科学知识的图画、照片为主，文字为辅”。有介绍世界著名科学家的《世界最大博物学家达尔文》《荷花池畔、苹果树下讲演牛顿故事》《詹天佑》等，有介绍天文地理的《地球的温热寒与春夏秋冬》《月蚀》《云》《月宫小姐》《地球》《星球》等，有认识动物的《兔》《猩猩》《养鸡致富》《蚁》《可惜一只不知饥饱的小獐》等，有认识植物的《水仙》《西红柿》《葡萄》《芜菁》《报春花》《芍药》《大丽菊》《香蕉》等，有介绍科普知识的《无线电台》《为什么有白天与黑夜》《气球》《抽水机的认识》《喷泉》《日光浴》，有介绍生活常识的《皮肤受伤应怎样急救》《喝水》《打网球应有的条件》《锉刀的使用》《每天应该吃些什么才好呢》《方头靴鞋的必要》等，有介绍国防知识的《高射炮》《装甲战车》《坦克车》等，有介绍机械制造原理和如何使用的《蒸汽机车》《新时代轮船和公共汽车》《飞船知识》《电焊机》《望远镜》《木炭汽车》等。

画报设记录中国各地名胜的“伟大中华”栏目，刊有《西北宁夏贺兰山的伟迹》《内蒙古的风光》《伟大的北平》等；设图讲解各种飞机性能特点的“每期一机”栏目，刊有《旋翼机》《烟幕飞机》《水陆飞机》《双翼机》等。为开发儿童的智力和创造力，画报还特辟“儿童创作”栏目，专门刊登儿童自己的作品，为了鼓励读者参与，画报除对所采用作品支付稿酬外，另加赠一份全年画报，深得小朋友的喜爱，一时投稿踊跃。如《我们的工业》一稿，就是一个年仅14岁的小女孩的投稿，作品不仅内容“很有意思”，而且还可

磨輪石

鋼鐵製作的磨光工作，要用空氣壓縮電力機磨輪石。

石攻

—13—

以看出她的思想“这么远大”。

画报初期只以单色印刷，从第6期开始，“不惜工本，加添了五彩精印图画”，增加了一项简易机械制造比赛，如《制造飞机比赛》等。从第7期起增加“怎样做一个科学的孩子”栏目，引导儿童学科学、爱科学，成为一个科学家。

画报文字简单，语言活泼，具有趣味性。如《葡萄》一文，先从人为什么要吃水果谈起，随后介绍了中国葡萄的品种，如新疆的绿葡萄，北平的玫瑰香葡萄、乳白葡萄，烟台的紫光葡萄等，列表说明葡萄中含维他命的数量，最后说明吃葡萄的好处。而《地球的温热寒与春夏秋冬》一文更是通俗易懂，即使毫无地理知识的人也能轻易读懂：

我们的地球，它的两端叫做“南极”和“北极”，在正中的大圈叫做“赤道”。近赤道的地方常被太阳光直射，气候很热，就是“热

1000
滅蠅運動是公共衛生上大有益處的。滅蠅的方法，有用蠅拍撲打，有用松香糖膠紙引誘，有用玻璃罐子捕捉，有用藥水噴射，等等。總之，隨時撲滅蒼蠅是不論兒童成人都應該做的。
要注意你的手指不要接觸到蒼蠅，偶爾觸及，立刻用胰皂熱水去洗手，纔免傳染。
小朋友們在放假日中到鄉間去宣傳做滅蠅工作
—12—

带”；近两极的地方，太阳光不能直射，气候很冷，就是“寒带”；“寒”、“热”两带的中间，太阳虽然也不能直射，但是射到太阳光却比寒带里强，气候比较温暖，就是“温带”；所以，我们把地球表面可以分成“北寒带”、“北温带”、“热带”、“南温带”和“南寒带”。这五带区分也就是地球上的“气候”。我们的中华民国在北温带，太阳光虽然是这样老照射着，但是地球老动着，一天之中的自转一周，有白天和黑夜不算数，还要在一年之中环太阳做公转的工夫。转到太阳光直射赤道，再渐渐向北的时候，我们住的地方天气渐暖，白天渐长，就是“春季”；转到太阳光直射赤道北面的时候，我们住的地方天气很热，白天更长，就是“夏季”；转到太阳光再渐渐向南直射回到赤道的时候，我们住的地方天气渐凉，白天渐短，就是“秋季”；转到太阳光直射赤道南面的时候，我们住的地方天气很冷，白天更短了，就是“冬季”。

《冰淇淋》：“吃冰淇淋是很合卫生的，‘冰淇淋’三个字的名称是不正确的，应该叫做‘乳冻’。制造冰淇淋的时候所有的材料和用具务必十二分清洁，稍不谨慎，就要传染大肠菌，能够请你一小时之间到厕所里去十七八次之多呢！制造冰淇淋很方便，在那消过毒的冰淇淋桶里装进牛乳、果子汁、结晶白糖、香料之后，装好罐盖，放入木桶，加以冰块及粗盐，慢慢地摇转，罐子里就凝结成为美味冰淇淋了。”这篇小短文让我们知道了当年人们对冰淇淋这个新生事物的粗浅认识，今天读来是不是觉得很好笑啊？

从《半月剧刊》到《北平半月剧刊》

对于民国时期的画报而言，看电影、歌舞类画报首选上海，因为上海当时代表中国的摩登与时尚；看戏剧类画报，当以北方为重，天津素有“戏剧之乡”之誉，而北平又因有徽班进京而产生京剧、富连成科班曾培养出无数名伶，被称为京剧的发祥地。因此，《国剧画报》《梨园周刊》《立言画报》《戏世界》等著名的戏剧画报均出自

北平。1936年创刊的《半月剧刊》也是其中之一。

1936年9月1日，《半月剧刊》在北平创刊，社址初时位于西四牌楼南缸瓦市路东吉祥里4号，主编沈闻雒，发行沈隽所，编辑姚寿祐、沈时勳、王墨髯，摄影倪子衡、何博生，聘请高承恩律师为常年法律顾问，北平半月剧刊社出版，和平门内东半壁街的集成（相记）印书店印刷，沙滩7号的杨本贤广告公司经销，属戏剧类画报，半月刊，道林纸，16开本，每期20页，每册零售8分。1936年12月16日出版第8期时社址迁至西城太仆寺街内背阴胡同甲2号，发行沈时勳，编辑刘文圃、姚观生、沈隽所、沈时勳，宣外大街的北平晨报承印部印刷。1937年1月1日出版至第9期时更名为《北平半月剧刊》，形式和内容均保持原貌，期数连续计算。1937年5月16日出刊至第18期停刊，时已涨价至每册零售1角。

沈闻雒在创刊号《卷首语》中表明了办刊目的："中国的文化因欧风东渐，摧残得如秋风落叶。我们以渺小的力量，想着保持文化中一部分有艺术价值的国剧，挽救这种日趋衰微的颓势。这是我们创办这刊物的目的。"该刊内容以研究中国传统戏剧艺术为主，多半为批评伶人的文字，意在鼓励他们上进，为中国戏剧的发展增光添彩。

该刊图文并茂，内容丰富，图文分离，图片印刷精美，多为戏剧剧照，集中于前后部分。图片部分不仅有伶人剧照，还有行业群体及艺人之间互相交往的照片，当年红极一时的四大名旦、四小名旦、四大须生、名净等均在其中。所有文章不配插图和照片，不设固定栏目，主要作者有非史翁、赵君宁、徐其祐、洗红、品生、持公、健吾、藏哲、沧玉、夏冰、璞玉等。主要刊登戏剧论述、梨园掌故、伶人品评、菊部珍闻和伶人生活。研讨戏剧艺术部分包含对唱腔、舞美、理论、检场、行头等的分析和对名伶名剧的评论，刊有《〈珠帘寨〉〈艳阳楼〉二剧嬗演之变化》《观慧生〈十三妹〉短

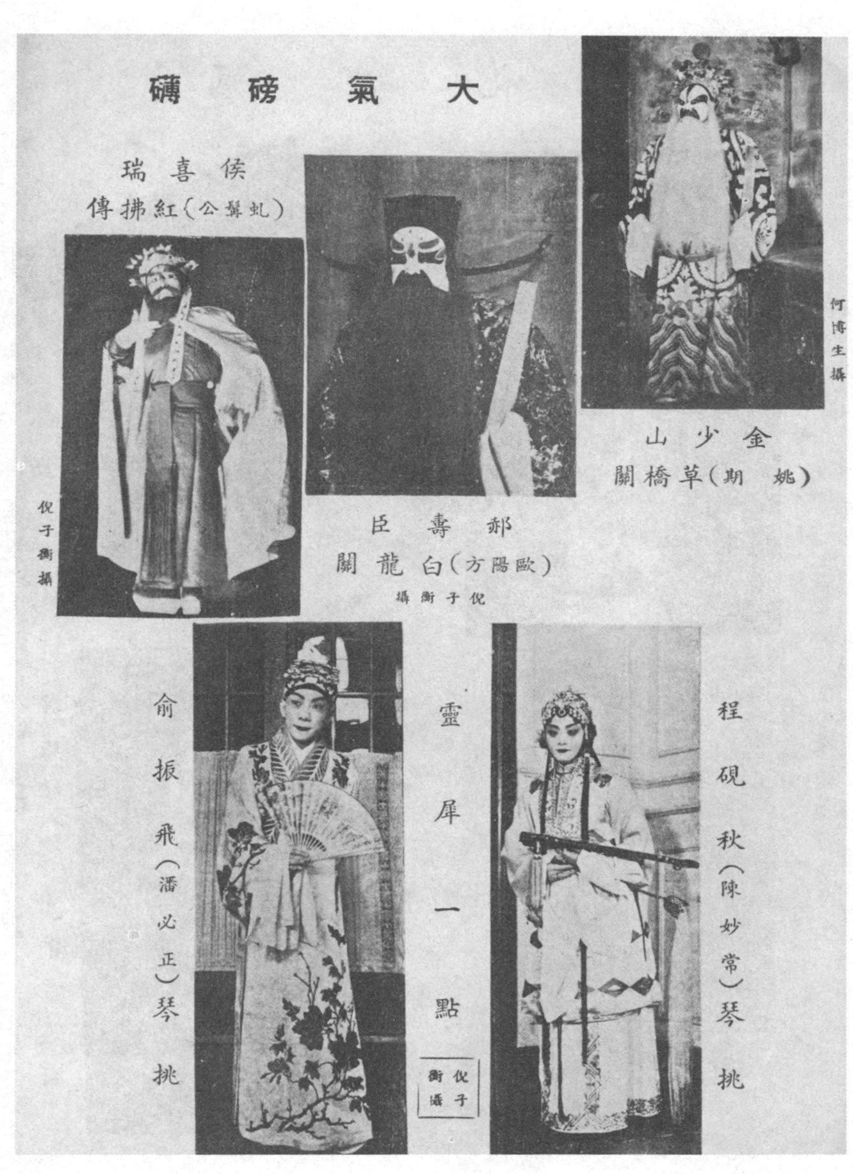

大氣磅礴

侯喜瑞
紅拂傳（虬髯公）
倪子衡攝

郝壽臣
白龍關（歐陽方）
倪子衡攝

金少山
草橋關（姚期）
何博生攝

一點靈犀

俞振飛（潘必正）琴挑

程硯秋（陳妙常）琴挑

倪子衡攝

貌花膚雪

陸素娟（蘇三）女起解

侯子衡攝

新艷秋（張玉貞）碧玉簪

梁秀娟（杜麗娘）遊園夢驚

華慧麟（寶蟾）寶蟾送酒

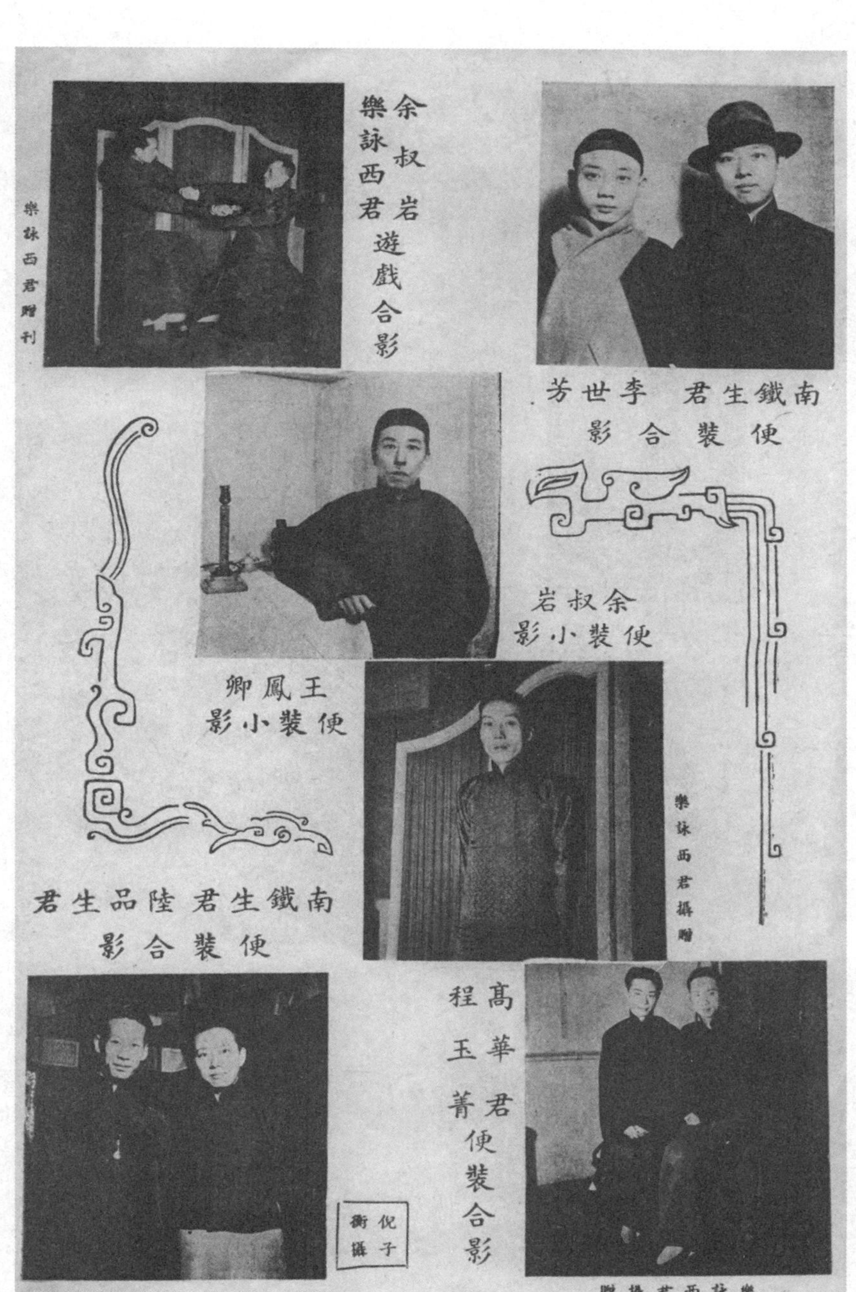
余叔岩 樂詠西君遊戲合影

樂詠西君贈刊

南鐵生君 李世芳 便裝合影

余叔岩 便裝小影

王鳳卿 便裝小影

樂詠西君攝贈

南鐵生君 陸品生君 便裝合影

倪子衡攝

高華君 程玉菁 便裝合影

樂詠西君攝贈

王又宸君
劇照

桑園寄子

珠簾寨

御碑亭

评》《观马连良之〈胭脂宝褶〉》《谈今日之武生人才》《咏坤伶吴素秋》《论吊场今昔之不同》《评剧与评之区别及蹦蹦戏何以谓之平戏或评戏》《关于改革戏剧之意见》等；为增加读者戏剧知识，增强趣味性，该刊也载有戏剧掌故和梨园逸事，刊有《昆弋班荣庆社记略》《花面考源》《皮黄发达概考》《双禽馆戏谈》等；菊部珍闻部分主要报道各京剧戏班、戏校、剧社、票房和名伶的最新动态，刊有《戏校参观志略》《中国高级戏曲专校》《菊丛琐谈》《姚宅堂会观剧纪盛》等。报道伶人日常生活较为普遍，便于拉近戏迷与名伶之间的距离。

第18期《本刊启事》称：“本刊因故，自18期后暂行休刊。除长期订户耑函奉知外，特此布启。”停刊原因不得而知，此后也未见续刊。

从《半月剧刊》到《北平半月剧刊》均具专业性、理论性、知识性和趣味性，在当年戏剧兴盛的时代，为广大戏迷所喜闻乐见，既丰富了戏迷们的业余生活，也增长了戏剧伶人的知识和专业能力，对推动中国传统戏剧的发展具有一定的作用。同时该刊丰富而翔实的图文内容，也为中国戏剧史研究提供了重要的参考资料。

精于经营的《沙漠画报》

“它就像骆驼般的漫漫的长途，不息地前进，负上沉重的担子，踏着松软的道路。它不像猿马的矫健，难为虎豹的奔腾，任慢脚迈过荒野，只默默不息地前进。有时蹚过清溪流水，旦暮难觅绿草萋萋，风沙会掩塞了前路。耐心啊！须不息地前进！天边悬着明月，山外送来笳声，莫管平沙枭飞猿啸，冲过艰难就有了坦途！”这是《沙漠画报》在创刊初期对自己的描述，也是当年画报业的真实写照。在战乱频仍、外强入侵、民不聊生、文化荒凉、画报短命的年代，《沙漠画报》之所以能够坚持5年、出刊192期，不仅是因为办刊人像沙漠中的骆驼一样执着地追求，更因为其有着良好的经营。

1938年4月16日，《沙漠画报》在北平创刊，发行人江汉生，主编初为张铁笙，不久即由江汉生亲自担任，摄影记者严羲，编辑多为兼职，长期聘请高承恩、赵世泰为法律顾问。社址初在宣外西茶食胡同26号，同年5月14日，因“业务发达，原有社址不敷应用”，迁至王府井大街大阮胡同15号，最终落脚于南池子北库司胡同1号。

《沙漠画报》为文艺类刊物，在征稿启事中公开申明远离政治的态度：“惟以趣味为主，且请勿伤大雅，含政治色彩者，希勿见惠。”其办刊宗旨为：“提倡正当娱乐，评论切身问题，促进真确友谊，建立和美家庭。”画报初为周刊，逢周六出版，后改为半月刊，16开

沙漠畫報
本報主辦
北京飯店遊藝大會專刊
第一卷
第九期
中華郵政特准掛號認為新聞紙類
本期要目
文字
關於本次遊藝會演員介紹
友誼的商榷
遊山人
家庭談座
女人的男人
少女日記
給我失去的人兒
愛情與愛情
播影講座
圖畫
聽楓館主「思凡」儀
梅李若秋李若蘇「武家坡」乾裝合影
青年會話劇團之五位女演員
10¢
Please Find the Progromme on Page 10

王紹先先生

老志誠先生

蔣風之先生

汪孟舒先生

婁樹華先生

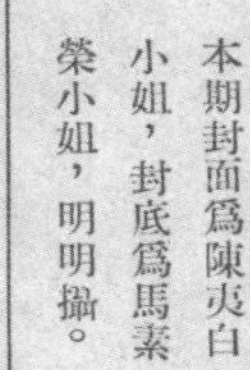

本期封面爲陳夷白小姐，封底爲馬素榮小姐，明明攝。

演員介紹

（此次担任節目諸君，均本市藝術界巨子，馳名九城，無待贅介，謹將平日不肯輕現色相數君，略爲介紹，希讀者諸君注意。

聽楓舍主——滬人，工書善畫，筆墨蒼勁，絕無纖穠之習，寫花鳥具生動之趣，作山水有蒼勁之韻，實足與當世名家相頡頏。書畫之外，尚酷嗜戲曲，且有深切之研求，崑亂皮簧，靡所不精，惟除善舉義務，向不輕現色相，此次概允串演傑作「思凡」熱心贊助，殊堪欽感。

李若秋小姐——爲平市名閨，前肄業女大，現在女院四年級，專攻音樂，精提琴，並能劇多齣，工青衣，今夏即將由女院音樂系卒業，擬赴法繼續研究。

李若蘇小姐——爲若秋小姐之令妹，亦肄業女院，主修經濟。對於舊劇研究特深，去鬚生，維妙維肖。與本市名閨呂寶芬，寧柏林等爲至好，且共同習唱，惟性好嫻靜，不輕露色相，此次經本報編者再三懇商，始允與乃姊共串一齣，至難得也。

汪孟舒先生——杭人，本市古琴聖手，操縵數十年，精心鑽研，得古樂三昧。現每星期五晚，於北京「中央電台」作古琴專講，間亦表演一二曲，陽春白雪，愛煞多少雅好古典樂者，然究未能飽聆雅奏。今晚得先生出席大會，當場表演絕技，在本市爲十年九不遇之大好機會，本報引爲無上光榮也。

關紫祥先生——提琴名家，國立藝專肄業時，西畫之外，即以提琴名於儕輩，後東渡赴日，繼續研究，深入堂奧，事變後歸來，月前出演協和，一鳴驚人。此次與鋼琴名家老志誠君合作，更屬珠聯璧合，克臻美妙矣。

關紫祥先生

周寶鑑女士

聽楓舍主「思凡」戲裝像

注意

演奏時 請勿出入

會場內 請勿吸烟 No Smoking

關於本次遊藝會

本報今晚（十一日）假北京飯店舉行盛大遊藝會，有三個目的：

（一）事變以後，我們感覺到這個古城太寂寞了，由社會團體主辦的高尚娛樂集會，幾乎等於沒有，然而這種會集，對於中外人士，又是極端需要的。爲此，本報不憚煩忙，特來主辦這個遊藝會，希望對這古城中的每位仕媛，作一個仲介的供獻，使每位感覺有這種需要的人，都能藉此機會，抒發一下蘊在心底的情感。這是第一個目的。

（二）本報出版，爲得是給大家作生活中的一種調劑，使「文化城」不至于變成了眞正的「沙漠」。但說眞話，我們的能力還不能完全達到我們的理想；知道本報的人固然不少，未識本報廬山眞面的也還大有人在。爲此，藉這個機會，將本報呈獻在每位觀衆之前，請求批評，請求建議，也請求合作。在精神物質兩方面都給我們一種指導幫忙，使「沙漠」眞正可以作沙漠中的一點泉水，就是「我們」的萬幸了。這是第二個目的。

（三）本報係由新聞界極少數朋友出資辦理，以本市印刷業落後，事變後百物昂貴，每週發刊一次，物質上的消費，雖然薄薄一冊，說來辭頗可觀。欲謀持久，有賴各方援助者不少，今晚此會，對此點當有微許收獲。但皇天在上，不敢謊言，談到賺錢，不啻說夢。爲了這區區三個目的，本晚的大會總算舉行了，我們很歡欣，但這全出各方贊助之力，尤其是擔任崑曲的聽楓舍主曼耘女史，表演舊劇的是李若秋李若蘇二位小姐，彈奏古琴的汪孟舒先生，義務出席，襄助善舉，大道熱腸，令人感佩。友好蔣風之，關紫辭，老志誠，趙希孟，蔡炳南，李抱忱，婁樹華，王紹先，諸先生，周寶靈女士，及青年會學生部贊歌詠團諸君，慨然担任節目，亦令人心感。韓理華，韓理茶及美國學校各同學，在會場幫忙招待，尤爲感謝！附述數語，徹表謝忱！

楚漢戰爭……琵琶獨奏

古調……王紹先先生

1. 列營
2. 分營
3. 擂鼓
4. 掌號
5. 放礮
6. 吹打
7. 點將
8. 排陣
9. 走隊
10. 埋伏
11. 小戰
12. 垓下大戰
13. 百萬軍聲
14. 霸王敗陣
15. 烏江
16. 衆軍奏凱
17. 爭功
18. 回營

琵琶十三套中名曲之一，武板，爲附奏漢子所作，描寫楚漢垓下大戰時之情景，用多數複雜之指法，表示不同之情調，極引人入勝。當兩軍決鬥時，聲動天地，瓦屋若飛隊，細聆之，有金聲，鼓聲，劍弩聲，人馬辟易聲，俄而無聲。久之有怨而難明者，爲楚歌聲，漢而壯者，有項王悲歌慷慨之聲，別姬聲，陷大澤有追騎聲；至烏江有項王自刎聲，餘騎蹂踐爭項王聲，使聞者始而奮，既而悲，舉千百年之大戰出於手底，現於眼前。古樂之悲壯於此可見一般。

李若秋女士

李若蘇女士

李若秋女士（左）李若蘇女士（右）「武家坡」戲裝合影

— 2 —

靜　（嚴羲作）

第一卷第九期
中華民國二十七年六月十一日出版
發行人　江漢生
定價　每期一角
社址　王府井大街大阮府胡同十五號
本報每星期六出版

攝影名作選

侶　（擷一道）

百合　（NUBERTDAVEY）

攝影講座

軟片

軟片是裝在鏡箱的後壁，尋常是一捲膠片，一端接以黑紙，一端則接以紅紙。上面復有色紙覆着，以便竊光。

現代最廉價的鏡箱則爲癭限方盒鏡箱，此種鏡箱的缺點，已如上文所述，其鏡口甚少，而且開攝是限於定焦距的，所以除特寫鏡頭外，其餘諸項攝物亦剸能攝得清晰之影。凡用廉價方盒鏡箱攝影的，其光線非充足不可，否則百分之九十要歸失敗的。

關於對光

如果你願意掉換一只較好鏡頭上去，結果也只有失望，因爲較好鏡箱在攝影中焦距是須變化的，僅有一種定焦距往往不能攝得清晰之影。

好鏡頭須備有對光標尺，在快門上你一定可以看到有許多不同的露光速率，例如從最快的動體攝影至最慢的快攝，其間當有許多不同的差別，如裝在摺式鏡箱上可更爲適合。

對光事件需要一點經驗，以估量被攝物與鏡頭間適當的距離。最近裝有自動對光鏡的鏡箱，日漸加多，因爲有對光鏡的，常能夠更爲準確。不過照片線條過於清晰，易趨呆板，常會減少藝術趣味的。

給我失去的人兒（續）

——一篇眞實的紀錄——

S　Y

我的母親很會唱歌，唱的都是我們鄉間的歌謠。我從小就跟學會了不少。記得有一次我和哥哥放學歸來，在途中他正得意的着那張老師剛教的「北斗星高」的軍歌，我呢，[illegible]哼着跟媽媽學的：

冷冷六，六六冷，門背有人聽。

你要聽來且聽去，莫來敗壞[illegible]名聲。

我還沒有唱完，哥哥已拉着我的手，嘴裡央着說：「好妹妹，你教我一首吧。」我被他纏得沒法，只得對他說：「別鬧！我就教你好啦。可是你別唱給別人聽呀，那是怪羞人的。」我於是唱着：

茶葉洗衫滿塘泡，因爲同你（跟你要好之意）家娘懶，

觀音面前跌蟹蛤（用以卜休咎者），蛤蟹轉紙嘛燒！

那孩子到也聰明，只念兩遍就給他記上了。只是貪心無厭，一首學完，又要一首，我非得和他鬧開玩笑不可。那時天上正下微雨，他用手抱着頭兒，怪像一個討飯的。我觸景生情，高興的對他說：「這是最後一首了，你聽呀：」

你是一個叫化子，出門沒帶傘，回頭遇大雨，你發愁，我歡喜。

他撲哧一聲笑了，隨即躲到我的傘下，一同回家。

（未完）

愛情啊愛情

能造成一個人，也能毀滅一個人！

翔

一

愛情是人類的目標。

愛情是心的藝術，是藝術的心。

愛情能給人們一種靈感上的興奮和進取。

愛情有一種魔力可以把人提高向上；它所以能夠提高人生向上的一種原因，就是因爲它供給了無數人類精神的最高品性的模範在這個社會之中。所以眞實的愛情能夠與給人們許多慰惠，增加人們許多信仰和希望；假使眞實的愛情和它所供獻給人們的東西，一旦取消了，那時人們的道德和精神上的存在，將要變成何等的空洞虛泛啊！

二

愛情完全沒有人種的偏見。

愛情是一種普遍而且均衡的勢力。

愛情像空氣一樣到處流漫着，到處爲人歡迎。

愛情把荒野異域的珍分的滋離拆開屏除；例如當愛情燃燒着在一對青年和少女的心中的時候，那種族，情色，國籍，風俗習慣，和地域區別的觀念等之虛構怪誕早已消聲匿跡地跑遠了。

（未完）

本，页数有12页、20页、24页不等，封面为黑、白、红三色套印，新闻纸、铜版纸各占一半，以文字为主，兼有图片和插图，但到了后期就只剩下插图了。画报每年一卷，每卷期数不等，至1943年7月第6卷第15期后停刊，共出刊192期。

画报初期设“爱的故事”“家庭”“学生生活”“闲篇”“电影圈”“世界著名趣味漫画选”“文艺”“世界趣闻”“科学常识”“时装”“美容”等专栏。从第1卷第28期开始增设由陈震主编的“漫画专版”，从第1卷第17期开始增设“戏剧专版”，由戏剧家听枫舍主陈夫人和吕宝棻主编，初为一版，后改为两版。

画报最为关注的当数妇女和婚姻，长期连载玲玲的散文《少女日记》、麦静的《友谊的商榷》、淑芬的《婚后的烦恼》，以及《可怜的初恋》《寄给娜的一封公开信》《献给未婚的女性们》《一对姊妹花》《爱情啊爱情》《我爱什么样的男人》《我爱什么样的女人》等，每期两篇以上的文章，都是在诉说女性的不幸与苦恼，指导女性如何与男性交往、如何谈恋爱、如何对待婚姻。画报还长期连载译文《女人与恋爱》，现在读来还饶有趣味：“最好的女人是最少被谈论的女人。”“镜子永不对女人说她丑。”“尊与敬是结婚生活的日常面包，抹上一些甜酱或蜂蜜是不碍事的。”“女人的品德是弦器的音乐，在室内发音最好听。”“女人是天生来恋爱和被爱的，她可以生于爱、死于爱；男人的爱是几分钟的工作，女人的爱是终身的事业。”

举办各种讲座是《沙漠画报》的一大特色。女性结婚后当然就要面对家庭，于是，画报就有了一个“家庭讲座”，刊登《家庭藏书　贤明家长的责任》《如何做好一个家庭主妇》《如何应付妻子》《献给家庭主妇们》《你知道怎样洗衣吗》《怎样教育孩子》等。“摄影讲座”不仅面向专业摄影师，更是普通摄影爱好者的良师益友，如《儿童照片》《云天照片》《桥上写生》《协和医学院毕业典礼盛况》等，都是摄影入门的基础。“美容讲座”的《乳房的健美与保护》《关于避孕》等文章，大胆地谈论了一些当年人们难以启齿的话题。此外还有“溜冰讲座”“音乐讲座”“科学讲座”等。

由于画报是私家赞助性质，因此就存在着营销问题。在北平文艺界颇具影响的江汉生，曾于1938年5月21日，在协和礼堂举行音乐演奏会，北平著名音乐家及男女名校歌咏队、舞蹈团参加表演。同年6月11日，在北京饭店举行了一次盛大的游艺会，北平众多艺术界人士和名闺名媛参加。8月，又举办了“沙漠之夜”游艺会。举办一系列活动目的有三：一是为了更好地宣传自己，让更多的人知道自己；二是为了解决画报出版经费支出，拉得一些社会赞助；三是每次活动后画报都要出版一个专号，以使内容丰富多彩。

为了指导读者投稿，由画报撰稿人麦静主持创办了“新文艺试作批改部”，为读者批改新文艺作品，并略做扼要点评。入会的50名学员，每人每月交费1元，每人每月有4部作品可以得到批改，每两个月举行一次新文艺试作竞赛，优秀者可在画报上发表。

画报还曾发起向全市征求1000位“沙漠之友”的活动，凡入选者，可以获得画报给予的各项优惠，如订画报、看电影打折等。江汉生亲自组织了“沙漠歌咏团”“骆驼歌咏团”“椰子杯乐队”等艺术社团。

画报在出刊5年中，先后出版了《结婚的教育》《时代小姐》《女人的故事》《爱的故事》《择偶术》《编织新集》《蠹书集散文》《吾家》等“沙漠丛书”。这些书因“趣味高尚，印刷精美，内容丰富，论撰新颖”，而成为“现代知识的宝藏，家庭生活的导师”。

珍贵戏剧资料《立言画刊》

1938年10月1日，《立言画刊》在北平创刊，主编金达志，社址在宣武门外椿树上三条28号，华北总办事处设在天津法租界中街82号，北京、青岛、济南、烟台等地均设立办事处。画刊于1945年8月停刊，近7年的刊龄，共出刊356期。戏剧内容占50%以上，多为第一手资料，深受读者青睐，为中国文化史、戏曲史提供了宝贵的资料。

《立言画刊》为艺术类刊物，周刊，逢周六出版，16开本，每期30页至40页不等。其图片部分主要集中在第一个栏目“小画报”，专门刊登名伶剧照，一度连载《名伶百影》图片，净角名宿郝寿臣之《失街亭》、青年须生纪玉良之《宝莲灯》、名丑贾多才之《纺棉花图》、叶盛章叶世长之《三岔口》等剧照，均为中国京剧史上的珍贵图片。

画刊的文字部分内容包括京剧、昆曲、文学、食谱、国术、科学、体育、书画、治印、家庭卫生、漫画、星命和小说等。“名伶小史”“名伶访问记”“梨园点将录”等栏目，记述了名伶和当红艺人生平、从艺生涯、成名机缘、奋斗史等，如《尚小云奋斗史》《关于宋德珠种种》《一派传人余叔岩逝世》《为谭富英说戏》等；陈墨香、汪侠公、徐凌霄、张聊公、景孤血、翁偶虹等著名剧评家开设的

“凌霄汉阁剧话”“侠公话剧”“脸谱讲座”“戏剧问答”等栏目，追述了中国戏剧历史，介绍了一些传统、新编及失传冷戏，评论了各个剧目的优劣和演员表演的得失，如蠹翁的《梨园话旧》、翁偶虹的《脸谱勾奇》；“电影”专版，刊登最新电影介绍、观后评影、明星动态；“黄色新闻”以艺人的小道消息、花边新闻、私生活等低俗内容吸引读者；“世界知识”介绍国际新闻、异国风情，如《中立国葡萄牙》《西班牙内战》等；“漫画”为该刊的品牌栏目，天津漫画家朋弟笔下紧贴生活、性格鲜明、深受读者喜爱的“老夫子”形象，就是在该刊上最先发表，并享誉全国的；“小说”先后连载宫白羽的《大泽龙蛇传》、耿小的的《怒岭仇峰录》、屠钧的《梨花压海棠》、许吟秋的《琥珀珠》和《双镖联姻记》、陈慎言的《新型家庭》，以及连阔如口述的评书秘本《东汉》、品正三口述的评书《龙潭鲍骆》等。

此外还有突出地方特色的专版“北京通”“天津专页”。民俗专家金受申自1938年开辟“北京通”专栏，至1945年画报停刊，共发表了300余篇研究清末民初北京社会生活的文章，内容涉及北京的风土人情、历史掌故、三教九流、五行八作。因此，世人称其为“北京通”。

天津报界名士王伯龙主编的“天津专页”，不仅再现了天津当年戏剧、电影的盛况及各娱乐场所的热闹场景，而且记录了许多天津掌故，叙述了一段段耐人寻味的人生故事。第135期的《白杨衰柳枭狐嘑古堡　鹤发绮颜泪血染鹃红》一文，讲述了一个银行家为了一个妓女而发疯的故事。

在前几年，天津法租界热闹的街头，时常看见这样一个老者，个子不高，头顶光秃，两眼精神奕奕，光彩逼人，颇有威棱，鼻梁金丝眼镜，上嘴唇白须如银，胶卷成威廉式，身穿笔挺贵重的西装，

立言畫刊

張海若題

再版名伶百影出版
歡迎從速訂購

本刊主辦再版名伶百影現已出版內容印刷封面均極精美定價本市每冊一元二角外埠函購加郵二角郵票不能代欵恕不收受

定價叁角

喜彩蓮家居近影

第一三五期

中華民國三十年四月二十六日

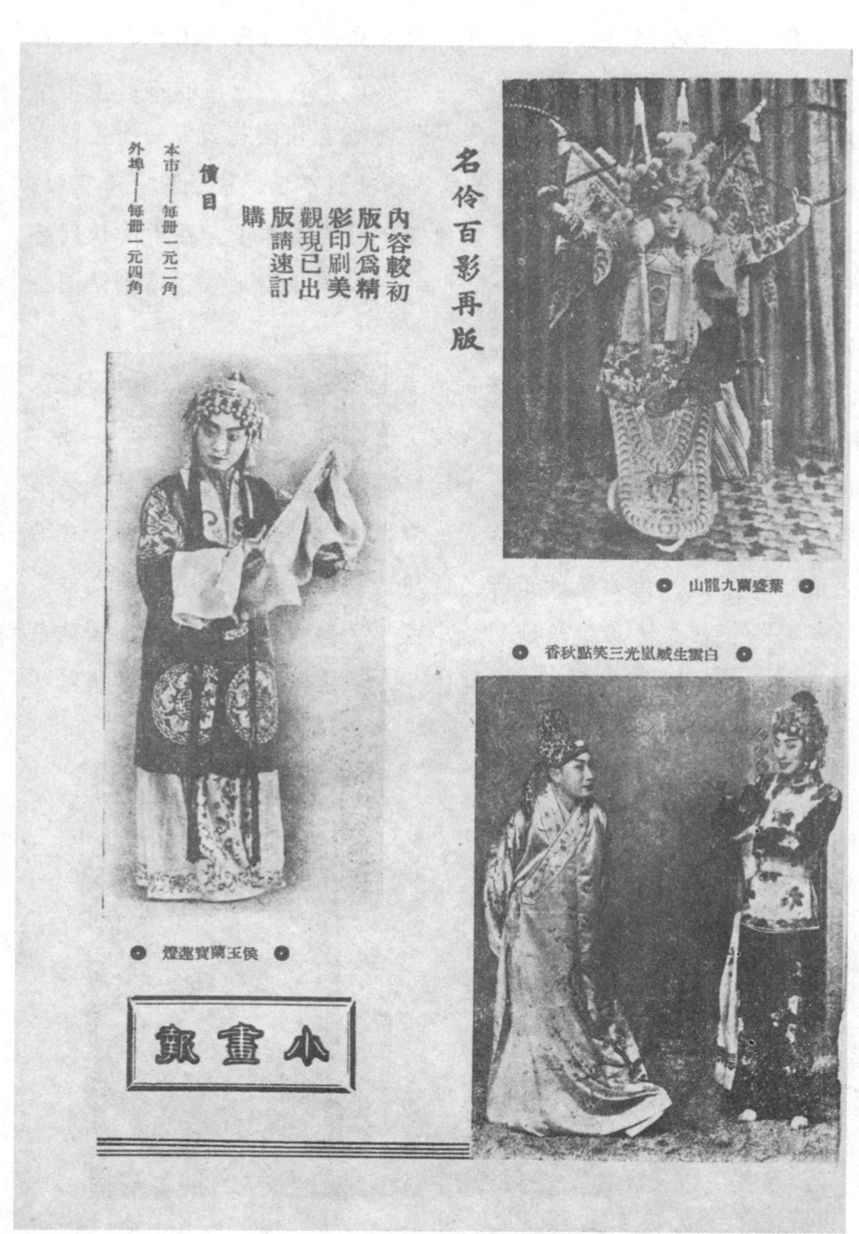
名伶百影再版
內容較初版尤爲精彩印刷美觀現已出版請速訂購
價目
本市——每冊一元二角
外埠——每冊一元四角
葉盛蘭九龍山
白雲生戚嵐光三笑點秋香
侯玉蘭寶蓮燈
小畫報

有时或着礼服，一望而知是个体面的绅士。可是他的举动就不伦了，骑一辆自行车在闹市里横冲直撞，有时竟将交通岗绕上三匝。又好骂街，当他演完车技，便在路旁将车依在身后，仰面向天，用手一指大声骂道：“你们家里开窑子……”他住在法国花园旁一所类似古堡的阴森住宅里，这所宏大的楼房已经破旧不堪，院子里有着花园，可是许多树上都没有叶儿，是被他爬树时给撕掉了。巨大的铁门终日地关着，在铁门内有一面木牌上写：“诸君欲看血衣，请到法国公议局或公议总局去看可也”……

这是怎么回事呢？差不多的人都已知道。他原是一个银行家，有着精明强干的脑力和体力，创建了他的事业。在若干年前，他为应酬偶然在妓院中认识了一个小姑娘。她曾经读过书，而且也是书香门第出身，为了贫乏而堕落。他为她惋惜，在同情心下面，在两人的情感下面，他为她赎了身，便建造了这所住宅来给她住。她要继续升学，他努力地供给她。她毕业了又出国留学。在她回国的前夜，他接到她一封信，说她已在国外与一位年轻漂亮的留学生结婚

了，对他的帮忙非常感谢，将来一定要将所用过他的钱归还。可是从此她的信儿就茫然了。

在突然的打击之下，他便自杀，但被救活了。从此，他便变成了现在的疯人，那血衣是自杀时所染的。他印象中总以为有人来要看他渲染的哀感，不知人们都已遗忘了呢！

他独自一人住在这宅中发疯，家人子孙都搬到别处去住，好在他的事业已为其子辈经营，他又没有特别越轨举动，所以，他的日子便这样延长下去了。

“风行华北、声誉久著”的《梨园周刊》

如果说1938年10月创刊的《立言画刊》是以戏剧内容为主的艺术类刊物，那么紧随其后的《梨园周刊》则是纯粹的戏剧专刊了。画报虽然存世时间较短，但因其聘请了汪觚叟、刘步堂两位民国时期的剧评家为长期撰稿人，有梅花生、赵琴逸、祥麟、默髯等众多评论家的加盟，并且始终倡导评论性文章毁誉各半，“毁者言出有道，令其扪心默首；誉者言出于衷，使之毫无愧色”的公平、公正的文风，因而文章不但客观，而且有见地、有深度，是了解和研究中国戏剧史的珍贵资料。故而，其自诩为“风行华北，声誉久著”。

1938年11月25日，《梨园周刊》在北平创刊，社长卢待之，主编郭芳溪，社址在和平门外琉璃厂183号，除在北平各大书局、戏园代销外，还在天津意租界大马路新德栈内的京津光明广告书报社设立了天津分社。从第5期开始，画报改组，王文信继任社长，郭芳溪仍任主编，迁至前门内西皮市路西26号。画报出至第10期后“因接办问题出现纠纷”而一度停刊。后虽和解，但又因登记手续没有办妥而迟迟未能复刊。1939年3月17日复刊，改称《梨园画刊》，再度迁至东直门内大街143号，而最终还是由于经济问题而约于同年年底宣告停刊。

《梨园周刊》《梨园画刊》办刊宗旨、内容风格一致，均为戏剧

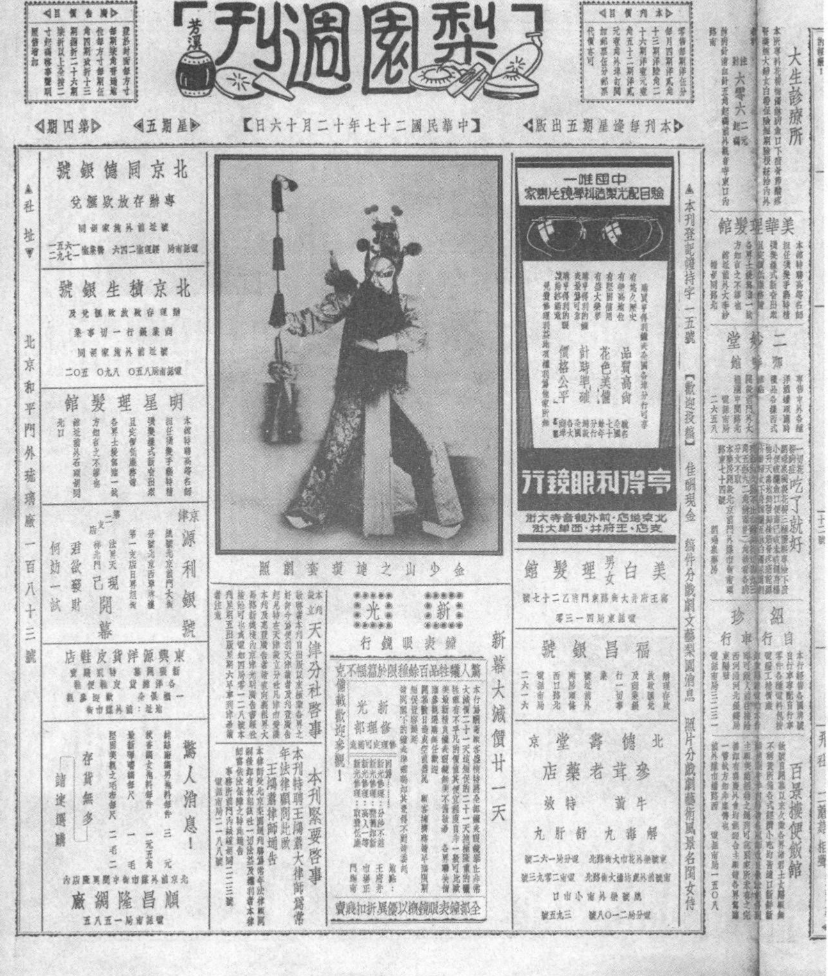

梨園週刊

本刊每逢星期五出版　【中華民國二十七年十月二十六日】　星期五　第四期

社址：北京和平門外琉璃廠一百八十三號

北京同德銀號　專辦存放款匯兌

北京積生銀號

明星理髮館

京津源利銀號

東興源洋貨皮鞋店

驚人消息！存貨無多　請速選購

順昌隆綢廠

金少山之連環套劇照

天津分社啟事

本刊緊要啟事

新光鐘表眼鏡行

新幕大減價廿一天

中國唯一驗目配光製造科學鏡片專家

亨得利眼鏡行

美白男女理髮館

福昌銀號

北京德壽堂參茸老藥店

本刊登記證持字一五號

歡迎投稿

大生診療所

美華理髮館

二妙堂

吃了就好

紹興東行

珍自

百景樓便飯館

『风行华北、声誉久著』的《梨园周刊》

中華民國二十七年十二月十六日　梨園週刊　星期五　第二版

臺灣論劇

程硯秋之琴挑

由譚迷說到言菊朋之擊鼓罵曹

醉後譚術

珍貴的消息

戲迷傳（四）

許露芳之最近便裝

伶人一生繫於倒嗆之期

第二期『猜謎』宣

猜謎

梨園週刊社
藝術之光
金次山題

本刊廣告部啟事

柒患花柳新老白濁毒病快來問我

總售處

福安醫館

用院醫和協
太和牛乳

吳翰揮
喝謝儒醫
陳韓之大夫

金錢和女人

萬紫千紅總是春

中華民國二十七年十二月十六日　梨園週刊　星期五　第三版

金錢和女人

萬紫千紅總是春

侍者必談

第一次謎語宣佈謎底

請猜猜看！

笑話

本刊廣告部啓事

『风行华北、声誉久著』的《梨园周刊》

中華民國二十七年十二月十六日　梨園週刊　星期五　第四版

實事小說　飛絮　編者的話

兩益軒羊肉館

鴻賓樓飯館

老松盛徽章局

救坤丹　婦女調經養血

廣盛祥　綢緞皮貨店

一品香澡堂

新華信託儲蓄銀行

馬回回　秘製

先靈診療所

新奇綢緞專家　正大綢緞莊

華綸綢緞廠

天德堂診療所　梅毒淋病專治

大觀樓

北京　成文厚文具店

世隆源

花柳救星

玉華旅館

藍買司千衛生涼煙

遠東帽店　皮帽應時上市

長安戲院　金少山

新新戲院　李少春

李萬春

慶樂戲院

華樂戲院

哈爾飛

大生診療所

美華理髮館

二妙堂

吃了就好

百景樓便飯館

▲本刊登記證字一五號　【歡迎投稿】

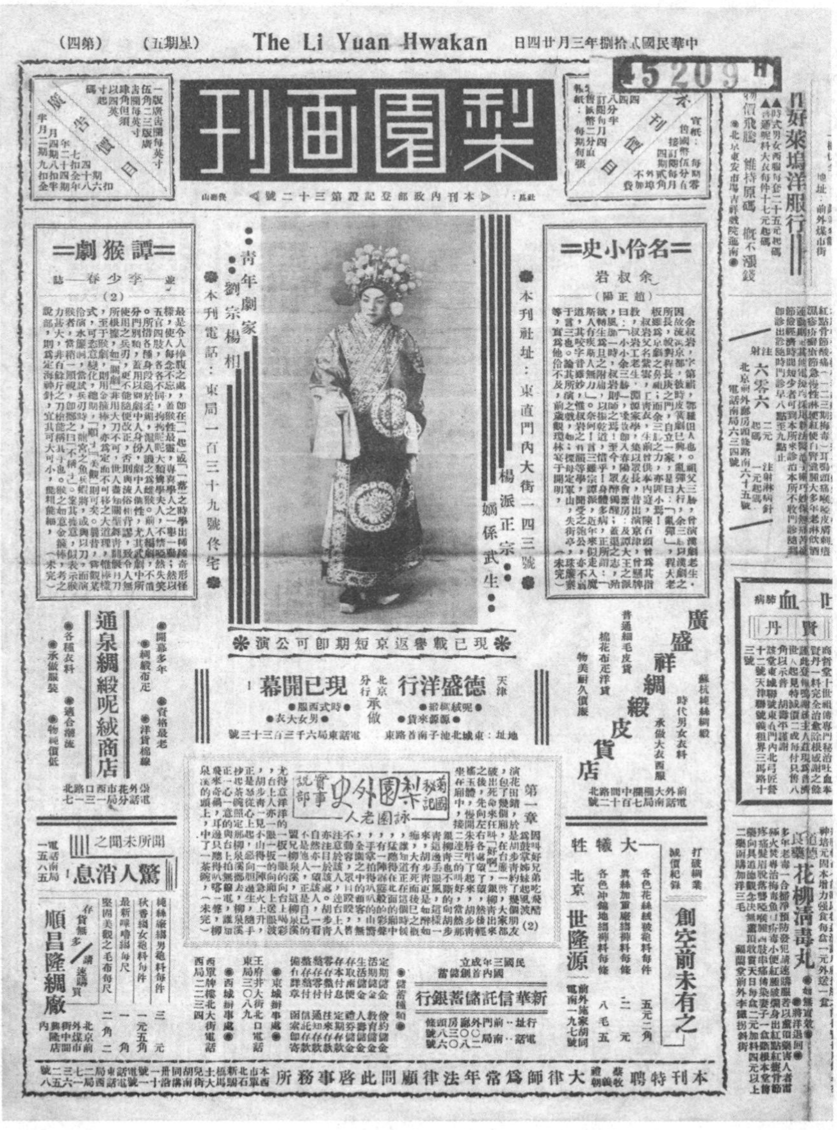

(第四)　(星期五)　The Li Yuan Hwakan　中華民國貳拾捌年三月廿四日

梨園畫刊

本刊內政部登記證第三十二號

譚猴劇

述——李少春——誌

(2)

名伶小史

余叔岩

(趙正陽)

青年劇家劉宗楊相

本刊電話：東局一百三十九號佟宅

本刊社址：東直門內大街一四三號

楊派正宗嫡係武生

現已載譽返京短期館可公演

梨園外史　詠園老人

第一章

本刊特聘蔡禮敦大律師爲常年法律顧問此啓事務所

「风行华北、声誉久著」的《梨园周刊》

北京梨園畫刊

（歡迎投稿）

（外埠直接定閱不加郵費）

閒話影劇

補充幾句

揚風扢雅

坤伶動態

坤伶消息

也是齋劇譚

天津劇場近況

劇場拾零

演失街亭外記

破血丹

搜毒丸

吃了就好

大生診療所

注射六〇六

痔漏除根

美白

男女理髮館

北京老画报

类专刊，周刊，逢周五出版，8开，4版，铜版印刷。图文并茂，图片精美，质量上乘；文字厚重，有分量。第一版是名伶剧照、生活照和广告。第二版开设“醉年谭菊”“祥麟谈戏”“琴逸厂剧话”“戏迷传”“珍贵消息”“猜谜”等专栏，刊载汪觚叟、刘步堂等的剧评、梨园珍闻逸事等。从第12期开始，逐期刊载刘步堂的家藏30年前的珍贵戏单，连载达天的“斋公菊话”和墨公的《墨髯论剧》。第三版开设“笑话”“戏话”“万紫千红总是春”“侍者必读”“伶人小史”“每期谈话”“武林名家传”等栏目，连载汪弃疾的长篇写实小说《胡不归》，偶见戏剧以外的内容，如《天冷了姑娘们正好注意化妆》《春情点点》等。第四版为文字版，连载痴僧的长篇实事小说《飞絮》，刊登以戏剧为主的广告，预告各戏园近期上演的戏剧曲目和演员阵容。

复刊改版后，画报增加了书画、舞场等方面的内容，连载郭芳溪的漫画《万能先生》和刘云若的长篇小说《金缕残歌》。

剧评家汪觚叟、刘步堂的文章是《梨园周刊》的一大亮点，他们对中国京剧的普及、发展、改革提出了积极可行的意见。如汪觚叟的《国剧之立场》：

往昔伶人不明戏剧之使命，仅知保守传统的口传心授，能够达到登台演戏，挣钱养家即属满足，根本不知戏剧在民族上、社会上、教育上、艺术上有绝大之关系也。因为中国戏剧自歌谣蜕变，经过种种改善，始得今日之成绩，而此中又分为昆（昆曲）、乱（皮黄）两途。然在此教育未能普及、文盲遍地之中国，昆曲文字固属绮丽典雅，而非一般民众所能了解，故欲求普及而补助通俗教育之不及，是非有赖于皮黄不可。是以皮黄在国剧中，据有优越之地位，一般讵可忽其使命，而不向改善途径努力乎？

国剧为艺术之一，恐任何人皆不能反对，是国剧久已具有艺术之原素明矣。所以未能巩固其在艺术界之地位者，非以其违反艺术原则，乃以国剧未能改善之致耳。吾人今日对于久具艺术化之国剧，倘欲促其进步，必须打起一新的口号，即“国剧合理化”是也。国剧（专指皮黄）之所以不为士大夫重视者，盖以其词句俗陋、情节荒谬，仅能视为娱乐工具，而不能登大雅之堂，更无论在文学上之价值矣。所以，欲求国剧发展，必先求其合理化。但所谓合理化者，对于有艺术价值者仍旧保留，譬如以鞭代马、以椅代门之类，因为在动作中有美化的姿式，倘取消此种抽象动作，则艺术价值乃受影响矣。然则究从何处入手乎？是须先从改正戏词始。

改正戏词，必须由具有文学修养、通晓戏剧之士，不惮憎劳，不避嫌怨，彻底修正，则国剧词句或有通顺之一日。然兹事体大，且非本文范围，姑不具论。笔者此篇论文之原旨，盖鉴于一般人根本对于国剧内层未加详考，竟妄发变相地摧残国剧艺术的言论，吾人殊未敢盲从其后，人云亦云，爰提倡“国剧合理化”，并阐明国剧之立场焉。

少男少女的良友《长城》画刊

“《长城》永远以最新的姿态贡献给读者，《长城》永远以充实的内容做您的良友；《长城》是时代少男少女艺术生活的温室，《长城》是寂寞情绪中的柠檬茶，《长城》是快乐家庭里的碧纱灯；《长城》画刊以崭新的姿态贡献在读者之前，《长城》画刊谨以热诚与读者结为永远伴侣，是读者理想的高尚娱乐综合杂志。”这是《长城》画刊创刊时的广告语。它因关注妇女、婚姻、家庭而深得广大女性的青睐，它因定位于青年学生而成为少男少女的良友。

1939年3月，《长城》画刊在北平创刊，社址在西单旧刑部街12号，由《长城》画刊社负责编辑、出版、发行，北平各大书局、天津光明书报社、济南永兴洋纸行均设立代销处。终刊时间不详，已见1940年6月15日出刊至第5卷第1期。

《长城》画刊为综合类画报，月刊，每月1日出版，16开本，每期24页，每册零售2.5角。封面分别为黑红、黑粉双色套印大幅美人照和绘画作品。画刊图文并茂，图片部分占画报的四成，以名媛名闺玉照为主，兼有明星、名伶剧照，摄影家作品集，著名书画家的作品选辑和国内外名胜风光。六成的文字以妇女、恋爱、婚姻、家庭为主，曾于1940年1月1日第3卷第4期，特约了14位女学生集体撰写了一组日记，名曰《少女日记特辑》。不久，又有《六名少女的心灵》。此外，还有特写《浪漫女作家丁玲的生活》《新春话梅》《捕鱼人儿世世穷》，科学小说《人与神之间》，都市特写《大饭店的哲学》，短篇小说《订婚》，地方风土特写《苏州玄观庙》等。有介绍异域风情的《西班牙大画家委拉格士速描》，有摄影家马誉澂的摄影作品集《燕尘杂掇》，画家许翔皆、曾一橹等的作品选。

《长城》因策划了多期少女特刊而网罗了一大批在校的大、中学生，而其中《少女日记特辑》，因“是女学生各方面生活的真实暴露，这是天真的心灵、活泼的情感之自描，这是14位小姐的日记展览会场”，而最受读者欢迎，一时在北京各学校中广为传阅，成为学生课余时间议论的热门话题。摘录署名浩如的《你要和我一样地枪毙恋爱》一文，让大家也了解一下20世纪40年代中学生们的所思所想：

真奇怪，世界上的人为什么心情如此繁杂呢？英与敏都彼此怀着不同的心情，住在不同的世界呀！她的心振动不了敏的共鸣，敏的心好像枯井里的水不生微波。

英在说，哼！在过去，我不明白你，现在我知道你是一个不太努力上进的人，更是一个不能吃苦的人。以前你虽指示我远离你好多次，都使我不能实行，一直到现在。因为我爱你，所以，我不能不时常找你。我不能躲开你，不理你，而去好好看书。因为我需要你，所以，我理你。如果不理你，我的心是永远也不会安宁的。我觉得你还不是完全不可救药的人，我要尽力量把你也带入和我一样努力，你要知道环境不容许我们鬼混的。家庭物质与小姐生活，哪种快乐是没有代价的？我们现在是学生，我们应该努力用功，要多看书，多方面地灌输，充实我们学识的不足。我们不浪费光阴，那样的快乐才是真正的内心快乐。

……我并不是说自己比你怎样，只不过是我比你在环境上，挣

少男少女的良友《长城》画刊

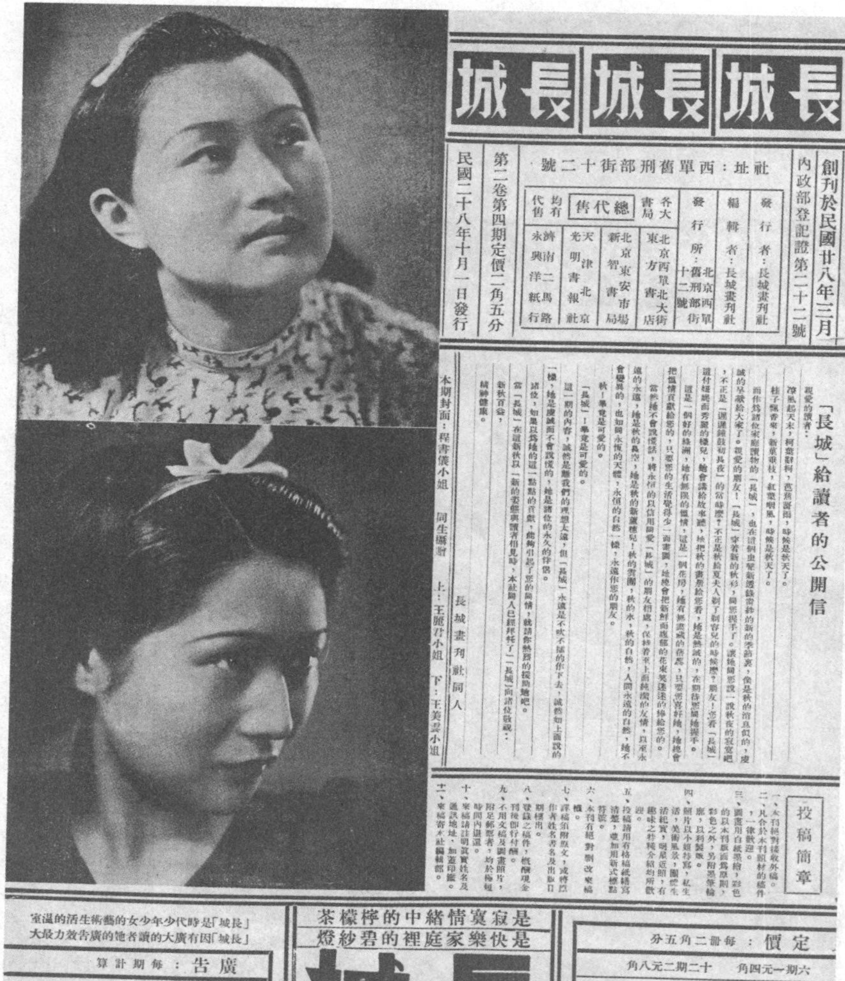

長城　長城　長城

創刊於民國廿八年三月

內政部登記證第二十二號

社址：西單舊刑部街十二號

發行者：長城畫刊社

編輯者：長城畫刊社

發行所：北京西單舊刑部街十二號

總代售：北京西單北大街東方書店　北京東安市場新智書局　天津北京光明書報社　濟南二馬路永興洋紙行

各大書局均有代售

第二卷第四期定價二角五分

民國二十八年十月一日發行

「長城」給讀者的公開信

親愛的讀者：

涼風起天末，梧葉辭柯，芭蕉謝圃，時候是秋天了。

桂子飄香來，新菊垂枝，紅葉啣風，時候是秋天了。

而作為諸位家庭讀物的「長城」，也在這個韭黎新透綠雷靜的新的季節裏，像是秋的消息似的，虔誠的呈獻給大家了。親愛的朋友！「長城」穿着新的秋衫，向您握手了。讓她同您說一說秋夜的寂寞吧，不正是「遲遲鐘鼓初長夜」的當時麼？不正是秋給夏夫人剃了剃容兒的時候麼？朋友！您看「長城」這付纖純而秀麗的樣兒，她會講給故事聽，她把秋的畫册給您看，她是熱誠的，在期待您同她握手。

這是一個好的綠洲，她有無限的溫情，這是一個花房，她有無盡藏的香馨，只要您喜好她，她總會把溫情貢獻給您的，只要您的生活覺得少一面畫圖，她總會把新鮮而溫馨的花束笑迷迷的捧給您的。

當然她不會說慌話，將永恆的以信用同愛「長城」的朋友相處，保持着平上面純潔的友情，以至永遠的永遠，她是秋的長空，她是秋的新黨穗兒！秋的雲團，秋的水，秋的自然，人間永遠的自然，她不會變異的，也如同永恆的天體，永恆的自然一樣，永遠作您的朋友。

秋！畢竟是可愛的。

「長城」！畢竟是可愛的。

這一期的內容，誠然是離我們的理想太遠，但「長城」永遠是不吹不搖的作下去，誠然如上面說的一樣，她是虔誠而不會說慌的，她是諸位的永久的伴侶。

諸位，如果以為她的這一點點的貢獻，能夠引起了您的同情，就請你熱烈的援助她吧。

當「長城」在這新秋以「新的姿態與讀者相見時，本社同人已經拜托了「長城」向諸位敬祝：

新秋百益，

精神健康。

長城畫刊社同人

本期封面：程書儀小姐　同生攝影

上：王麗君小姐　下：王美雲小姐

投稿簡章

一、本刊絕對接收外稿。

二、凡合於本刊題材的稿件，一律歡迎。

三、圖畫用白紙墨繪，彩色的以本刊版面為原則，彩色之外，另附墨筆輪廓，以利製版。

四、照片以小姐特寫，私生活，美術風景，團體生活紀實，明星近照，有趣味之特殊介紹均所歡迎。

五、投稿請用有格稿紙繕寫清楚，並加用新式標點符號。

六、本刊有絕對刪改來稿權。

七、譯稿須附原文，或將原作者姓名書名及出版日期標出。

八、登錄之稿件，概酬現金，刊後即行付酬。

九、不用文稿及圖畫照片，附足郵票者，均於極短時間內退還。

十、來稿請註明真實姓名及通訊地址，加蓋印鑑。

十一、來稿寄本社編輯部。

名畫家許翔皆先生名作選集

許翔皆先生山水精品↑

松蔭看書圖↑

鏡有文彩之麗，釵有殊異之觀，芳香既珍，素琴益好，惠異物於鄙陋，割所珍以相賜，非豐恩之厚，孰有若斯！覽鏡執釵，情想髣髴，操琴詠詩，思心成結。勅以芳香馥身，喻以明鏡，鑒形君此言過矣，未獲我心也。昔詩人有飛蓬之感。班婕妤有誰榮之嘆，素琴之作，當須歸，明鏡之鑒，當待君還，未奉光儀，則寶釵不列也，未待帷帳，則芳香不發也。」

後半首自「覽鏡執釵」以下，一句比一句的委婉，一句比一句的情重：看她說的「看到鏡子拿起釵來，髣髴和看到你的面一般，彈琴詠詩的時候，思念你的心緒，好像結了一團繩子，是不容易分開的。你讓我芳香薰身，又讓我對鏡化妝，這話太過了，是不對我的心思的。從前的詩人，在見不到她的愛人時，是髮亂如蓬，無心修飾，班婕妤也有「君不御兮為誰榮」的歎語。所以彈琴的話，必須等你回來；對鏡化妝，更要等你到家；見不到你的面，寶釵是不戴的；不侍奉你入帷帳，則芳香是不薰身體的。」這一段纏緜體貼的話，寫得無微不至，給她戴上一個「情書聖手」的皇冠，可以說是當之無愧的了。

一爭妍　·張之達攝·

→張奇蘭小姐　明明攝·

漁村之歌

北星

湖畔草被西風一夜吹黃，
銀霧的月光下漂着漁船，
漁村安睡於霧水裏；
是在天國裏幻想天堂。
✦　✦　✦　✦　✦
姑娘，這時我懷念起，
妳飄飄的髮，才般的臉。
✦　✦　✦　✦　✦
妳聽那湖岸之上，漁村裏，
不是正蕩着狂歡之戀歌；
因爲今日今宵我們仍是這般
年少。
✦　✦　✦　✦　✦
姑娘，這時我懷想起，
妳那歌聲的漫遊，
我那比牙琴的柔音，
曾低聲唱出我們的名字。
✦　✦　✦　✦　✦
誰說秋日是「詩」的季節！
我沒有詩，只一個希冀，
我們間已不容時間的遲疑，
只望妳給一個明白的示意。

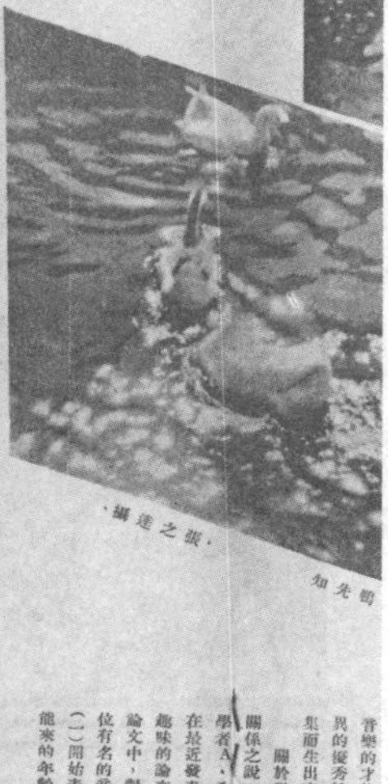

鶴先知　·張之達攝·

→金畹愛小姐(右)金配雅小姐(左)　·北京同生攝·

音樂的才能是「兩個相異的優秀性遺傳子」相集而生出來的。」

關於強調這種遺傳關係之說，美國的遺傳學者A．希亞斐非爾德在最近發表了一篇很有趣味的論文。他在這篇論文中，對一百二十二位有名的音樂家，分作(一)開始表現出音樂才能來的年齡，(二)開

是這樣：

(一)父母都有音樂的才能的時候，其孩子之百分之七十則有音樂才能。

(二)父親或母親一方有音樂的才能的，其孩子的百分之六十則有音樂的才能。

(三)父母都沒有音樂才能的，其孩子則只有百分之十五有

音樂的才能。

又調查其兄弟的結果亦是全部以上都成了優秀的音樂家。

下面再舉出他調查的實例來，更可證明普通的音樂才能出現之早。(在下面的表中，於父項中有(+)字號者爲表示其父有音才能，有(-)字號者爲表示其沒有音樂才能，母項中亦同。)

音樂家	開始表現音樂的才能的年齡	出馬爲音樂家的年齡	父	母
E.金巴利斯特	7歲	18歲	(+)	(-)
J.希乃梯	3歲½	13歲	(+)	(+)
T.賽德爾	3歲	14歲	(-)	(-)
F.莫里尼	3歲½	10歲	(+)	稍
Y.麥奴欣	1歲½	8歲	(-)	(-)
J.巴菲慈	3歲	6歲	(+)	(-)
E.古旋斯	5歲	10歲	+	+
M.葉爾曼	5歲	13歲	+	?
G.布斯塔徧	2歲	4歲	(+)	(+)
A.布林	2歲½	3歲½	(+)	(+)

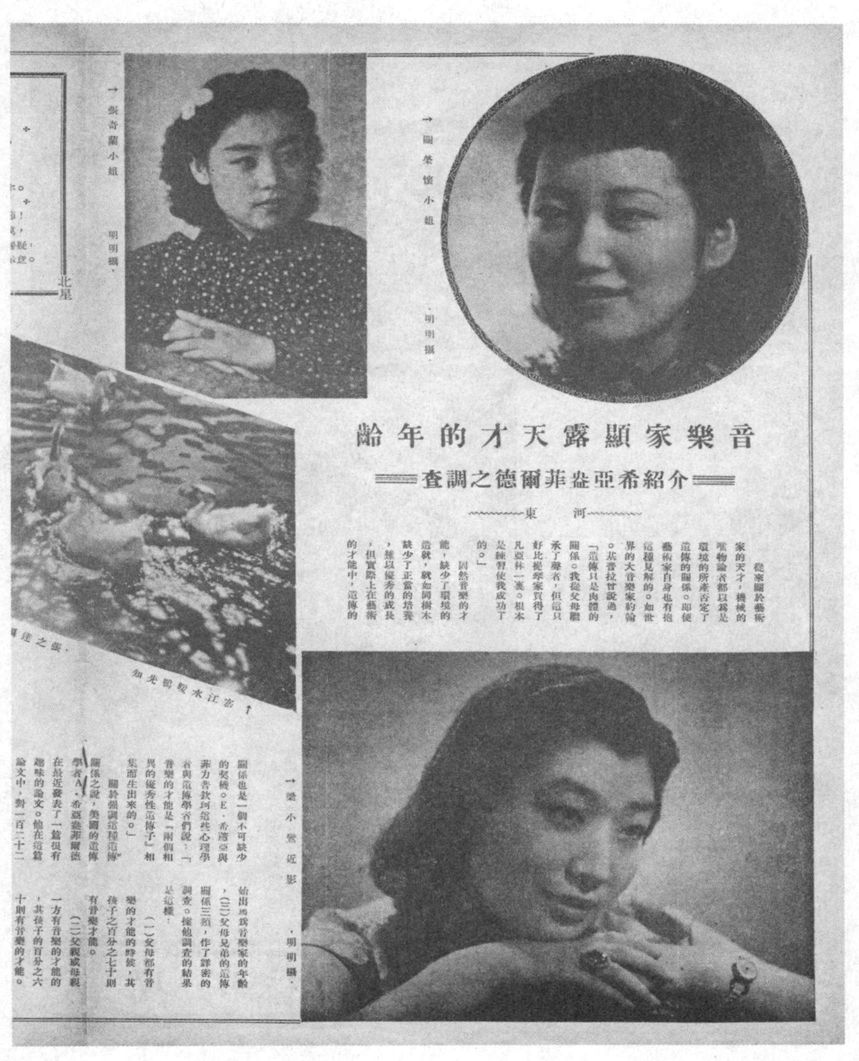

→張奇蘭小姐　明明攝

→關榮懷小姐　·明明攝·

音樂家顯露天才的年齡

介紹希亞盎菲爾德之調查

河東

從來關於藝術家的天才，機械的唯物論者都以爲是環境的所產，否定了遺傳的關係。即使藝術家自身也有抱這種見解的。如世界的大音樂家約倫。某音拉曾說過，「遺傳只是肉體的關係。我從父母繼承了聲者，但這只好比提琴家買得了凡亞林一裏。根本是練習使我成功了的。」

因然音樂的才能，缺少了環境的造就，就如同樹木缺少了正當的培養，難以優秀的成長，但實際上在藝術的才能中，遺傳的關係也是一個不可缺少的契機。E．希席亞與菲力普欽珂這些心理學者與遺傳學者們說：「音樂的才能是『兩個相異的優秀性遺傳子』相集而生出來的。」

關於強調這種遺傳關係之說，美國的遺傳學者A．希亞盎菲爾德在最近發表了一篇很有趣味的論文。他在這篇論文中，對一百二十二

→春江水暖鴨先知

→梁小鶯近影　·明明攝·

始出馬爲音樂家的年齡，(三)父母兄弟的遺傳關係三類，作了詳密的調查。據他調查的結果是這樣：

(一)父母都有音樂的才能的時候，其孩子之百分之七十則有音樂才能。

(二)父親或母親一方有音樂的才能的，其孩子的百分之六十則有音樂的才能。

青·島·的·海·濱

平沙無垠，白浪如練，這優美的青島海濱，到了夏天，正是遊人聚集的時候。紅的、綠的、紫的、黃的、泳衣、陽傘、和帽子。在極目無際的海灘上，平添了熱鬧的景色。

海風送來陣陣潮響，和着天真的兒童底歌聲、叫聲、青島直像是快樂的天堂。

那兒有的是海沙，貝殼是比任何玩具更令孩童高趣的東西。

海濱爲太陽浴最好處所，過慣都市生活的人們，趁夏天到那兒享受自然的療養。

噓噓的海風，滔滔白浪，奏起自然交響曲，看，老漁翁在那兒撒着魚網，這裏的青山綠水，真能使你陶醉了。

→海濱公園水族館

↑湛山一帶海濱——遠景爲太平角與東海飯店

陳紹文攝

↓前海沿小青島山　陳紹文攝

扎努力的一点经验来告诉你，使你也多知道一些，我们生活在世间不是享乐来了，是探险、吃苦、耐劳，时时与环境斗争的。我们该奋勇地从黑暗的笼中冲出去，努力寻求人生真正的快乐。只有努力奋斗的，理智战胜感情，有了牺牲，才是我们的真精神。千万不要再用很重的感情了，下降为感情动物，更不要再重演同性恋爱了。从现在起，你要和我一起枪毙恋爱，脱离她，去努力我们的前途，努力真正的事情吧！不要再踏以前的覆辙，努力充实自己吧！

更要知道我们是女子，我们所占的地位是平等吗？我们是千万之一的女子中的幸运者，我们该做她们的先锋领导者，起来挣扎，奋斗我们的地位。听，千万人的呼声，惨呀，什么悲壮呀？她们是不自由，她们时时刻刻期待平等曙光，并且希求用自己的力量，换来平等地位。所以，我们应该努力为大众寻求快乐，为人群谋福利，做国家的良好分子；要有坚忍不拔的真精神，献身于社会；要坚持到底，视死如归的精神去干吧！不要忘记我们担负的责任。好，去吧！不要犹豫了，时间已经不早了！不要迟疑了，我们在无际无边的处所相见吧！

《时代生活》里的“恋爱信箱”

《时代生活》约于1946年初在北平创刊，因经济关系曾一度停刊，后于1947年底复刊。社址在宣外永光寺中街4号，社长冯秉中，发行人罗正，编辑孟陶，约于1948年11月停刊，出刊60余期。

《时代生活》画报属综合性刊物，五日刊，16开本，每期12页，封面、封底为黑红套印，内文单色印刷。以文字为主，兼有照片和插图。图片多为影星、名伶玉照，电影、戏剧精彩镜头；文字有时事特写、内幕新闻、趣闻轶事、小品文、恋爱婚姻、电影、戏剧、小说连载等。

封面、封底除明星、名伶玉照外，多为报道最新时事的“特写”，有《蒋经国铁面无私　杨虎、杜月笙先后碰壁》《闲话文化故都五方杂处的北平四荒》《孔令侃走私的一件旧案》《民社党三分之局》等；第二、三、四、五版“内幕新闻”刊登《师承冯玉祥、韩复榘　吴化文反复无常》《潘公展之屋》《孔财神返国之谣》《要人们有先见之明　纷纷在港购置洋房》《“中国六十家”榜上有名》《冯玉祥故居标卖》《政工红人邓文仪》《公教人员将发双薪》《于斌是美男子》《王世杰、翁文灏、宋子文——三位畏见记者的要人》《总统自奉甚俭　居室不陈烟具》《陈济堂行将续弦》《财政部？赌政部？》《为了与胡适争学界霸权　李石曾做长舌妇》《佳话频传的唐山市长》

《张厉生不喜跳舞》等；第六版是耿小的主持的“恋爱信箱”，刊有《脑海深深印下她的倩影》《坠入单恋的苦海》《韩莉华小姐要进纺织工厂　有朋友肯帮忙吗》《梅丽小姐真超群　但仍有美中不足》《敬秋小姐来函征友　愿识爱国勇士做到理想的生活》等。第七版的小品文很有特色，刊载《调整物价　限制身价》《专员与副官》《妙语解颐》《招领良心》《金圆赞》《数十年所未有》《抢购风潮中应紧缩金圆券发行额》等；间有妇女内容，如《苏联外长的太太》《邓南遮论女人》《给女孩子们》《把热情加上锁钥》《我要拿出勇气来和梅露站在一起》《生活在希望里　忍受着相思债》等。第八、九版是“戏剧”“电影”的阵地，“戏剧”有《〈新闺怨〉的暗示》《宜兴戏迷要拜纪玉良》《张淑娴、张淑兰、张淑芸三姊妹下场不佳》《黄宗英断舌有因》《老万戏话〈羞家〉不平》《无中生有的新闻》《马连良暂难登台》《风流贵妇　王苹撒娇》，以及“梨园掌故”《活擒孔明与八擒孔明》等；“电影”中小栏目“银花朵朵”专门报道最新拍摄的中外电影和各影院上演剧目预告，“影评”有《佩芬是王玉蓉的名字》《吴祖光想编国父传》《蔡楚生新作〈西湖春晓〉　沈浮筹备〈希望在人间〉》《甲午之战要上银幕　演员要用二百余人》等。第十、十一版多为小说连载，有耿小的的《移花接木》、么其琮的《未婚妻》、金奇的侦探小说《中国女间谍》、郑证因的《鹰爪王》等。

耿小的主持的“恋爱信箱”是《时代生活》的特色，其内容：“一凡有关恋爱问题不能解决者，可来函详述事实，本信箱必予详尽之解答；一凡有不能直接投递之情书，可寄至本信箱，当可代为发表；凡征求异性朋友者，可来函述明姓名、职业、年龄、性别及通信处，本信箱即可发表。”这一栏目开办后，深得少男少女的青睐，一时来信来函如雪片般铺天盖地。耿小的每期精选两篇刊载，一篇是读者谈自己恋爱中遇到的一些实际问题，一篇是男女征婚启事。虽说是征婚启事，但又反映了少男少女们的苦闷，如《敬秋小姐来

時代生活

復刊第六二號

社長馮秉中：發行人羅正：編輯人孟陶

內政部登記證京警平字第一〇九號

經中華郵政登記認為第一二類新聞紙類

北平郵政管理局執照第五六號

社址：北平（19）宣外永光寺中街四號

民國三十七年十月二十一日出版

每冊定價金圓券二角五分外埠二角七分

閑話文化故都的北平四荒

五方雜處

封面：賈蕊珠

民社黨三分之局！

北京老画报

(8)

「新閨怨」的暗示

挺生

「新閨怨」的故事很簡單，只是說一對有志於音樂的青年男女，廖韻之和何綠音——由戀愛而結婚，接着有了孩子，但是因經濟關係，他們時時發生抵觸，在孩子病得沉重的那天晚上，韻之正在舉行盛大的音樂會，另一女同學周小憂給他伴奏鋼琴，並且極力安慰他，他感謝她，情不自禁的吻了她的手，恰巧這時候被綠音所看見，這時孩子也已死了。綠音感到這個社會對女人的壓力太大，不知如何做人才對，於是她終於走上了自殺之途。

這雖是一個簡單的故事，但我們隨時可以聽到這種類似的事情發生，戲裏作者告訴我們，女人並不是弱者，但在今天這個一切反常的時代，才使女人變成了弱者，婦女在今日臨到如此悲慘的命運，是這個一切反常的時代所造成，但是怎麼才能挽救婦女悲慘的命運呢？劇作者說：必須到老有所終，長有所用，幼有所長的時候，所謂「老有所終，長有所用，幼有所長」、就是大同世界，劇作者沒有能正面指出這個方向，當然有他不得已之苦衷，但是我們仍可以體會到劇作者的暗示。

上圖：言戀珠

宜興戲迷要拜紀玉良

[illegible]

袁美雲再抗議排名

[illegible]

未婚妻

么其琮著

「有準兒你的哈拂要好，我就把它留在老家裏，那樣我就可以不繳那份[illegible]的錢了！」「司馬清！佩服！佩服！你眞會打算盤！是經濟專家！」徐德容挑着大拇指說。

「唉！吃不窮，喝不窮，盤算不到就受窮！一個人哪活在世上第一件應該明白的事便是錢的哲學；一文雖少，積少成多……所以不瞞你說，我現在放着閻王賬，吃三十分利的那點小體己，全是一點一點積起來的！」

「你既知道是閻王賬，爲什麼還要放？」惜惜插言質問的說。

「那你可以問借方，既知人家放的是閻王賬，爲什麼還肯使呀？」

「嗐！那是因爲他們沒有錢呀！」惜惜回答說。

「完啦！我放閻王賬，是因爲我有錢罷了！」司馬清得意的說。說完面對着這座綺麗的花園，忽然不舒服的用手指搖起餐邀來，然後又補充的說：「錢這個東西，有一點也算有，是相對的，不是絕對的，假設我手中只有一文錢，却乎不多了吧，可是假若你連這一文錢也沒有，那我便可以對你說我是有錢的人，你呢，你要想借着化我這一文錢的時候，那麼你就得揑着鼻子，一切聽我的條件了，我的驚就是六法全書，我說出話來，便是條款，你要不服，那你不要借錢好了！」

「馬利亞！」惜惜長吁了一口凉氣，在胸前又劃了個十字：「幸虧我不要借你的錢！」

「嚐！惜惜！你借司馬清的錢，她不會要你一個鋼板利息的！」徐德容很挑皮的看了司馬清一眼，故意大嗓門說。

「什麼？」司馬清立刻發了急，眼睛瞪了多大，鄭重其事的板起面孔來，向徐德容呵責似的說：「笑話，你年紀輕，不懂事，尤其不懂錢的哲學，什麼都可以通融，唯獨錢不可以，要是一桌酒席，八個人吃，誰多吃一口，誰少伸一手，沒關係，朋友嗎，交情

張淑嫻 張淑蘭 張淑芸

三姊妹下場不佳

張淑嫻嫁給顏料商葉春華爲妾、可是同居以後的葉春華，已不像先前那樣的對她熱絡了。平時張到小姐妹家裏去玩玩，葉也盤問得非常嚴厲，所以張淑嫻的行動現在據說很受拘束，外傳是如此。張淑蘭現在是做定陳小穆的「分廠」了，花無百日紅，人無千日好，近年陳小穆對她，已並不如何寵愛了。原因陳小穆是個見花愛花的獨數能手，有個三元坊的某某老八，對她吃得着至於死去還魂，陳在「鑫大」登台時，常常在後台頂牢黃包車的不是張淑蘭，却是那個三元坊的老八。據說淑蘭現在正是含着眼淚過日，陶在想自己命薄。在一般人的眼光看來，誰都以爲張淑芸的歸宿最好了。她嫁給張伯銘的弟弟張維仁，一夫一妻正式結婚，家庭環境優異，生活相當舒適，誰知人有旦夕禍福，最近她的乃翁張稀寶，突然被人控以漢奸罪而被捕入獄，現已被處徒刑五年，所以兩位大少爺總是愁容滿面鬱鬱不歡，張淑芸自也不能再像以前那樣的，嘛啥事體，阿要來脫八圈了。

圖：童葆苓

李麗華

黃宗英 斷舌有因

黃宗英斷舌，現已痊癒。此次斷舌之因，則傳言紛紛，莫衷一是，其實這事的內情，實在是黃宗英的前夫害了她，蓋在斷舌之前幾天，黃宗英曾生過一場小病、適其前夫亦有事由北平去滬，知悉黃宗英有病，居然舊情復萌、買了一束花，前去探病一番。朋友探病，原極普通，但恰爲趙丹所值，當場提出質問，於是引起糾紛，大起勃谿，在一次鬧得過分之下，黃宗英自怨自艾，就來個斷舌表現，其實事過境遷，趙丹負荊請罪，至今又和好如初矣。

老萬戲話 「羞塚」不平

「馬前潑水」之朱買臣妻，在封建時代講究虛榮與貞操者看來，節直死有餘辜，致死後倘有所謂「羞塚」，未免過份。

宋會稽鄉守周卯，題朱買臣婦羞塚云：「當年一棄會稽侯，野墓燈蕉鎖別愁，惆悵不逢郎衣歸，至今粉骨倘含羞。」又方孝孺題云：「青草嫣邊土一坏，千年埋骨不埋羞，丁寧囑咐人間婦，自結禮禮合到底。」今日覩之，冬烘太甚。

按馬前潑水劇、買臣婦死，即收場，無所謂羞塚者，崑曲爛柯山雜劇，癡夢一折，較之羞塚，尤爲挖苦。但元曲中有漁樵記一劇，描寫買臣妻所以與夫離異，是故意激發朱買臣者，又代爲借錢赴試，以後煞尾爲大團圓，似有意爲買臣妻不平者。

嗎，不能爲一口菜兩口飯的出賣了朋友，就傷了交情，大家總是和氣一團，盡歡而散，可是反過來說要是錢呀，要是一皮包關金美鈔法幣擺在八個好朋友的眼前，叫他們分呀，馬上和氣轉成殺氣，別說是誰多分一張了，就算那位手裏把份兒外的一張，多在手裏撮了一會兒，給還張鈔票，增加了些濕度，朋友們潑準兒就爲這點原本可以冷下去恢復原狀的濕度，臉紅脖子粗的，小而口角，大而械鬥，結果什麼朋友呀，交情呀，滿都聽掰，俗話說親戚不交財，交財兩不來就是這個道理，它這句話，雖限於親戚，然而它暗含着一般人都如此，它的意思是，近的親戚都如此，朋友更不在話下了，一口氣說到這兒，稍停了停，又補了一句道：「實情也不得不如此，官事官辦：：」「四不像哪」一個穿着白襯衫，上罩綠毛線背心，下穿燈籠褲的女郎，打着天津腔，給司馬清的話上加了個尾巴，結束了她的議論。（未完）

函征友　愿识爱国勇士做到理想的生活》一文，读者可以从中看到当时中国下层百姓孤独、无助、迷惘、彷徨、绝望的真实心理，她的发问“何时是我们安乐日子”，也是当时国人的发问。所以，与其说这是一封征友信，倒不如说是一封控诉书：

小的先生：掩着一张怕羞的脸，一颗怅闷哀怨的心，呆了许久，才握起这支沉重的笔，来给您做一个最后的挣扎之路。这正是“愁云残月，落叶飘零”的秋夜，不禁对景伤情。人世是多么空虚渺茫啊！

小的先生：我是个孤单单的异乡人，现居姑母家，父亡，母居故里，而近毫无消息。自己在这多蒙姑母抬爱，继续进校多识几个字。可恨自己没有深造福气，生活的鞭痕日日加重。为减轻家人一部负担，遂忍痛含泪听其环境，失学了。从此坠入悲哀之深渊，脑海中留下了一幕不朽的辛酸残影。此时，返乡提不到，认识几个大字求职更是茫茫。偷生至今，不觉两度蟾圆。真是流光易逝，不觉感到“人生若梦，为欢几何”？可叹自己不知断送了多少好时光！这不能自喻的罪过与悲哀，只有把它埋藏在心底深处。

现在自己终日以书报为友，晚以群星为伴。忆往事，追未来，真是愁肠百折，不知道为什么要生到这样年月？烽火无止，爆声震地，何时是我们安乐日子？我真不敢想下去！今偶读贵刊，见内有您编之信箱，只像遇到明灯塔。愿您能帮忙借贵刊一角，披露出这不通数语，愿识位爱国勇士，最好能做到我理想生活中答案。尊重篇幅，至此，我以一片热望等待着。援助一个孤独的女同胞吧！

披露枪毙川岛芳子真相的《一四七画报》

1946年1月11日，《一四七画报》在北平创刊，发行人兼总编吴宗祜，社址在干面胡同3号，且在天津、唐山、长春、海南、锦州、辽阳等17个地区均设分销处，天津分社在南市广兴大街。画报从形式到内容基本仿效时已停刊的《三六九画报》的风格，因每月逢1、4、7、11、14、17、21、24、27日出版而得名。画报设卷分期，每卷12期，至1948年8月17日停刊时，出版至第23卷第8期。

《一四七画报》为综合性刊物，16开，每期16页至20页不等，普通新闻纸，虽称画报，但以文字为主，间有时事、戏剧图片和漫画、插图等，因纸质较差，图片模糊不清。“社论”“匕首”“三日谈”“旁敲侧击”等均为时事新闻、时政评论类栏目，刊登《国代用什么方法请蒋介石出任大总统》《美国援华与培植日本》《马歇尔的声望》《军事调处执行部》等。“国际茶话”是了解世界各地风土人情的窗口，“生活”是专为妇女儿童设置的栏目，指导妇女如何处理婚姻、家庭、教育子女，刊登《女人！女人!》《讳莫如深的性教育》《主妇的日子》《现时代的儿童心理》等。“科学人物志”则介绍了牛顿、瓦特、伽利略等科学家的生平和对人类社会做出的重大贡献。“特写”“小新闻”“银花片片”是介绍戏剧、电影的专栏。老北京金受申通过实地考察、亲闻亲见，撰写个人专栏“北平通”，发表《北平的俗曲》《北平俗曲录》《北平风俗曲》《风俗曲谭》《岔曲萃存》《岔曲笺注》《北平的评书》《瞽人的艺术》等大量有关北京曲艺的文字，是研究北京历史和曲艺民俗弥足珍贵的史料。“每期漫画”登载林辰、魏微等的漫画作品。“小说连载”有郑证因的《铁狮王》、刘云若的《粉墨筝琶》、宫白羽的《狮林三鸟》、许春羽的《碧血鸳鸯》等。

画报一周年纪念专刊的封面，为齐白石、徐燕孙、吴镜汀合作完成的蜡台读书图，齐白石题字“一支蜡台照见许多东西　一四七周年纪念　八十六岁白石”，吴镜汀补画爆竹，烛台、古书与爆竹浑然一体，静中生动，动里蕴静，简洁的画外，留有余味。

2009年初，长春《新文化报》报道称，闻名全国的大汉奸、风流艳谍川岛芳子（金璧辉），新中国成立后一直安然无恙地生活在长春，直到前不久死后才为人所知。而据当年《民国日报》《大公报》等权威报纸报道，她于1948年3月25日在北平第一监狱被秘密处决。

1948年4月7日第232期《一四七画报》刊载的《一生神秘之金璧辉》一文，介绍了3月25日国民党政府秘密枪决金璧辉时的情形，是研究金璧辉的珍贵资料：

金璧辉在第一监狱被神秘地枪决了，临刑时除法院的自家人以外，只有一位特准入内参观的美国记者。金璧辉是一个有名的国际女间谍，她的消息是被全北平，以至全中国及世界注意着，然而这样一个“主要人物”的处刑，只限一位美国记者参观，把本国记者反倒摒之门外，大概司法局认为美国人不惟可以代表中国人，而且是可以代表世界吧？好在金璧辉是被日本豢养的工具，而今日的日本也尚无“亲善”之必要，所以虽然神秘，也尚不至引起他人的过度猜想，倘然这事情发生在“七七”以前，则难免使人有戏法上的

一四七畫報

第二三二號

第二十卷 • 第四期

37. 4. 7. 本報出版第三年

封面說明：名閨趙雪琴小姐新婚小影

整容 耳鼻喉科

院長 周壽源醫師

專治：隆鼻術 雙眼皮 粉刺 面皰 雀斑 狐臭 兔唇 斜視 義耳 痔瘡 疤痕 以及面部一切不美諸症

◇本院爲診療患者方便計◇調劑護膚各藥 美容藥水

分診所北京飯店三一三號 本院絨線胡同西口 上午九時至下午六時 電話南二二一八五

福民醫院

華北醫療器械行

本行專門經銷各種醫療器械理化學儀器 並自設工廠製造及修理

電氣治療器 蒸氣消毒器 手術台等

電話（五局）一六六四

地址 北平東華門南河沿北口路西（A）三號

第一流百貨店!!!

怡和百貨總庫

北平西單北路東

電話（二）〇一六八

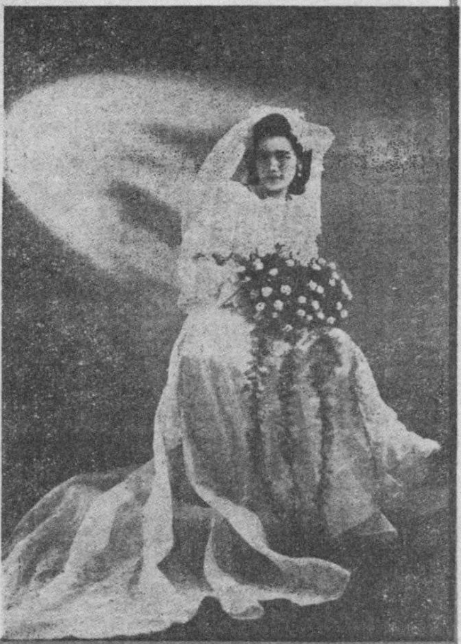

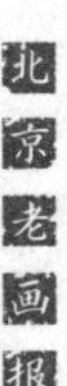

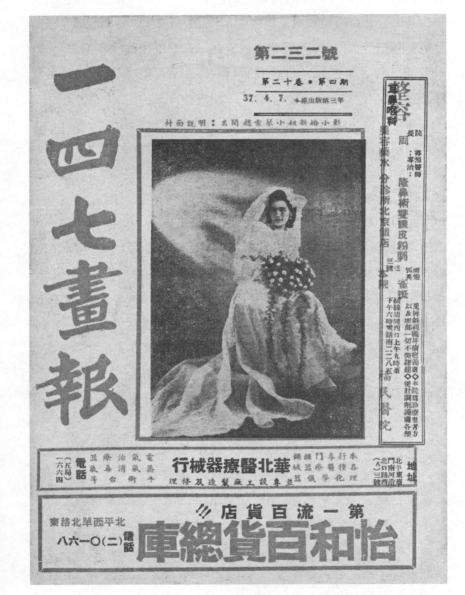

與培植日本

·樊放·

一生神秘之金壁輝

·庚次·

「金壁輝的神秘，一半是天賦的資質所造成，一半是人為的環境所造成，」

金壁輝於三月廿五日在第一監獄被神秘的槍決了！除法院的人以外，有一位特准自家入內參觀……

一新的日本是從根基上重建起來呢？還是在舊日本勢力的骨幹上？

自由

親視含殮

玫瑰刺

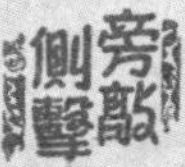

披露枪毙川岛芳子真相的《一四七画报》

×張椿華，張雲溪，李蓉芳等，應天津「上平安」之約，因特別事故，延期五天，「上平安」駐平當局，爲向三主角說明眞象，特在同和軒設宴一談，除三主角外，閻續春，蘇貫榮亦參加，主人與參者爲萬子和。

× × ×

×津某報載，坤伶張玉英將控告某小報編輯一節，並無其事，想係萬愚節之稿，發到二日上了。

× × ×

×據說：李萬春在上海之打泡戲碼，已派定頭天演「兩將軍」，第二天演「九併玉倫」，但以後有無變動，說不一定。

× × ×

葉盛章急於返平之原因

他說：別等變了狗

——下飛機之後就到興華園去洗澡

群老六正爲找儲金鵬，鬧得連早飯全沒吃好，忽然去了一個興華園的夥計，告訴他說：「葉三爺請你去呢」！當時把「老六」鬧了一愣，他很納悶，怎末頭天在上海完戲，第二天就飛回來了呢。

原來盛章有他的處世哲學，他知道一個角兒，到外埠去唱戲，是分「神仙，老虎，狗」三個階段。他認爲乘着戲院老闆還拿你當「老虎」看待的時候，戲完之後，趕緊拔腿就回來，到等在他們心目中一成了狗，那就自找煩心了。所以他頭天給上海「伶聯」唱完義務（自動的！）第二天就陪着老太太：和三奶奶孩子等等，一躺飛機就回來了。並且下飛機之後，就到興華園去，舒舒服服一洗這個澡。

群，也應該警告他一下，別讓他在外邊，這麼招搖。

小新聞

×李紹亭爲荀慧生，眞不容易，吃苦受累，赤心保國，日前荀慧生的內姪媳婦，爲了荀慧生，答應她給唱搭桌，而又要了陪銷，和還位老頭目麻煩了半天，氣得李紹亭直打「哇呀呀」。所以有人說，荀慧生對於這位老頭目，顧念二十年前相隨之義，這是對的。

李少春看杜鵑紅

徐東明的本戲「杜鵑紅」，自他妹妹東霞一死，本來不想動了，日前經朋友竭力勸說，在「三慶」貼了一次，成績是特別的好。東明的唱，做，比以前老練，眞是爐火純青，就是張壽君的扮像，嗓音，也頗有嘗懸珠的樣子。那天李少春幼春弟兄，也去聽戲，坐在樓下東邊，對於台上很是注意。

◇圖爲李少春之妻侯玉蘭及其愛子◇

李綺蓮何苦

南國佳人李綺蓮，逢人就訴說×××對她怎末，心懷不良了，又怎末搶去她的黃寶石戒指了，可是她現在還離不了×××，您說坤角還是什末心理？尤其是她請×××，孫玉祥，周和桐吃飯；想由這二人介紹，入藝術館，不知焦校長知道不知道，如果這群人在藝術館，沒有這種身份，那麼焦校長應該聲明一下，就是孫玉

水上漂要聽荀慧生

在「大陸」的山西梆子裏，紅了一個「水上漂」，萬先生逢人就誇他好，把他比作梆子班的芙蓉草。打算在大義務裏，有機會也派他一齣，讓他出出風頭。有一天「大陸」的汪先生，求焦韻舫，給寫個條兒，在「長安」靠一個座兒，原來是「水上漂」要聽一齣，荀慧生的「紅樓二尤」，同時還有人要介紹他，拜在荀慧生的門下哩。

「天蟾」幹部鬧意見！

九福里頂費未付清、京角一部份住旅館

吳性栽不再幹「天蟾」？內幕：

「買賣好做，夥計難搭」，這句成是一點也不錯的。目下吳性栽下了決心，不願再做天蟾錚合，也就是爲了這個原故。賠錢他得拿出來，賺了人家按股分，他覺得這樣作，不是生意經。

就拿九福里的招待所來說，本來是周翼華的岳母所有，所以在「頂」的時候，要價很便宜，可是這一筆便宜的「頂」價，還是吳性栽一個人拿出來的，直到而今，周劍星也不提還給他。吳性栽無法，就想出「羊毛出在」羊身上的辦法來。對於梅，楊這期的一部京角，不准再住九福里，請他們全住在旅館裏了，楊寶森夫婦安頓在「金門」，這一筆租金，統計起來要得六七千萬，園方到時候，得如數付給人家，不會像九福里「頂」錢似的，一直拖了下來。反正梅，楊這一期，還是能看得出是賺錢的，把賺來的錢再揚出去，看看誰得誰失！據說：吳性栽是決意不接辦「天蟾」了，就是周劍星接辦，以及以五份約黃並吞之說，怕也是空氣，將來拿這個好和顧家說話。

連環圖畫 陳御史巧勘金釵鈿

·吳一舸繪·

·第九圖·魯公子來到顧僉事家孟夫人到後堂張望

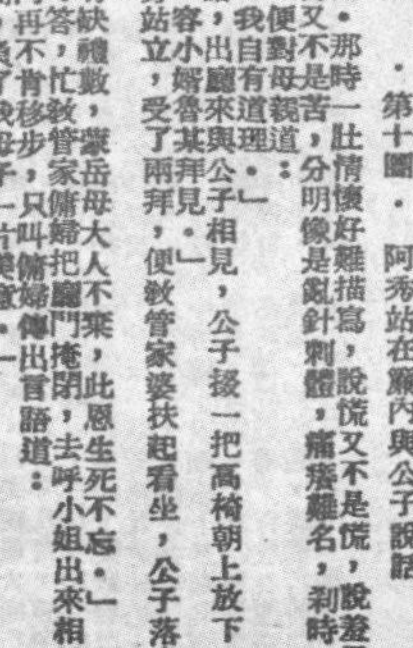

·第十圖·阿秀站在簾內與公子說話

·五·

披露枪毙川岛芳子真相的《一四七画报》

大锯活人的猜想了……她在监狱中守法安分，以至同监女犯听到她将执行，一致替她呼吁喊冤。报纸上登载她的自白书，连篇累牍，好像替她洗刷的成分比暴露她的罪恶成分要多些。人人知道她应该死，但好像人人不愿意叫她死，她就是这样神秘，以神秘终其一生。

对“性教育”和“儿童心理”的探索，可以知道《一四七画报》在理念上的超前。《讳莫如深的性教育》建议中国的性教育从三四岁的儿童开始；译文《现时代下的儿童心理》则明确指出当年儿童因战争、贫穷等现实普遍存在着心理问题，“只有希望合理社会的到来，一切影响儿童心理不健康的经济困难问题才能彻底解决，那些造成家庭经济困难的现象如剥削、压榨、垄断、寄生、夺取等罪恶根源，亦才能灭绝净尽”。

中国戏剧史重要史料《戏世界》

1946年4月，《戏世界》在北平创刊，后曾一度停刊，同年8月1日复刊，期数连续计算，画报现存至1946年10月31日第216期。总社在和外小安澜营头营，分社在天津南市广兴大街。发行人叶子贤，编辑吴焕苏。《戏世界》画报以记录当年戏剧活动为主，以讲述戏剧历史为辅，兼有电影、广播、曲艺等方面内容，是研究中国戏剧史的重要史料。

《戏世界》属艺术类刊物，日刊，初为大16开，4版，从1946年10月18日第203期改为8开横本，2版。头版报道各地戏剧消息、名伶动态，有及时报道评论戏剧界重大事件的“特讯”、讲述戏剧历史的“梨苑秘辛录”和传递全国各地戏剧新闻的“各地通讯”等栏目，如《上海〈平剧皇后〉选举　言慧珠膺选皇后》《轰动南北·万人瞩目中，马连良昨飞平投案》《稽古社全部行头出售》等。第二版长期连载徐兰沅的《京剧讲话》，设“名伶访问记”“戏曲掌故”“戏剧问答”等栏目，刊有《王老供奉指示的一件事》《〈天河配〉专页》《王瑶卿》等。第三版是电影和广播专版，电影设“影坛拾零”“影人介绍”栏目，有《介绍抗战影剧人》《〈圣城记〉加紧工作连夜赶制》等；广播设“广播花絮”“天津广播”“播音圈”“播音室”等栏目。第四版是记述伶人往事的人物版，“特写”栏目有《马连良自己说生平有两件懊悔事》《李玉茹说笑话》《金少山谈“机”色变》《李玉芝打针吃药》等，另有与读者沟通的“戏剧信箱”。

画报改版后，形式略有改变，风格未变，栏目基本保留，增加了小说连载，有徐春羽的技击评话《冰雪蛾眉》和天涯最惨生的《花下流莺》。

1946年8月25日第150期，以《上海〈平剧皇后〉选举　言慧珠膺选皇后》为题，报道了“言慧珠以3.77万票独占鳌头，曹慧麟以1.06万票当选亚后，童芷苓声明放弃竞选”的评选过程。

1942年10月下旬，马连良等40余人以“华北演艺使节团”的名义，前往东北义演，并将义演所得的25万元全部捐给张德纯的奉天

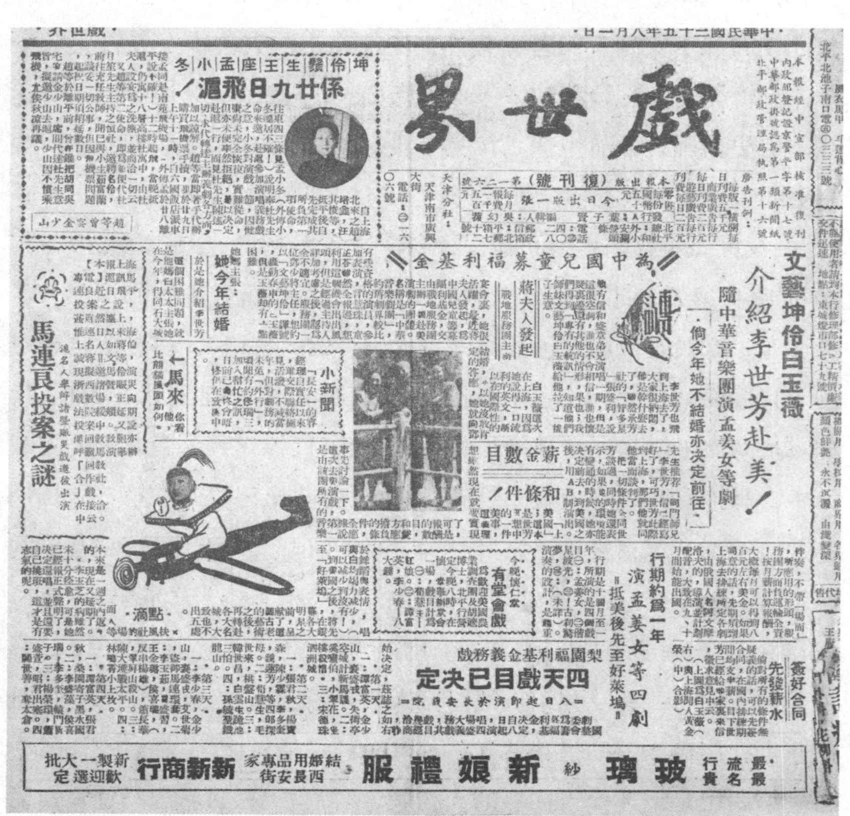
中華民國三十五年八月一日

戲世界

復刊號

坤伶鬚生王座孟小冬 係廿九日飛滬

為中國兒童福利基金募

文藝坤伶白玉薇 介紹李世芳赴美！

隨中華音樂團演孟姜女等劇

倘今年她不結婚亦決定前往

馬連良投案之謎

蔣夫人發起

小新聞

馬來你看

薪金數目

行期約為一年

演孟姜女等四劇

抵美後先至好萊塢

梨園福利基金義務戲

四天戲目已決定

新娘禮服 紗 玻璃

新新商行

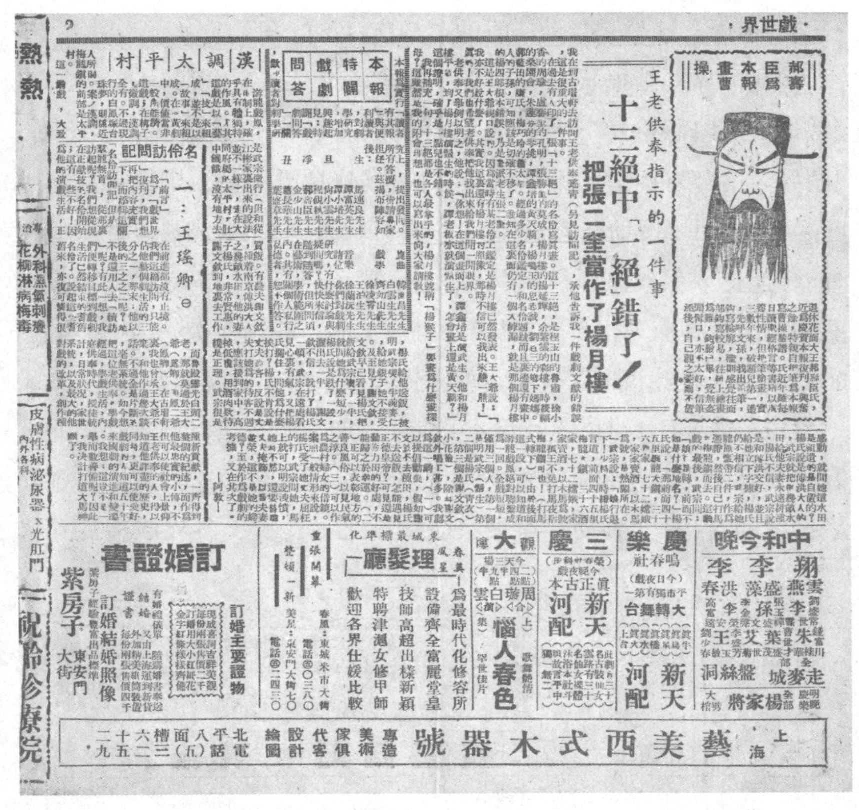

·戲世界·　2

郝壽臣爲本報畫曹操

王老供奉指示的一件事

十三絕中「一絕」錯了！

把張二奎當作了楊月樓

本報特約戲劇問答

漢調太平村

名伶訪問記　王瑤卿

訂婚證書

東城最標準化　理髮廳

大觀　惱人春色

三慶　新天河配

慶樂　新天河配

中和今晚

上海藝美西式木器號

私立文化学院。回北平后，他又寄去了10万元资助金。1943年，张德纯以42万元伪满币买下了锅山女子专业学园校舍，于同年8月，迁至新校址。此后，又将奉天私立文化学院改名为奉天市伊光中学（今沈阳回民中学）。抗战胜利后，一些国民党接收大员到马家敲诈。马连良很是反感，让他们碰了几个硬钉子。于是，这些“劫收”大员便开始搜集1942年秋马连良扶风社去奉天演出的材料。为了把“马连良汉奸案”定成铁案，办案人把日伪强加在马连良扶风社头上的“华北演艺使节团”的帽子，偷换成“华北政务委员会演艺使节团”，把这次以捐资助学为目的的义演，说成是由“华北政务委员会”官方派出的使节团，专程为庆祝伪满洲国“建国十周年”而去祝贺演出的。这就是轰动一时的“马连良汉奸案”。

《戏世界》画报从1946年8月20日至9月初，以《马连良的家》《法院定24日开庭》《马连良案即将侦查　梅兰芳在沪表示态度》《剧界名宿郝寿臣对马案仗义执言》《马连良投案后　国剧界群起呼吁》《回教团体援助马案》《三十一日开侦查庭》《冀高法院昨开庭侦查 马连良取保候讯》《马案开审之形形色色》《平市戏界2000人情愿签名盖章具保马连良》《马患心脏病甚剧　昨延西医诊治中》等近20篇文章，跟踪报道了这一案件，让我们了解了该案的始末。

1946年8月22日，《戏世界》第147期头版头条以《轰动南北·万人瞩目中，马连良昨飞平投案》为题，报道了马连良从上海到北平投案的过程：“轰动春申被法院检举之马连良，各界咸注视其行

戲世界

3

「聖城記」加緊工作連夜趕製

介紹抗戰影劇人

一四七畫報 今日出版

殷子

影壇拾零

廣播電台七夕節目

華茂女子服裝商行

德林醫院

上海石氏諸容醫院院長 石光海大夫

动，伊于演毕诸暨赈灾戏及沪杭义演，原定尚有苏北湘灾义务戏多场，乃马于昨晚匆忙赴各处辞行。突于今晨（21日）上午8时乘中航机赴平投案……”

同日的《案情发生之经过》一文则介绍了案发原因：

马连良犯有汉奸嫌疑之经过，外间虽有种种传说及猜测，但其真实情形始终不明，殊费调查。本报记者经多方之博搜广辑，已略得其真相……此事真相，闻系有人检举，递至河北高等法院，始经检查处侦查检举。因马本人在沪，乃于本年7月5日，马现住之内二区辟才胡同南宽街门牌13号住房查封。同时并先后将阜城门外下

中華民國三十五年八月二十一日 星期四

戲世界

轟動南北·萬人矚目中

馬連良昨飛平投案

昨日午後四時業向高等法院報到候訊

案情發生之經過

受檢舉者一共六人

馬母見子一慟幾絕

馬連良劇團 中央大舞台

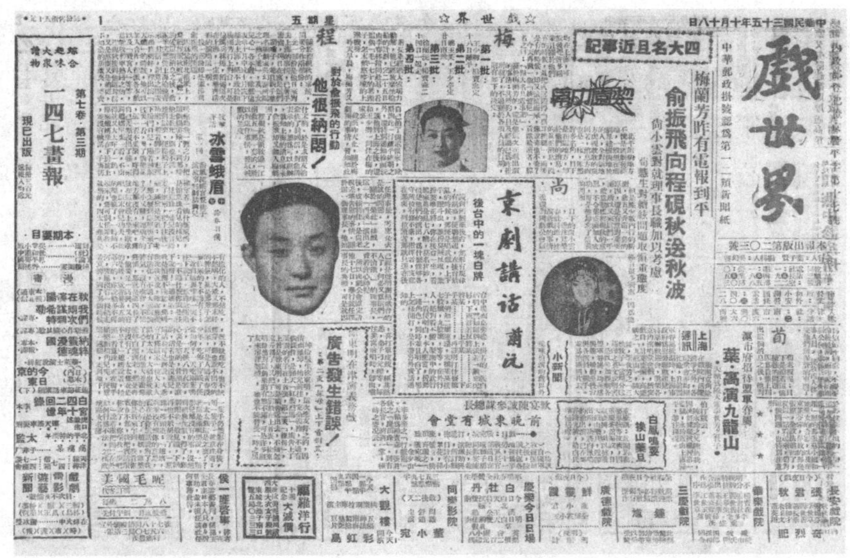

戲世界

中華民國三十五年十月十八日　星期五

四大名旦近事記

梅蘭芳昨有電報到平

俞振飛向程硯秋送秋波

尚小雲對就理事長職加以考慮

京劇講話　蕭沉

他很納悶！

冰雪蛾眉

廣告發生錯誤！

葉·高演九龍山

一四七畫報　第七卷·第三期　現已出版

关高坡路北之马家花园（即马氏于民国十七八年，自置之坟茔。乃父西园病故后，葬于此）及外一区崇外豆腐巷7号住屋查封，并行文至沪。高法院传缉马氏。马曾于7月15日凌晨亲到沪西提篮桥高法受讯，旋即取保，声请准其自行返平投案。

马连良报到投案后，其家人眷属之动静，亦为各界人士所最注目。闻其长子崇仁及三子崇礼，现均去沪，现正海行乘轮北返，一二日内，即可到达。其夫人陈慧琏则仍居沪上，并未归来。沪上因马被传讯后，仍照常义演，谓之有横骨头好汉子。此次马一人独自投案，可谓名副其实。

谬误百出的《二五八画报》

1946年5月22日，《二五八画报》在北平创刊，社长孙军，主编全立，社址在北池子马圈胡同12号。因办报人均为年轻人，所以画报观点鲜明，文风直白，言辞犀利，自诩为“唯一进步大众读物”。也正是年轻人的浮躁和疏忽，使得画报内容失实、错字、病句、标点不准确的现象比比皆是，这也就注定了画报短命的结局。画报终刊时间，史料没有记载，现存只有第1—3期。

《二五八画报》为综合性刊物，三日刊，每月逢2、5、8、12、15、18、22、25、28日出版，16开，16页，普通新闻纸，以文字为主，兼有照片、插图和漫画，封面为名伶、明星玉照。其创刊词明确了办刊宗旨和画报内容：“我们不需要后台，也没有背景，只有赤诚的心，暴露社会黑暗，介绍正确的知识与思想，协助国家的建设（智识的建设），纠正社会的病态。我们的目标只有一个：力求大众化不是专给某个阶级看的，平民化是不代表官僚味或是绅士味的，趣味化不是低级庸俗。内容更求其时代性、确实性和暴露性。对于我们善意的批评和指导，我们要诚意地接受并致敬意。”

画报的“论坛”“特写”为时事类栏目，刊登《烦恼不是办法》《综观欧洲目前状况》《日地下工作团实行暗杀麦帅》《饥饿的农村　贫血的都市》等；“科学”专栏有《科学万能　无线电照》《燃

4594

唯一進步大衆讀物

258 畫報

創刊號

$150

（白玉薇 張玉英 張菊仙 董玉玲 李蓉芳 五姊妹合影）

一十二日出版

齊成書店

北平前外廊房頭条東口珠寶市轉角

電話三局一一三七五七七一

下期二十五日出版

北平二五八畫報社出版

名伶馬連良在滬

有事必應來人必見

由李萬春被捕後一般梨園界、都在恐佈，尤其馬伶，惴惴自恐，常居平市定會被檢舉出來無法，只好偸偸的去滬？馬伶在上海非常知趣，而作出很顯明的拍馬屁之事，（如梅蘭芳出演，他強要義務參加等等之事，而梅伶不用，馬伶無法洗掉自己之過去行爲，只好拍馬屁吧？

在淪陷時期，求見老板是很難的，而現在不然，一來人必見，有事滿應，而有人叫馬伶演營業戲，馬伶滿應了，下月五日出演天蟾戲院打漁殺家借東風，甘露寺

（薇自滬寄）

周素英姐姐在八埠設立一個按摩院

外稱貓臉坤伶周素英的姐姐過去在天津開窰子爲生，現因天津當局取締妓女，無法度日，日前來平，擬在八埠之地方開設一按摩院，其中包括甚廣，完全彷着上海市的。

在周素英未唱戲時，是其姐姐開設窰子中紅人，後有中國戲院之少爺看重了她，而接出學戲；直到今日。

言慧珠在滬

每日不是空軍（中）便是美軍培着她！

言慧珠這位尤物，總算有把刷子，把白雲弄的死活難下之局面，而她每日還是如此過着紅綠世界生活，不是空軍，便是美軍、培同她玩。

去滬數日，手中已有百萬之國幣，日前給小朋及老高寄來萬萬元，這位尤物還有這心哪！

趙金蓉唱了幾天又要嫁人

東山再起的坤伶趙金蓉，已於日前出演平津各戲院，成績很好，在二次演唱的幾天這位趙伶又找着如意的郎君，聞在七月中她們正式結婚，目下已同居了，這位郎君是由內地飛來的上校，關金特別的多，而有汽車代路，大概趙伶就看到這一點吧！

趙燕俠原來如此

坤伶趙燕俠近來非常活躍，她的作風不下於言慧珠，尤其演大劈棺時，眞有點不要臉，某日前在後台有一位拿着戲詞向趙伶請教，趙伶拿着戲詞有半個多鐘頭；未回答，請教的人都不明白，怎麽不說話，一會其父正巧來了，才解决此事，原來如此，趙燕俠是目不拾丁。

小消息

相聲是最下階的一種娛樂天津小蘑菇，來平出演吉祥在演相聲之時，有傷風化的演出，請主管區署注意一下。

白楊將做日本人！

卡爾登的「四姊妹」最後二天，下個戲「男女之間」是個熱戲，原來預備演夏衍的「法西斯細菌」，請趙丹導演，趙丹要求的條件是趕排不幹，於是先熱「男女之間」一下。

「法西斯細菌」也將開排了，先開了一次演出部會議，趙丹卽席發表排戲辦法，要道具服裝齊備如演出一樣，全部重慶的作風。

該劇是說一個醫生，最先是留日，以後住在香港，後來逃到了內地，最後感到國民的責任，終於要趕前線服務。因此曾被人批評為有點太「前線主義」。

此劇在重慶上演女主角由白楊担任，白楊演的是醫生的太太，是個日本的「蓉斯妹」，第一幕佈景也是東京的日本房子中，台上全部的「太太眠」，白楊身穿和服，據說演來非常成功。而第二幕到了中國，初學說中國話更是有獨到之處，在性個表演。想能令人一新耳目。

劉瓊熱戀狄梵

嚴斐在「大哭大鬧」

劉瓊在影星羣中是位很好的演員，在這和平後，不知怎麼也在追求愛的河中。

劉瓊與嚴斐結婚迄今已有十餘載，但未曾有過結晶，而且夫婦間的感情，時常發生衝突，過去盛傳劉瓊與陳燕燕熱戀，嚴斐因此曾要自殺，經友人之說和，而又過下去。

現在劉瓊日下與狄梵熱戀，同居滬上中華飯店，每日在寸尺不分，不是睡，便是出入舞場。嚴斐也知道此事，也無辦法，自己不爭氣，每日在大鬧大哭。也無法云

國風劇社——現已解散

國風劇社，是由長安主人楊守一所辦，聯合在平的滬星，組成國風劇社，出演月餘、成績始中平常，沒有什麼驚人之演出，因此楊君已決定，不在辦下去，而告解散。國風解散後長安還預備接大班出演。（軍）

小消息

石揮在上海出演華安，成績很好，現在石揮與周璇，非常要好，據可靠消息，這期華安滿期後，決北上探母，周璇同來，在平舉行婚禮。（軍）

他是劇人嗎？

以前是偽區青島市的特務，因當時有其勢力，隨便出入劇院，不幸染上影途，辭去本職，每日劇院泡；來到平後參加某劇社，給人家當碎催，而本人手中有錢，會拍、會說，會攢進入演員階段，又來了這麼一位，老不要臉的蒙納，他兩人結婚了，自此後便稱車軒是劇人，真不知道劇人兩字是這麼容易嗎？（軍）

上海劇訊

何非光劉瓊談判破裂

何非光編導之「蘆花翻白燕子飛」，曾擬請劉瓊主演，嗣因劉瓊索價太高，並且與影劇界人緣太差，所以談判作罷。其所飾演之角色已改請王豪擔任。

▲黃河日內離滬赴港上海劇人黃河近也將赴港參加攝片工作，但未悉是否何非光邀請他，倘未得確訊。

▲「阿Q正傳」將上演業餘劇團之計劃上演節目「阿Q正傳」中之阿Q開由錢千里飾演。因錢氏身材瘦削，以內心外塑而言爲最理想之演員。並且該劇在渝演出時，也係錢千里飾阿Q，維妙維肖的獲得極佳之効果。刻該劇團已急電錢千里，邀彼速設法飛滬參加該劇之排演。

▲上海戲園大喊吃不消「戲的生意近來大不如前，京戲靠女人賣座，電影賣香艷肉感的噱頭，獨有話劇，乏人問津、賣座一敗塗地，如某劇場平均每場祇售二成座，亦云慘矣。

其實原因不在戲的本身，而在稅捐與本錢，現在演出一個戲，本錢之大，無以復加，座价又不能過高，稅捐要從中扣除，不能不納，因此上海劇的團，都在大聲喊叫不消了。

—12—

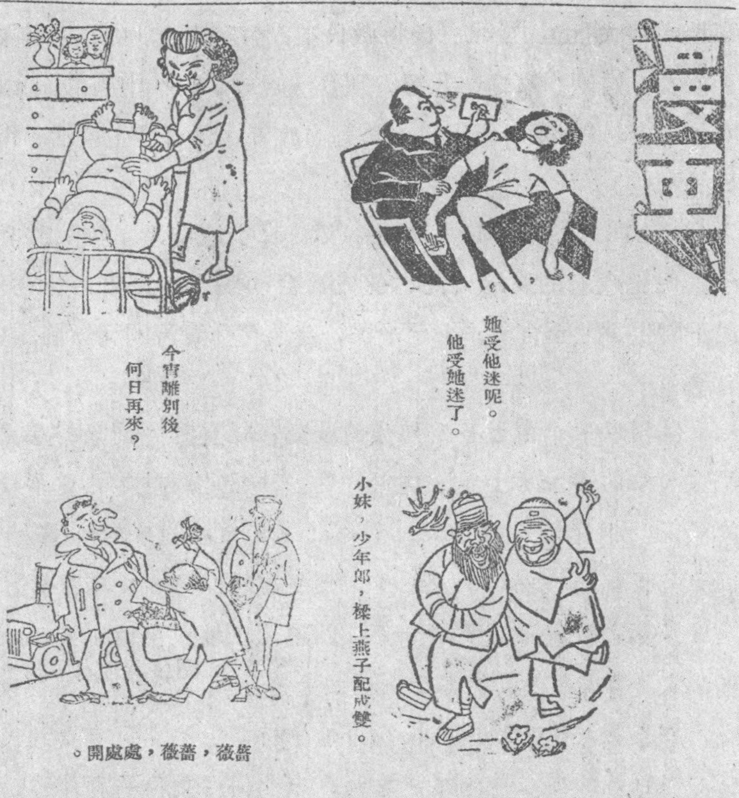
她受他迷呢。他受她迷了。

今宵離別後何日再來？

小妹，少年郎，樑上燕子配成雙。

薔薇，薔薇，處處開。

編輯語

蒙讀者愛護，本刊創刊號當日銷售一空，鄙社不忍讀者向隅，現已加印，計有未週，內疚良深，望讀者原宥是幸

校對疏忽，創刊號內錯字迭出，已飭詳加校正，庶幾有以對讀者、

中大點滴內于小姐手下存金事：于小姐來函請求更正，查本消息係中大通信員稿，經查確與事實不符，已將該通信員資格取消。

基本訂戶，因物價上漲有無已，爲維持而一本計暫不徵訂，望讀者垂察。

經愛護本刊讀者，來函賜教，鄙社無任感荷，當竭盡綿薄。以提高水準。

北風君：大作拜讀，欽莫各，但長期連載，與本刊稿約不合，望來社取稿面談。

劉貫恒君，請來本社一談。

烧弹与未来战争》等；“文艺”登载小说、散文、寓言、故事、诗词等；“艺术”主要是戏剧、电影动态、名伶逸闻，如《袁美云在看守所》《李宗义在沪新得外号叫“人渣子”》《白玉薇大闹经理室》《好莱坞新片大批运沪》《白杨将做日本人》等；“妇女”栏目关注对象为妇女、婚姻、家庭、儿童，刊登《解放了吗？中国的妇女》《谈谈女子教育》《妇女与国际机构》等。此外，还有学生生活、漫画、小说等专栏。

第2期《烦闷不是办法》一文，真实地记录了抗战胜利后，由于国民党政府的腐败无能，造成社会动荡、经济萧条、物价飞涨，民不聊生，上至官员，下至平民，普遍存在着苦闷和烦恼：

胜利以来，由于整个局势的演变，以及种种迹象的暴露，逐渐的在大家的心头压上了一块铅，这一块铅坠的结果，遂形成了普遍的烦闷。推究烦闷的由来，不外（一）对胜利后的憧憬太美丽了，以为马上就能够安居乐业，重回太平盛世。不料安荣未就，物价于一度降落之后，跟着复昂首直上，漫无止境，生活比战时来得更艰难，更不容易撑持。大家于失望之余怎不烦闷？（二）国内政局的不安，许多党派拼命地叫喊，拼命地争持，但半点没有看到民族的利益，老百姓的要求并未被注意到；东北问题更像一颗炸弹，再加上国际错综复杂的关系穿插于内，似乎大家都有一种预感，正就是烦恼的象征。（三）官僚政治与官僚资本的活跃，各部门贪污风气的普遍，以及一般人的挂羊头卖狗肉，一切都显现着无办法，都叫人自然而然地感觉烦闷。因此，烦恼不断地延展，就把烦闷人造成了三种结果：第一是蝇营狗苟，同流合污，跳进罪恶的深渊；第二种是牢骚消极，敷衍混事，做一天和尚撞一天钟；第三种是放浪生活，无所不为，在感官上找刺激。而这些烦闷者群差不多都是知识分子。国家元气真不知断丧了多少？

画报自创刊之日起就错误百出，从第2期开始便开设“编辑语”，专为更正错误和致歉读者之用。笔者粗略地计算了一下创刊号的文字、语法、标点的错误，竟有300余处！更为可笑的是第2期更正错误的文字，竟仍是错误百出！

为了办好“学生生活”专栏，画报面向全国聘请了许多在校学生、教师为通讯员，提供各校消息。但画报编辑对他们提供的消息只求新、奇、特，并不加以核实。这也就致使创刊号关于中国大学于小姐的消息严重失实。消息内容为：“东北著名走狗于芷山小姐之［之小姐］，目下在中大（即私立中国大学）政三，该生毫不在呼［乎］而每日过着阔小姐的派头［生活］，请东北同胞别在［再］向其他［它］各处幕［募］捐了，向这位于走狗之女幕［募］一（应删除）吧，［！］该女手下［中］有数十金条。［，］拿出几条便够东北同胞幕［募］几个月的。”

于小姐看后勃然大怒，致函画报声称，如不登报道歉，恢复名誉，定要诉诸法律！画报只得在第2期更正：“《中大点滴》内于小姐手下存金事，于小姐来函请求更正。查本消息为中大通讯员稿，经查确与事实不符，已将该通讯员资格取消。”

从关注政治到追求娱乐的《晴雨画报》

1946年8月1日，《晴雨画报》在北平创刊，社址在宣外椿树上三条28号，发行人兼社长买希天，副社长王树声，总经理李敬仪，总编辑先是田光远，从第5期开始改为田硕，编辑周尚祉、康昌铨，采访摄影金震家，营业主任林化南。办报人是一群血气方刚的青年，他们自称“没有什么力量，没有金钱和其他的背景，有的是良善和热情的心！”因此，他们雄心勃勃，在画报创刊之初，就高举爱国主义大旗，自定创刊目的有三：一是阐扬三民主义，二是提倡民主精神，三是提倡正当娱乐。然而，当他们清醒地看到，“抗战虽然胜利了，但没有迎来国家的复兴，眼前到处都是腐败的蔓延”的残酷现实后，便闭口不再谈论国事。于是，《晴雨画报》转而成为一种纯娱乐消遣的刊物。

凌霄汉阁主在解释“晴雨”的含义时说：“世界上任何主义，任何学说，什么国立民福、社会、民主等等，目的无非‘大众有日子过，有饭吃’。‘大众有日子过，有饭吃’之最简单易明的表征，就是‘晴雨’二字。只要上天该下雨的时候准下雨，不该下的时候就晴天，庄稼的收成一定不错。收成好就有的吃。此外的人们，只要不扰害，不包办，不混出主意，不巧立名目，让老天爷多给人民以耕获的机会，让老百姓安稳地过日子，那就功德无量了。”

画报拥有一支固定的作者队伍，特聘王伯龙、白羽、井成泉、田梅厂、李海鸿、金受申、宣永光、徐凌霄、徐一士、徐知白、翁偶虹、许亚农、景孤血、刘振卿、刘雁声、刘云若、谢果堂等为撰稿人。

《晴雨画报》初为综合性刊物，复刊后改为娱乐性杂志，三日刊，16开本，每期20页。创刊号刊名由文化名士张荫梧题写，李宗仁题词“尽美尽善”，侯镜如、胡伯翰分别题词“怡情悦性”“艺术之光”。开设“时论”“国际”“文艺”“风土”“科学”“妇女”“学生”“珍珠玉”“影剧”“游艺”“小说”等栏目。

“时论”“国际”两个栏目报道国内外时事，并对一些社会热点加以透视、分析、评论，如《英国为何允许印度独立》《美国教育的繁荣》《世界人物小志》《猎虎记》等；“文艺”“小说”是纯文学作品的阵地，有《民族意识与抗日前辈》《秉烛乱弹》《孔雀亭与翡翠亭》《迷惘》，连载田硕的《梅莉》和刘云若的《白衣苍狗》等；介绍国内各地民俗掌故的“风土”栏目特设了金受申主持的“北平风土”，极具地方特色，是研究北京历史的重要资料；“科学”介绍的是日常科学知识，向读者灌输科学思想；“东西南北”搜罗的是全国各地的趣闻逸事，如《首都女招待亦遭池鱼殃》《济南迎外宾　盟友拒狂舞》《上海销金窟月盈四千万》《广州节食粮　跳舞征重税》等系列文章，记录了在百业凋零、民不聊生、战事正酣的政治背景下，各地舞场有的萧条冷落，有的异常红火的现实；关注妇女是抗战胜利后中国画报的一大主题，“妇女”栏目的《新婚的姊妹们》《告诉你一些怀孕的常识》《最美的标准》《对于妇女的赤足裸腿》等文章，对各阶层妇女生活及妇女问题进行探讨，试图指导那些苦闷、迷惘的妇女在这样动荡的社会中如何生活；“珍珠玉”是诗词歌赋的园地，其《写心集选》《酸诗》《北平俗曲》等有的是阳春白雪，有的是民间小调；“学生”栏目是大中学生及各阶层青年的天地，不但介

創刊號

晴雨画報

張蔭梧題

三日刊

晴雨畫報創刊

盡美盡善

李宗仁題

——本報並奉中央核准刊行——

定價貳百元

中華民國三十五年八月一日出版

創刊詞

賈希天

一，闡揚三民主義：

二，提倡民主精神：

三，提倡正當娛樂：

晴雨畫報社創刊紀念

藝術之光

胡治翰敬題

晴雨畫報社創刊紀念

怡情悅性

侯鏡如題贈

小画報

（上右）白門姑娘 李紅

（上左）豈還女郎將嫁人 王丹鳳

← 好萊塢女星 洛麗泰揚

復刊
第二期
晴雨画報
黄宗英
中華民國三十六年三月八日出版
定價七百元

绍校园生活，而且还刊登在校学生的习作；电影、戏剧是当年画报必不可少的两大内容，“影剧”刊载影剧批评、影剧消息、新片报道、海外影讯、影剧人生活写真及影剧界动态，如《郭沫若之史剧虎符》《好莱坞影讯》《由〈孔夫子〉略谈拍摄历史与传记片》《留燕外史琐录》等；“游艺”介绍、批评各个曲艺项目和艺人的琐闻逸事、生活动态、花边新闻等，为研究中国曲艺史提供了可供参考的史料，如《王克敏生前捧过魏喜奎》《刘凤霞风头正健》《津市两星——孙燕萍与李倩影》《梅花调圣手阎秋霞》等，值得一提的是画报将《评戏班中多怨偶》等评剧的内容也列入这一栏目，由此可知当年评剧在社会中的地位。

1946年8月31日，画报出至第11期后一度停刊。1947年3月1日复刊，称复刊第1期，改为周刊，办报人仍是原班人马，画报形式未变，但画报风格却有了明显改变，这一点复刊词说得极为明确：

……我们不愿谈国事，因为国事已不堪再谈；不谈高深的文艺，因为高深的文艺园地上已有许多朋友们在工作着。娱乐性的刊物是多数人的读物，很普遍地风行在社会的各阶层间。这种杂志是一般自命清高的有志之士所不为的，所以，我们勇敢地担起这个大人先生们不齿的工作，来向广大的读者层服务。希望读者可以在茶余饭后、工作之余，从轻松的文字里得到一些知识和真理……其主要内容包括国际间的秘闻、珍贵的史料、科学的常识和新闻，以及妇女与家庭的文字。中间当然要有一些俗不伤雅的文字，以免它太枯燥。最后是几篇译著……

复刊后的画报在保留了原画报大多数栏目的基础上，又新增了“宇宙线”“漫画”“杂俎”“翻译”“创作”等栏目。介绍世界各地新闻的“宇宙线”有《试验利用风力发电》《纽约的轮廓画》等；针砭时弊、讽刺人生的“漫画”有《现代社会的讽刺——大赦后的复员》等；“科学”有《儿童摄影》《木屑变糖　稻草做官》《立体的感觉》《科学集锦》等；“学生”有《希望寄给青年学友们》《寄权》，学生作者写的《学生习作选》《春天再来的时候》等；“文艺”有《评太平洋周刊》《相片》《问答》《忘忧草》等；“珍珠玉”有《说书源流小考》《巫山十二峰名》《蔡京烧香法》《樊云门趣判》《小雅集》等；“妇女”有《姊妹信箱》《今日的中国婚姻问题》《女儿何以烦闷》等；“杂俎”有《古镜鉴铭与神仙思想》《看杀人》等；“影剧”有《观影写感》《八年离乱赶拍中联华公司二部出口　白杨与陶金再度合作》《银幕顽童米凯罗尼》等；“创作”“翻译”有《弟兄》《一床被》等；“小说”是祀军的社会言情小说《现代明星》。

《晴雨画报》的办刊人还曾不自量力地喊出：“我们希望给娱乐性的刊物开辟一条新路线，创一个新纪元!”但“在文化事业没落，办刊物赔钱的时代”，他们纵然有此决心，有此能力，但又怎样去实现呢？画报于1947年3月29日出至复刊第5期后寿终正寝，自然也是情理之中的了。

召唤崇高学风的《北平风》

春去秋来，花开花落，胜利业已一年了！一年的纷乱与不安，北平的人心整个地麻痹了，古城笼罩一片落寞的灰色！我们犹如生活在沙漠中！北平是文化城，当然不是垃圾城，我们不能任文化发霉、腐烂。还记得春天时候北平有一股恋人的风沙吧！常常飘来古老的战斗气息。这是人类的希望。我们都自信是年轻的小伙子，不忍看人心如水向下，青年人都变得苍老，愿在灰色的城头召唤那一股风——崇高悠久的学风，用这股风吹开人心的困恼。这里是古城的神经，是生活的情趣，也是国内外政治经济教育文化综合报道与评述。我们宗旨是加深学术研究，提高生活艺术，为青年人说话，替老百姓呼吁。我们的态度诚恳庄重，不敢低级也不敢呆板，我们想慢慢严肃起来。久病的人要用中和性的药慢慢调养。

这是《北平风》画报社在创刊词阐述的创刊目的。

1946年9月1日，《北平风》在北平创刊，社址在东城顶银胡同13号，发行人于正生，主编李紫尼。16开本，16页，半月刊，每月1日、14日出版。“纸质差、印刷差”是抗战后画报的特点，《北平风》的图片模糊、字迹不清尤为突出。画报在“天亮了整一年了，我们还没有看到早晨的太阳，也真是遗憾”时，仍试图通过画报

“拨开云雾”，让“大家把善良、把智慧、把正义都献给国家”。但仅出刊几期的画报显然没能完成这一重大使命。终刊时间不详，仅见创刊号一期画报。

《北平风》画报属综合类画报，以文字为主，兼有图片。新闻栏目“西窗烛”刊载的是半月来的每日消息；“社评”“论著”“短评”“本刊专稿”等都是时事类栏目，谈论的是国人关心的重大事件，如《谁在扮演中国的悲剧》《时局该走“打”以外的路子了》《上海直航旧金山》《我怎样做汉奸并被枪毙一次》《理想与现实》《请看今日新生的中国》《曾国藩的经世学说》等；记录北平本地文化的“故都之恋”，有《北平小姐》《英雄美人》《街头音乐家》《北平山景》等；描写校园生活的“沙滩”栏目，有《静待金榜题名时》《中小学开学了》《多少善良的孩子缴不起学费失了学》《多少儿童尚流浪街头》《西北大学增设医学院》《初闻征雁话“红楼”》《九月——恋爱、收获的季节》等；戏剧专栏“艺苑消息”，有《金石之声》《百骏图——罗云峰画马》《两支轻骑军》；记录各界名人趣闻逸事的“人物速描”，有《博学多才的赖景瑚先生》《孙长官在平家居生活》等；突出北平地方特色的“大栅栏”，有《北京没有茶馆》《老太太看花了眼》《胜利的烦恼》《美人鱼将来平采访》；“特写”栏目有独家新闻报道“天下第一家”和《中国天空的骑士》《西山红叶如火》《柯温说：回到北平像到了家》《名闺吴寰小姐》等；关注妇女的“主妇”专栏，有《女人为什么而存在》《我理想的丈夫》《奉儿女之命》《愿天下有情人皆成眷属》等；封底的“御河桥边”，专登一些道听途说的小道消息，如《活三百岁》《秋爬上了墙》。此外，还有歌曲选登和连载南歌子的长篇小说《新故都春梦》。

尽管画报以“召唤崇高学风”为旗帜，但关注时事却占了画报大半个篇幅，尤其是“短评”栏目刊载篇幅短小、语言辛辣的杂文，评论社会热点，如《时局该走“打”以外的路子了》一文真实地反

本報已奉准發刊
登記證呈請中

發行人：于正生
主　編：李紫尼

北平圖

創刊號

要目

每冊三百元

中華民國三十五年九月一日

北京老画报

…6… 北平風

人物速描

一個民族英雄，他的生活是一幅平凡的畫面，在平凡的生活裏，支撐着綠色底中國的江山……

孫長官在平家居生活

百戰功高

提起孫仿魯將軍，全國的老百姓没有一個人不知道他是一位百戰功高的老英雄，（其實他並不老，還是那麼結實，健壯，年青，而富有活力。）幾十年軍中生活，他的戰馬踏遍了中國的原野，他用北方人俠情爽直的風格，用他幾十年苦鬥的智慧，訓練不知多少英勇的中國部隊，抗戰八年，他用寶劍指出對敵作戰的方策，又不知殲滅了多少殘暴的敵人，他是一位百戰功高的將軍。

愛北方遼闊的原野

他愛北方，北方是他的家……

去歲此時，他從重慶飛到西安，没有一天不在焦急，使冀省省府早日還省，他說：「省府流浪八年，該回去了，路不通，我們也要冒死犯難的趕回去，因爲那兒有我們的家：」

十一月三日他由新鄉飛北平，三小時的飛行，他一直眺望着河北的平原沃野，過太行山的時候，他更逼眞的注視着，把頭貼上窗子，他没有忘；記北方百姓的痛苦，更没有忘記他一身負荷，北方千百萬百姓的安危禍福。

★孫將軍暨夫人羅毓鳳女士近影★

生活不安定

是的，該叙述他的家居生活了！

來到北平，長官部跟省政府的事情，萬端待理，他的工作緊張到極點，常常在深夜，他還在開會，計劃戰區兵力調遷，復員省政，整編地方團隊的事情，就在這樣緊張的生活裡，他却一直没有一個永久的住處，這裏住幾天，那裏住幾天，因之生活也就不安定了！

一個和諧的家庭

一直到遷往東城以後，他安居下來，生活纔開始有了分配。

那是一個和諧，溫情而富有詩意的家，孫將軍與夫人羅毓鳳女士友情彌篤，羅女士是一位慈善家，是一位藝術家，所以把「家」處理得那樣井井有序，恬靜，淸幽，同時又是那

北國之秋收

乃人

小引

××先生像從前很多大兵，到鄉下拉伕子似地，强逼我爲青年寫個青年婚姻問題；聰明人能把義務當成權利，我也可以把勒索作成感激；的確，這是我的能力，能力又常就是興趣；但我不能太自私，爲了北平風不發生水災，我改寫了這北國之秋收．，因爲對于前面的題，我的筆尖呵。恰如今年秋天的雨！

（一）

秋天的太陽，像一個年輕的母親，守望着他的一羣病孩子。

（二）

大塊的土地，長着一些老玉米，本來他們還可以再高大些，可是主人等不及；所以早給抓光了，玉米杆們成行地，裸着身子，呆站在那裏。

（三）

向日葵沒有轉動的力氣，總朝着生來的第一個方向，

麼一個和平純愛溫暖的小圈子，她每天除去忙于社會救濟及兒童福利事業以外，便埋頭作畫，同時照料孩子們上學，臉上總是含着微笑，所以孫將軍每天辦公回來，回到這樣「一個和靄的家庭，馬上使緊張的精神，變得輕鬆愉快起來，而深深享受到「家」的幸福，但是攏兒不是物質的享受，却是精神的安慰，攏兒沒有浮華、也並不闊綽，任何一個在孫將軍家作過客的朋友，便會承認，長官的家，跟老百姓的家一樣。

公餘消遣

讀報，下棋，
游泳，打網球
，繪畫

孫將軍工作餘暇，都做些什麼呢？那是很有趣的，他每天要抽出一兩小時仔細的讀報，幾乎平津的大小報紙，他都讀遍，有時讀倦了，便讓一位男女公子把國家大事一條一條的念給他聽。

此外，在太平倉住的時候，他唯一的消遣，是打網球，他的身體很靈活，發球，扣球，都常有驚人的神技。這讓我想起郭寄嶠將軍，他也是好打網球的中國少壯軍人。

★孫將軍男女公子玉照★

除去打網球以外，孫將軍的拿手，該是下象棋了，在戰場上他是常勝將軍，而下起棋來，也是百戰百勝，還可不是鬧着玩的，沒有相當研究的人，可眞不是他的對手。

在太平倉，孫將軍是常下棋的，及至遷到東城，時間受了限制，便沒有下棋的機會。（一方面也是因爲沒有對手，有時跟五弟雲峯下下解解悶，也能殺幾盤。）

但是這時候恰好離住宅不遠的地方，有一個小游泳池，於是在漫長的炎暑季節，每天中午利用午睡時間便陪同夫人及男女公子到這兒來泳游，一家人喜氣融融的聚在一齊。

除去這些以外，孫將軍也常常學畫，（大概是受了夫人的濡染。）羅毓鳳女士賑災畫展的時候，孫將軍畫了一幅雪景，還深得羅女士的贊賞呢？

他愛着孩子

你說孫將軍愛百姓，愛兵，愛部下，可是你忘了一樣還愛孩子呢？尤其愛懷抱的小孩，每天辦公回來，便把那最小的娃娃抱在懷裏，逗他笑，逗他玩，有時還爲他哼着一個抗戰歌……

他的抱負

行了，不用再介紹了。請看看這個家多麼平凡啊，但是孫將軍的抱負却不平凡，他認爲中國一定走向民主政治之路，一個軍人，應當瞭解現在已不是「督軍兼省長」的時代了，現在是民主時代，他熱愛着青年，他視青年如生命，他有決心建設河北，他主張興修水利，普遍鑿井，發展合作金庫，使河北經濟日趨繁榮，鹹水都變成好稻田…

還有好些，已越出本題，留特以後再說吧！

（記者）

默着背，
彎着腰，
像是立刻就要垮下來似地；
牠所結成的幾個小米粒，
早已經被餓瘦了的公鷄啄去，
牠的小主人還在那坍了的牆下面，
癟着肚皮，
拚命地駡鷄。

（四）

鳳鮮花，
矮矮地，
開滿了地，
開滿了缺少顏色的花，
牠的努力，
更說明了她的可憐無依。

（五）

總喜歡穿紅襖綠褲的蕎麥小姑娘，
往常，
一張有光彩的粉臉龐，
是多麼內俊俏，
今一年她祇妝了一身黃
是一個沒有光亮的黃。

（六）

高粱，
這個莊稼之王，
今年却長得太細弱，
在軟軟的秋風裏，
牠竟站不穩當，
害得家雀少了個休息的地方，
這些家雀們呵，
牠們一直認爲高粱穗子上
是一個最好吵嚷的地方，
當然也是牠們的一個好舞塲；
可是今年的，
那裏祇有風凉。

名閨吳寰小姐

蛻變中的女主角—丁大夫

她沒想到會演戲

她小時候愛幻想

愛站在窗前痴望着遙遠……

一顆崇高美好的靈魂

一雙悲天憫人的眼睛

多麼純潔的一個孩子

童年生活

吳寰小姐，北平人，字慧嫺。

你瞧瞧這張像片，這是多麼美好的一個孩子啊，看她那一雙明亮的眼睛，智慧都深深的流出來。

她自幼生在北平，渾身含潤着故都的靈秀之氣，地生下來就酷愛着藝術，她常常一個人採擷許多花朵，和各種奇形的葉子，都壓在一個本子上，到乾了的時候，便紛紛贈給她心愛的同學。

小時候，她愛幻想，經過她的小心靈，同她智慧的眸子，所夢昧出來的理想世界，是美好的，她常常對着那個世界微笑，或感激的落淚！

因爲她好幻想，所以她的一雙眼睛，也漸漸變得憂鬱起來，她常愛臨風洒淚，或呆呆地一個人站在窗前痴痴的忘着遙遠，問她想什麼，她搖搖頭，問她爲什麼難過，她搖搖頭，這或許是所謂一個少女無聲的煩惱吧！

這種性格；使她小時候的身體變得非常孱弱，直到上大學時候，她的身體纔漸漸好起來。

大學四年

大學四年，她靜靜的學着美術，她的母校是輔仁，一個宗教意味相當濃厚的學校，使她憂鬱的性格，一天天變得活潑進取起來，她臉上常常是充滿了會心的微笑，她不再痴痴的想，她在默默的謀求進步。

會心的微笑

因爲她大了，正像她的名字慧嫺，她變得賢慧而又安靜起來，她最怕熱鬧，四年大學生活那是一段神秘的境遇，多少人想希求她的溫情，多少人又爲她的美麗而忘記了一切，但是她對入抑共那麼莊嚴，那麼和靄，沒有半點驕矜同庸俗。

她在想什麼？

在家裏是一位大姐姐

吳寰小姐，姐妹衆多，她白天上班，晚上回來，還要照顧妹妹上學吃飯，可也總算很辛苦，但她任勞任怨，她愛她的妹妹，就如同愛她自己一樣。

沒想到演戲

這次演「蛻變」，她沒有想到自己能演戲，及至她担任了全劇的靈魂主角丁大夫以後，便小心奕奕的做起戲來，時時刻刻揣摸着劇中人的性格，下功夫苦練，因此「蛻變」一演來，纔有這樣良好的成績，當第四幕她向傷兵訓話最高潮的時候，好心的人都爲之落淚了。

她的男朋友

她有男朋友嗎？也許有的，但只是一個，就是那唯一的一個，因此她也痴痴的只愛着那一個人，你問她的夢中人是誰，我可不知道。不過有時候伴同她的男朋友看看電影，到市場買雙鞋子，工作疲倦的時候，通兩次電話。

她在蛻變

是的，她在蛻變！她會成一個像丁大夫那樣崇高靈魂的人。

勝利一年

和平諷刺

全世界充滿了戰爭的情調，和平之神，掩面而泣……

△蘇聯史達林委員長命令蘇聯工業及科學界，於此後二十五年中，致力建立與「目前美國同等强大」之軍事機構工作，並加强原子研究。

△大同局勢緊張，國軍向張家口推進。（二日）

△麥帥發表聲明，民主與共產主義在亞洲已不宣而戰。

△美海軍上將海爾賽强調美應保持强大海軍。

△美徵召十九歲至二十一歲之男子入伍。

△美公開討論戰爭，認戰爭乃「不可避免者」。

△美艦隊開希臘。

△南國抗議美機過境。（三日）

△陳總長談和戰。

△愛琴海波浪滔天，美英土艦隊聯合演習。

△希臘國內紛爭。（四日）

△貝爾納斯演說警告世界。

△烏克蘭責英希威脅和平，英怒斥蘇聯宣傳戰。（五日）

途塞道阻

國勢擾攘烽火連天，災荒遍地，白骨盈野，故都風光，依然當年，長安戲院花似錦，車如流水馬如龍，汽車宛若長蛇陣，途塞道阻，難壞了崗警，嚇壞了小民……！（正之）

映老百姓在抗战胜利后，渴望和平安定的美好愿望：

胜利已经一年！“大同生死斗，两泰风云紧”，毒气弹、火箭炮绞做一团。老百姓哪里造了孽，不死在抗战，而倒在自己的炮火下！多亏科学落后，不然原子弹会用来一扫光！也该歇手了，“打”不是解决时局的办法，打了一年，还不是没个下场！谁说中国人不长外交，引经据典，枝节横生，闹得司、马两位调停人都绞痛了脑汁！我们希望这个试试看的非正式5人小组，能够顺利地谈商，替这风晦的天地，寻出一丝阳光来。

我们认为商谈应虚怀相见，持之以诚。巍巍大国，礼让之邦，而今礼之不可，也应当从“让”上下点功夫，不看僧面看佛面，老百姓都原始地躺到地上，变成了灰土，铁石心肠也当动情！

事实是这样，边打边谈，或明谈或暗打，是毫无补于政局的，以小喻大，打官司终结也需走到法庭，政局的转换只靠毁损老百姓的生命，愚人不为，还是在“打”以外找路子吧！

《星期画报》记录天津皇宫饭店的悲惨一幕

1946年10月27日，《星期画报》在北平创刊，发行兼主编白宝华，社址在西城辟才胡同三条6号，驻各地记者有上海的李效华，天津的李卧庐、丁续业，青岛的尤殿华，星期画报社负责总发行，总销处设在宣外南柳巷的忠轩书报社，天津南市广兴大街公道派报社设立分销处，全国各大城市的书报摊均有零售。画报主要报道抗战胜利后国内外时事、电影、戏剧、教育、体育等方面消息，尤其是开设的上海专讯、天津专页，真实地记录了这一时期上海、天津的下层百姓生活，是研究京、津、沪三地社会史的重要参考资料。

《星期画报》为综合性刊物，周刊，逢周日出版，普通新闻纸，16开本，每期20页，封面、封底黑红套印，图片多为电影明星、戏剧名伶和体育名将，设有“星期评论”“世界知识”“趣味知识”“家庭妇女”“读书园地”“上海专讯”“社会层”“银声”“戏影”“教育”“体育”“连载”等专栏，从第1卷第7期开始增设了由郭北峦、巫达斋主编的“艺术版”。为了及时获取各地最新消息，画报在上海戈登路25号，天津天祥市场三楼、龙门书局内，青岛市场二号街57号等地设立通讯处。画报约于1947年1月12日出刊至第1卷第12期后停刊。

抨击时政、针砭时弊是抗战后中国画报的一大主题，《星期画报》的“星期评论”“社会层”两个专栏刊载的《惩奸情法并协》《“陷于不义”与“责以大义”》《公务员的苦衷》等文章，用幽默辛辣的语言，无情地揭露了国民党政府的腐败，诉说了下层百姓的疾苦。

“趣味知识”“世界知识”的《龙是什么》《菌可以吃饭吗》《食物和性的新研究》《妇人的脏器与男人的脏器》《苏联海军的实力》《麦帅统治下的日本》《世界现在共有多少个国家》《德国人现在怎样生活》等文章，除介绍一些生活常识外，更多的是给读者一个睁眼看世界的机会。

报道体育消息是画报的重要内容之一，初设“足球世界”栏目，从第1卷第7期开始扩充为“体育版”，刊载田径、球类等方面的赛事图文和体育理论文章，后又改为“教育与体育”专栏，将体育与学校教育有机地结合起来，连载足球名将姜璐撰写的《体坛忆往》和华北、华南足球名将简介，刊有《崇德中学校冬赈游艺会纪实》《天津东联业余足球会》《平津球类对抗比赛》等。

北平与天津近相毗邻，《星期画报》上刊载了大量天津各界的时事新闻，特别是“天津专页”更因贴近生活而深得读者欢迎。其中第1卷第6期刊载的《美金与淫威诱迫下　饭店小姐香消玉殒》一文，讲述了一个饭店妓女的悲惨遭遇，面对残酷的现实，文章最后不禁发问：“真的社会人士在同情与悲哀的同时，就没有人替这被金钱所迫诱致死的弱女子做不平的呼吁吗？”

文章讲述了这样一个故事：抗战胜利后，天津各大饭店都有许多专供美国士兵享乐的饭店小姐（即妓女），饭店的许多单间里都住着两三个小姐，南朝金粉，北地胭脂，与天津南市著名的淫窟裕德里一样的生意兴隆，甚或还要繁荣一些。皇宫饭店39号房间是很大的两间客房，房客是一个“养人”之流（即老鸨），在这里搭住的是三个做皮肉生意的小姐，一个叫王秀英，上海人，22岁，据说她老

中華民國三十五年十一月十日出版
本報已向北平市社會局轉呈內政部聲請登記中

星期畫報

第一卷 第三期

每逢星期日出版
定價每冊三百元

封面說明：兩位棉花姑娘，吳素秋，實花荅，一個還在拼命的「紡」，一個却已成了島上的名婦人，上面的「紡」是當花荅，下面的「紡」是吳素秋，右爲吳素秋最近在青島所攝近照。

本期要目

《星期画报》记录天津皇宫饭店的悲惨一幕

因李世芳墜機慘死後！
尚小雲荀慧生赴滬信念

發生動搖！

梨園行要過「飛機癮」的當頭棒！蕭長華老淚婆娑直念「彌陀佛」。

李世芳二三事

中國天一影片公司即將復活

在滬進行約角事宜 有二月下旬拍片訊

最近香港的電影事業頗昰蓬勃氣象，大導演周劍雲等亦紛紛來滬約角，香港大中華影片公司當局近已有互如片運來上海開映，此以上海爲中國影業中心地，將被華南替而代之了。

天一公司是邵醉翁創辦的，在中國影界，資格極老，自從戰事結束後，至今還沒有復活的消息，可是日前在方主委招待電影界的盛會中，忽然得見天一影片公司的主持人邵醉翁和老闆娘陳玉梅，一同在座，據說：他們此次來滬之目的，乃爲其天一公司約角，在最近幾日內進行得非常積極，陳玉梅以老闆娘身份，拉攏在滬凍結明星，一切對外接洽事宜，均由老闆娘親自出馬，進行極爲順利，可能今年二月下旬間，即開始拍片。演員有約袁美雲等擔任。（訊）

濟南全省同鄉救濟會主辦七天籌款義務戲

許翰英主演

・李少春・

小玲子去錦州 潘金蓮受歡迎

妓女施手腕 恐嚇李少春

龔稼農抱着是誰？

慶祝新年影目貫頂

冷石

「慶」昇平。「祝」英台與梁山伯。「中」華兒女。「華」清春曉。「民」族至上。「國」族之光。「三」笑點秋香，「十」字軍英雄記。「六」十年後上海灘。「年」年歡樂。

「一」夜銷魂。「月」宮寶盒。「一」曲千金。「日」本間諜。「新」淘金記。「喜」臨門。「薄」命佳人。「海」上霸王。「[illegible]」歡笙歌。「歡」喜冤家。

《星期画报》记录天津皇宫饭店的悲惨一幕

爲了「牡丹」的牌號？

荀慧生要摘小白牡丹的牌

•王瑤青出頭了事•他纔得立足平市•

〈梅蘭芳〉

林友鸞紅鸞照命 新年新月結新婚

二坤伶雙嫁兩軍官

段文嵐訂婚宴客 于庭長被邀證明

長安進行約尚小雲

安慰之頻訪尚寓所有事商洽

善寶臣表示節前不演營業戲

評天字第一號

段鴻軒

·天字第一號女主角歐陽莎菲·

·天字第一號女主角董淑敏·

陳燕燕去香港 訪晤老情人！

戲擬影月

森

家只有一个母亲，已是多年没通音信，她就只身在北方做着卖肉的生意。同住的一个姓杨、一个姓朱，都是南方人。这三个人搭住一起感情非常融洽。听起来搭住好像跟搭伙过日子一样，但实际她们已完全被领家控制着，失去了人身自由，变成了领家的摇钱树。一周前，王秀英正在“红水来潮”的时期，可是老鸨为了金钱，仍然以10美元的价格逼迫她接待一名美国兵。淫威之下，王秀英岂敢不从！不想这位“洋二爷”不近人情，“邪”“异”齐来，春风未及度成，可怜的王秀英已经支撑不住了，央求之下，退了钱，又找了一个替身，才算得以脱身。

第二天一大早，王秀英就起不来床了，小腹剧痛，下身流血不止。老鸨一看，知道是昨晚“洋二爷”惹的祸，自知理亏，急忙请了大夫。先请的是一位中医，一剂妙药下去很见功效。可是老鸨嫌中医太慢，又主张换西医。岂料，西医三针“606”打下去，不到三天，王秀英竟然一命呜呼了！

王秀英香消玉殒，老鸨除去花了些许医药费和丧葬费，竟然不需要承担任何刑事责任。更为滑稽的是，出殡那天，那位“洋二爷”不知从哪里得到的消息，也赶来吊祭！看着这个罪魁祸首悲伤沮丧的表情，搭住的饭店小姐们真是哭笑不得！

注重时政报道的《新星》画报

1946年11月25日，《新星》画报在北平创刊，发行人孙伏园，编辑者新星画报社，社址在西长安街甲23号，京华印书局印刷，初由立生图书社担任华北总经销，从第2期即改为中外出版社北平分社，画报终刊时间不详。

《新星》画报的办刊宗旨在创刊词中有着明确的表达："我们出版这本小小的画报，区区之意，是想对新中国的建设尽其一木一石之力。我们力量微小，但我们相信，新中国的创造建设，就要依靠无数人民的微小力量的发动与团结。

《新星》画报属时政类刊物，以报道国际国内重大新闻为主要内容，兼有漫画、版画、风景名胜和科学知识。16开本，页数从24页到30页不等，月刊，出版日期不定，封面黑红套印，内文单色印刷，以图片为主，配发文字说明和记述性简短文字。

时政内容一般占画报的三分之二。抗战题材是画报的第一大主题，如《东北十四年》《谁先到了东京》《解除日军武装》《各地日军签降》《火线上的弟兄们》《日本战争罪犯》《意大利的民主战士》等，回顾了抗日战争的艰苦历程，记录了抗战胜利后盟军和国民党军队在世界各地接受日军投降的过程。

抗战胜利了，东北解放后，在"欢欣正达高潮、凯歌响彻云霄"

46457
新星
一九四五年十一月十五日出版
1
新星畫報社發

美國的布舒博士

美科學研究院院長布舒博士，為美國陸軍部研究原子彈實驗，共耗二十萬萬美元，他於一九四一年參加研究製造原子彈的計劃。

丹麥的泊爾博士

前丹麥哥本哈根大學理論物理教授泊爾博士，於美紐約哥倫比亞大學作由鈾放出原子能的實驗，由此實驗而引起原子彈的發明。泊爾教授在丹麥時便從事這種研究，德軍佔領丹麥他便逃至瑞典，一九四三年秋季到倫敦，後來到美國。

發明家

…家。右為曾得諾貝爾獎金的美國查特域
…的多爾曼博士及普林斯頓大學物理學主

柯南特博士與康普頓博士

圖示兩位在美國陸軍部指導原子彈實驗的主要人物，左是哈佛大學校長柯南特博士，右是美國科學研究院軍事服務部主任兼麻州工學院院長康普頓博士。

46457
新星
2
新星畫報社印行

的时候，画报以《东北十四年》的20张图片、千余文字，让读者冷静下来，“翻开旧账，数一数血债”，看看从1931年“九一八事变”到1945年日军投降，这14年来东北充满辛酸和苦难的历史。而《各地日军签降》则记录了日军在马尼拉尼古拉机场、在米里岛“里维”美军军舰上、在中国湖南省芷江等国家和地区的签降仪式，而“湖南省芷江几个月前还是敌人猛攻的目标，然而在8月21日，却成了中国接待降敌使的第一个城市了。这对于芷江真是一个梦想不到的光荣”。

《四大领袖》《艾森豪威尔将军和朱可夫将军》《从赫尔利到马歇尔》等文章，描述了盟军将领在抗战中所做出的重要贡献。如朱可夫：“是第二次世界大战中最伟大的将领之一，在盟军和轴心军队中找不到一个朱可夫的对手。在过去的四年里，他往返奔波于克里姆林宫和苏联各前线之间，时而计划伟大的战略，时而指挥前线的战斗。作为一个参谋官，他表现出狡诈、想像力和预卜未来的能力，作为一个战地将领，他大胆、镇定、不可征服……”

介绍军事、科学知识也是画报的内容之一。如《原子弹》详解了在抗战中取得决定性转折的原子弹的原理和威力；《纳粹德国的秘密武器》记述了纳粹德国在面临崩溃的最后时刻，曾聚集了一大批军事家、科学家研制的一些还未来得及大批量生产的新式武器，如爆炸坦克、自杀飞机、海峡炮、强烈探照灯等；《科学世界》则介绍了无线电报纸、自动饮水器、不怕水的火柴、无线电电影广播等一些国际最新科技。

漫画和版画应该说是画报在沉重时政中的一点轻松成分。《新星》画报第4期是“鲁艺木刻艺术特辑”，它不但用了14页的篇幅刊登了鲁艺木刻艺术，而且封面、封底还隆重推出了版画作品和新书《木刻选集》的专题广告。封底的《〈木刻选集〉出版发售预约》介绍了《木刻选集》的基本内容：“本集所选木刻，都是国际知名的中国新木刻家的代表作，曾散见于国内外各大杂志，现根据原拓精选精印。我们从这一本木刻集里可以看到新艺术的成果和新中国的光芒。本集作者有胡一川、马达、沃查、力群、古元、焦心河、彦涵、张望等所选作品五十二幅，内套色木刻六幅。”这本《木刻选集》分甲种（宣纸精印线装本）、乙种（木造纸印精装本）、丙种（报纸精印平装本）三种规格出版发行。从广告“印书不多，预订从速”来看，说明书的出版数量本身就少，再加上出版地域是国统区的北平，随着解放战争的枪声响起，这册宣传解放区的木刻集，其命运是可想而知的。时隔70余年后的今天难寻此书踪影，也就是顺理成章的事了。

北平《明报》附刊《明报画刊》

民国时期，苏州、香港、北平都曾出版过《明报》，北平《明报》创刊于何时，笔者没有找到相关资料，据1948年第1卷第4期《报学杂志》刊登消息《北平报业复苏，时报明报同时复刊》称："北平的报纸，现在共有19家，其中有日报17家，晚报两家。最近因同业间竞争日烈，颇呈蓬勃气象……停刊了三个月的北平《时报》和《明报》亦同时复刊。"第123期《明报画刊》的广告也称：

"1948年10月1日，《明报》在北平复刊。"因笔者仅见此一期画报，只得据此做以下介绍。

此期《明报画刊》于1948年10月30日在北平出版，发行人孔效儒，编辑部位于和内新平路34号，营业部设在西单北大街160号，明报社编辑、发行，国民政府内政部登记，北平邮政管理局注册登记。属综合类画报，出版周刊不详，横16开，12版，白报纸，铜版印刷，彩色封面，每册零售金圆券2角，外埠加寄4分邮资。

《明报画刊》图文并茂，以文为主，时事部分未设插图，戏剧、电影部分配有影星、名伶生活照和剧照。文章多不署名，偶有署名亦为笔名，设置"国内时政""国际解剖""周刊钥匙""戏剧""电影"等版块。

"国内时政"占有该刊的两个版面，刊有《济南失陷后山东局势的演变》《吴化文与张岚峰》《李宗仁无意去桂林》《豫省新主席张轸上台的内幕》《张群操纵西南经济集团幕后》《梁实秋恨女人　荣梅莘爱女人》《立法院反对派实力如何?》，其中言辞最为激烈、观点最为尖锐的当数《家事国事天下事》，针砭时弊，揭露黑幕，抨击政府，质疑国策，痛快之至，酣畅淋漓，如"政府实行'八一九'限价最成功、最彻底的部分，是公务员的薪俸。'八一九'月入十袋面钱者，至'十一九'只剩了一袋了"，"食粮远行，白薯当家，此犹之乎大太太驾返瑶池，由姨太太主持家务。此姨太太虽肌肤红润，甜意可人，惟贪多了则气短神虚，拉稀跑肚。惟当人饥火中烧时，自然要姨太太来泄火了"，"报载，平市因挤买酱豆腐而造成混乱，警察鸣枪弹压之事。夫当初该枪弹制造时，又岂为镇压买酱豆腐之人乎？圣人治世，欲使菽粟如水火，把区区酱豆腐使之与枪弹发生关系，该是什么人?"这些充满火药味的文字，代表报人为民请命、为民发声的立场，也代表了全国人民对国民政府及其施政的极度不

中國影壇回顧錄
從聯華到崑崙
三 聯華初期不拍對白片
四 北平第五廠
「蝴蝶夢的白光」
關宏達發揮內心表情
李芳菲的處女事

满和无比愤怒。

一个版面的“国际解剖”栏目报道最近国际消息，从《杜鲁门能连任吗》《新政变了质》《杜鲁门的政绩》等文中可以看出，编者将注意力聚焦于美国，关注美国领导人的更迭，因为这关系到美国的对华政策，也影响着中国的未来命运。

面对战祸相连、民不聊生的国内恶劣形势和日益艰难、挣扎图存的生活状况，有很多人处于苦闷、焦虑、孤独、寂寞之中，为此，该刊特辟“周刊钥匙”专栏，以为读者发泄情绪、征求同道友人的园地，刊有《一回教育青年的苦闷，诚征同教男女朋友》《志斌有热情　愿征青年友》《同是音乐同志，幽榍致函古冶》《如何找女朋友》《你有这样卫生习惯吗》等。

两版的“戏剧”版块刊有《言慧珠不知自爱》《王和霖其人》《金少山殁后审七长亭成绝响》《俞振飞太太出马谈公事》《合理与不合理》等图文，对多位名伶进行介绍、推崇和批评，其中《教部改

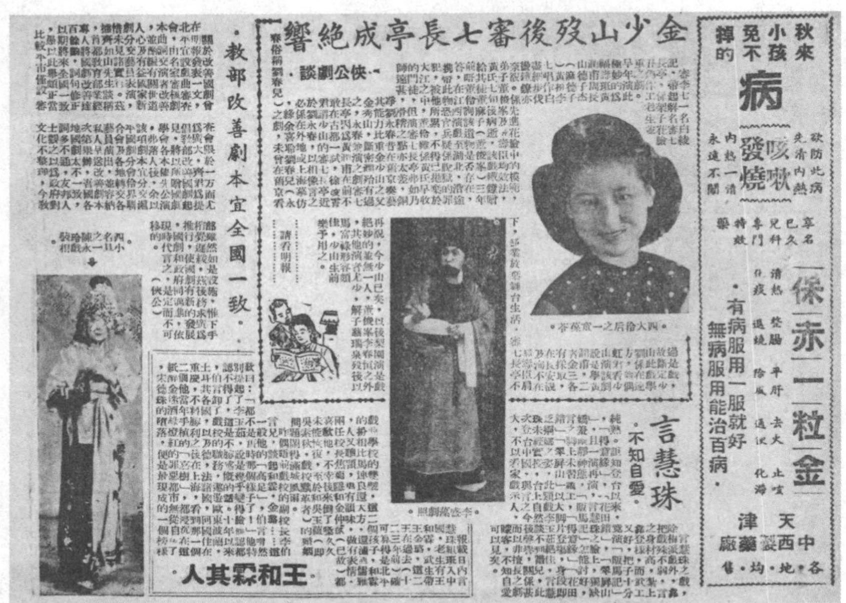
金少山歿後審七長亭成絕響

教部改善劇本宜全國一致

言慧珠 不知自愛

王和霖其人

秋來小孩免不掉的病

咳嗽 發燒

保赤一粒金

有病服用一服就好 無病服用能治百病

天津中西製藥廠

各地均售

善剧本宜全国一致》一文，提出北平宜设戏曲审查会，同名家审核剧本，剧本中侧重有关世道人心及有益国家建设的内容，且首都教育部修改剧本应求全国一致。

“电影”部分在该刊占比最重，足足的五个版面，刊有《中国影坛回顾录》《李芳菲的处女事》《关宏达发挥内心表情》《蝴蝶梦的白光》《〈雪山倩魂〉是一部解剖女性心理的影片》《周璇、李丽华在广州出卖影子》《赵丹剃光头，黄宗英脸红》《韩涛在沪无家可归》《双枪黄八妹也要上银幕》《拍摄影片严禁讽刺金圆券》《卜万苍无颜回香港》《电影皇帝吃烤鸭，黑旋风北平解馋》《徐昌霖赴杭州》《吴永刚、金焰、谢添天桥坐飞艇》，既有对中国电影事业发展的回顾，也有对影星、导演的成就的肯定，还有对影人私生活的披露，更有对好莱坞新片和主演影星的介绍。

此外，该刊还连载有景孤血的长篇小说《金粉片片》、郑证因的武侠小说《武当大侠铁伞先生》。郑证因、景孤血都是民国时期的著名小说家，查阅中国近代小说史资料，却较少提及这两篇小说，在当年其他画报中也未找到这两篇小说的连载，或许是两篇佚文，只可惜仅见一期内容。

后 记

2000年初，自从在旧书摊上买到10册《三六九画报》后，我就对老画报产生了浓厚的兴趣。在接下来的日子里，我每周都要到文庙、三宫、古文化街、天宝路、唐山道等几个旧书店淘宝，隔周到北京的潘家园、琉璃厂逛逛。随着期刊收藏热的升温，旧书市场上的老画报数量越来越小、品种越来越少、价格越来越高，我不得不另辟蹊径，往来于京、津、沪三地的图书馆、档案馆，扫描复制老画报。20年间，无论是出差还是旅游，每到一座城市，我必到当地的旧书市场和图书馆去看看。经过20余年的努力，我已复制老画报900余种。

我是个摆弄文字的人，有了这样丰富的原始资料，接下来自然就是细细地品味，深入地研究了。因为上海、北京、天津的老画报最具代表性，我搜集的数量也最多，所以，最先完成的就是《上海老画报》《北京老画报》《天津老画报》。

三本《画报》的编辑出版得到了我馆局领导及各处部室的大力支持和帮助，更为荣幸的是荣华局长还亲自为该丛书作序。感谢国家图书馆、北京市档案馆、上海市图书馆、上海市档案馆、天津图书馆、南开大学图书馆多年来提供的帮助，感谢罗澍伟、王耀成、李国庆、季秋华、邢建榕、陈正卿、吴裕成、章用秀、张绍祖、葛培林、李健新等各位专家、学者给予的指教，更难忘好友曲振明、尹树鹏、由国庆、王勇则、王振良、侯福志、王向峰等亲人般朴素的关爱，乐茵女士在收集资料、撰稿、编辑图片时给予的无私帮助更让我难忘。

这些只是介绍性的资料书，还谈不上什么研究。更由于有些画报存世较少，甚至仅有一期，因此，对画报的理解难免有些偏颇。希望研究老期刊的专家、学者、收藏家给予批评指正。

周利成

2022年10月